Thomas Rauschenbach
Zukunftschance Bildung

Thomas Rauschenbach

Zukunftschance Bildung

Familie, Jugendhilfe
und Schule in neuer Allianz

Unter Mitarbeit von
Stefan Borrmann und Ivo Züchner

Juventa Verlag Weinheim und München 2009

Der Autor
Thomas Rauschenbach, Jg. 1952, Dr. rer. soc., Dipl.-Päd., ist
Direktor des Deutschen Jugendinstituts München und Profes-
sor für Sozialpädagogik an der Technischen Universität Dortmund.

Bibliografische Information der Deutschen Nationalbibliothek

Die Deutsche Nationalbibliothek verzeichnet diese Publikation in der
Deutschen Nationalbibliografie; detaillierte bibliografische Daten sind
im Internet über http://dnb.d-nb.de abrufbar.

© 2009 Juventa Verlag Weinheim und München
Umschlaggestaltung: Atelier Warminski, 63654 Büdingen
Umschlagfoto: Wolfgang Schmidt, Ammerbuch
Printed in Germany

ISBN 978-3-7799-1731-1

Vorwort

Es gibt Augenblicke, da scheint es, als stehe man mitten in einem langen und dunklen Tunnel und kann sich nicht so recht entscheiden, ob man – trotz der noch verbleibenden ungewissen Länge – weiter nach vorne bis zum Ende des Tunnels geht, oder ob man doch besser umkehrt, da man sich auf der sicheren Seite dessen weiß, wo man herkommt. Das ist ohne Zweifel risikoloser, hat man doch die Gewissheit des Bekannten im Rücken. Aber es hat aus nahe liegenden Gründen auch einen augenfälligen Nachteil: Man kommt nicht voran.

Dieses Buch wagt den Weg und Blick nach vorne, sucht das Licht am Ende des Tunnels, vielleicht auch den Tunnel am Ende des Lichts, also am Ende dessen, was mit bloßen Augen – und das heißt hier auch: mit empirisch wissenschaftlichen Mitteln – noch zu sehen ist, sucht also den Ausgang aus der „selbstverschuldeten Unmündigkeit", aus der sich die festgefahrenen Mentalitäten und Realitäten in Deutschland mit Blick auf das Aufwachsen von Kindern und Jugendlichen herausbewegen müssen.

Dieses Buch ist jedoch kein eindeutiger Wegweiser, beansprucht kein funktionsfähiger Kompass zu sein, der untrüglich die richtige Richtung in einer unübersichtlichen Situation anzeigt, der mit seinen situationsunabhängigen Grundkoordinaten trotz akutem Nebel oder trotz undurchdringbarer Dunkelheit ein unbestechlicher Richtungsanzeiger ist. Es muss – bisweilen aus Mangel an robusten Belegen – notgedrungen an vielen Stellen auf den letzten Beweis verzichten, muss sich ohne den Schutz wissenschaftlich oder gar empirisch belastbarer Befunde gewissermaßen evidenzbasiert versuchen, Indizien für die Plausibilität und Stichhaltigkeit seiner Argumentation zusammenzutragen. Der Rest ist wissenschaftlich angereicherte Hoffnung, muss Denkanstoß oder Mutmaßung bleiben, wenngleich – hoffentlich – mehr oder minder gut begründet.

Innerhalb der Wissenschaft wird diese Textgattung oft – mit einem leicht despektierlichen Unterton – Essay genannt. Und dennoch hat auch diese Form von Zeit zu Zeit ihre Berechtigung, ihren eigenen Stellenwert, ihre eigene Dignität. Man kann, wie das ein Rektor einer renommierten amerikanischen Universität einmal formulierte, zwei Sorten von Wissenschaft unterscheiden: die eine, die etwas entdeckt, die andere, die etwas erfindet – und beide stehen sich oft verständnislos gegenüber. Während der Rekonstruktionsleistung des ersten Typus – vor allem in Anbetracht oft fehlender eindeutiger Evidenzen – noch immer der Bonus seriöser Wissenschaft anhaftet, muss der zweite Typus damit leben, dass sich oft erst im Nachhinein zeigt, ob die Erfindung – nicht nur von Gegenständen, sondern auch von Strategien, Denkformen und ähnlichem – ihre Sache Wert ist, auch wenn ihr Nutzen nicht auf Anhieb erkennbar wird.

Das vorliegende Buch ist in vielen Passagen eindeutig der zweiten Textsorte zuzuordnen. Auch wenn es bemüht ist, dort, wo es sich anbietet und nicht zu filigran wird, auf die Kraft belastbarer Erkenntnisse zu setzen, entziehen sich viele Textteile dennoch den üblichen Usancen empirisch abgesicherter Argumentation. Oder zugespitzt formuliert: Wir können gegenwärtig über die Zukunft des Aufwachsens nichts, jedenfalls nichts Verlässliches sagen, wenn wir nicht zugleich in Kauf nehmen, auch über die eindeutig abgesicherten Gefilde empirischer Befunde hinaus zu denken. Diese riskante Chance versucht das Buch zu nutzen.

Die Idee zu diesem Buch ist aus der Resonanz zu vielen Vorträgen entstanden, die ich in den letzten Jahren zu den hier anstehenden Themen gehalten habe. Dort hat sich für mich der Eindruck verstärkt, dass es hilfreich sein könnte, einmal zusammenhängender eine ganze Reihe von Überlegungen zu Papier zu bringen, die mich immer wieder beschäftigt haben, die an der einen oder anderen Stelle punktuell auch bereits ausformuliert wurden, die aber bislang nirgendwo zusammenhängend niedergelegt worden sind.

Dass dabei meine Mitwirkung an den beiden Jugendberichten, dem 11. und 12. Kinder- und Jugendbericht, insbesondere dem 12. zum Thema „Bildung, Betreuung und Erziehung vor und neben der Schule", mehr als einen stimulierenden Charakter hatte, ist dem Text an vielen Ecken und Enden anzusehen. Ähnliches gilt auch für die ersten beiden nationalen Bildungsberichte zur „Bildung in Deutschland", die im Auftrag des Bundesbildungsministeriums und der Kultusministerkonferenz von einem Konsortium erstellt worden sind. Allen daran beteiligten Kolleginnen und Kollegen habe ich zu danken für viele anregende und fruchtbare Diskussionen, die für mich neben der ganzen Arbeit, die sie mit sich brachten, oft auch einen „bildenden" Charakter hatten.

Zu danken ist aber auch den Mitarbeiterinnen und Mitarbeitern des Deutschen Jugendinstituts sowie des Dortmunder Forschungsverbundes zwischen der TU Dortmund und dem DJI. Viele von ihnen haben direkt oder indirekt mit dazu beigetragen, dass ich wenigstens am Ende genauer wusste, was mir vorher vage durch den Kopf ging, was dabei zumindest für mich anschlussfähig war und dass ich wenigstens in Teilen von den immensen Potenzial eines so großen Instituts profitieren konnte.

Am meisten zu Dank verpflichtet bin ich aber Ivo Züchner und Stefan Borrmann, die in vorbildlicher Weise und über viele Jahre hinweg, im Nacheinander und jeder auf seine Weise, stets hoch engagierte, interessierte und extrem zuverlässige Mitarbeiter und Partner waren, die geduldig und hilfreich meine bisweilen etwas abenteuerlichen gedanklichen Ausflüge ertragen und mit Material unterfüttert haben. Ohne die beiden hätte ich das Projekt nicht in Angriff genommen, ohne sie wäre es in zeitintensiven Phasen nicht vorangekommen. Auch wenn beide ganz erheblich an der Ausformulierung von ersten Ideen und Überlegungen mitgewirkt haben, will und kann ich mich dennoch nicht davon freisprechen, in vollem Umfang die Verantwortung für den nunmehr vorliegenden Text zu übernehmen.

Erwähnt werden müssen an dieser Stelle schließlich auch all diejenigen Mitarbeiterinnen und Mitarbeitern in der Institutsleitung des DJI, die tapfer, manchmal kopfschüttelnd, aber stets mit Nachsicht ertragen haben, dass ich mich wiederholt durch inhaltliche Fragen herausfordern und so von wichtigen Dingen eines nervenaufreibenden Institutsalltags ablenken ließ. Nur so konnte, in einem mehrjährigen Prozess, der im Wesentlichen auf Zeiten des Urlaubs beschränkt blieb, überhaupt noch so etwas wie dieses Buch neben einer zeitintensiven Tätigkeit im Wissenschaftsmanagement entstehen. Die damit notgedrungen immer wieder entstandenen Verzögerungen und Verschiebungen hat auch der Verlag dankenswerter toleriert. Dies hat sicher mit entscheidend dazu beigetragen, dass am Ende der lange Atem ausgereicht hat, um dass Projekt abzuschließen.

Mein allergrößter Dank aber gilt meiner Frau, die nunmehr seit Jahrzehnten damit lebt, dass Urlaube bisweilen für mich die produktivste Zeit des Denkens und Schreibens sind – und sich dennoch immer wieder neu darauf einlässt.

München und Dortmund, im Juli 2009
Thomas Rauschenbach

Inhalt

Teil II: Orte des Aufwachsens

**Teil III: Familie, Schule und Jugendhilfe
in neuer Allianz**

Bildung der Zukunft –
Zukunft der Bildung

Eine Einleitung

I.

Die unbewältigten Herausforderungen der „Bildungsrepublik Deutschland" sind zu Beginn des 21. Jahrhunderts größer als es das Land der Dichter und Denker so gerne hätte. Diese löst vorerst kein Bildungsgipfel, da helfen auch ministerielle Beschlüsse, mit denen verbindlich verabredet wird, den Anteil der Jugendlichen ohne Schulabschluss in wenigen Jahren zu halbieren, nur bedingt weiter. Auf diesen Wegen und im Horizont der damit einbezogenen Überlegungen wird man vermutlich nicht allzu viel dazu beitragen können, dass nicht nur das öffentliche Gefühl in Sachen Bildung, sondern auch die Realität des Bildungsalltags zu einem Erfolgsmodell wird. Dazu sind die lange Zeit unbeachteten oder unterschätzten Herausforderungen für die Zukunftsfähigkeit der Bildung inzwischen zu komplex, die Einflussebenen zu vielschichtig geworden, dazu erweisen sich die zu verändernden Voraussetzungen als so umfangreich, dass derartige Erfolge nicht einfach mal so, per Beschluss herbeigeführt werden können.

Gleichwohl haben diese unbewältigten Herausforderungen, die hartnäckigen Befunde einer anhaltenden Bildungsmisere mit dazu beigetragen, dass dieses Thema auf die politisch-öffentliche Agenda aktueller Zeitfragen gesetzt worden, dass Bildung zu einem Schlüsselthema der Politik geworden ist. Oder anders formuliert: So viel Bildung war noch nie, jedenfalls nicht in der Politik, in den Medien und in der Öffentlichkeit. Das macht die Sachlage nicht unbedingt einfacher. Indem Bildung für alles und jedes herhalten muss, indem dieser Begriff scheinbar unbegrenztes Einvernehmen garantiert, steht er unweigerlich in der Gefahr, mehr zu vernebeln als aufzuklären.

Mehr noch: Es muss immer mal wieder daran erinnert werden, dass nicht die großen Erfolge in Sachen Bildung, sondern dass die Schattenseiten der Bildung, dass unzulängliche Bildungsergebnisse, Bildungsdefizite und Bildungsmängel der wesentliche Grund waren, warum Bildung unisono in den Rang einer Zukunftsformel gehoben wurde, warum sich Deutschland erneut und neu über Bildung Gedanken machen muss.

Und die dabei ins Spiel gebrachten Vorstellungen sehen durchaus unterschiedlich aus, setzen jeweils andere Akzente: Während die einen in Sachen Bildung zuallererst ein Problem an der Spitze, in der Exzellenz, also in den Sphären von Nobelpreisen auszumachen glauben, offenbaren sich die Miseren der Bildung für die anderen vor allem an den Insignien des Scheiterns, an den sich unübersehbar abzeichnenden Nebenwirkungen erfolgloser Bildungsanstrengungen eines formalisierten Bildungssystems. Dritte wiederum halten insbesondere die große, nahezu unüberwindbare Kluft zwischen diesen beiden Welten für den eigentlichen Kern und Skandal des Problems, also den gigantischen Abstand zwischen den nicht einmal basal vorhandenen Fertigkeiten und Fähigkeiten auf der einen und den nur noch für wenige erreichbaren luftigen Höhen einer umfassenden Bildung auf der anderen Seite.

Spätestens an diesem Punkt wird die Bildungsfrage auch zu einer sozialen, zu einer gesellschaftspolitischen Frage, spätestens hier vermischt sich Bildungspolitik mit Sozialpolitik und Gesellschaftspolitik. Genau darin liegt aber die Brisanz der Bildungsfrage zu Beginn des 21. Jahrhunderts: Zum einen ist Bildung erneut und vielleicht deutlicher als je zuvor zu einer politischen Herausforderung, zu einer zentralen Chancenzuteilungsinstanz geworden. Zumindest verkörpert sie gegenwärtig mehr als es einer demokratischen, freien und offenen Gesellschaft lieb sein mag, ein Nadelöhr, das den Weg in eine erfolgreiche Zukunft weist – oder versperrt. Wer diesen Weg nicht beschreitet, muss in einem unwegsamen Gelände damit rechnen, dass er ohne Perspektiven in einem Niemandsland endet. Dies lässt die Bildungsfrage gegenwärtig zu einem gesellschaftspolitisch so brisanten Thema werden.

Zum anderen erweist sich Bildung neben Erwerbsarbeit und Wirtschaftskraft in einer modernen Gesellschaft als eines der wichtigsten Mittel zur Zukunftsgestaltung und damit zugleich als eine zentrale Herausforderung mit Blick auf den sozialen Frieden und den gesellschaftlichen Zusammenhalt. Mit anderen Worten: Arbeit, Bildung und Wohlstand sind die wesentlichen Grundessenzen für eine funktionsfähige Gesellschaft des 21. Jahrhunderts.

Bildung hat dabei mehr denn je eine gesellschaftliche und eine individuelle Seite. Für eine moderne Gegenwartsgesellschaft ist sie unerlässlich, da diese alternativlos auf eine möglichst hohe Stabilität, Selbstregulation und Selbstverantwortung der Menschen angewiesen ist. Und für den modernen Menschen ist sie als eine elementare Grundausstattung bedeutungsvoller denn je, da dieser in einer pluralisierten und individualisierten Gesellschaft nur dann eine angemessene Teilhabe- und Entfaltungschance hat, wenn er mit dem dafür notwendigen Wissen und Können, mit den dafür benötigten Fähigkeiten und mit einer eigenen Urteilskraft ausgestattet ist. Etwas salopp formuliert: Bildung ist eine wesentliche Überlebensressource des modernen Menschen im 21. Jahrhundert.

Mit Blick auf den Lebensverlauf ist Bildung zuallererst eine Frage des Kindes- und Jugendalters, ist eine Frage des Aufwachsens, des Hineinwachsens in eine Welt, die es in ihren unterschiedlichsten Facetten zu entschlüsseln, zu entdecken, zu verstehen und anzueignen gilt. Infolgedessen ist Bildung vorrangig ein Thema, das mit Kindern und Familie, das mit Kindergarten, Schule und außerschulischer Jugendbildung zu tun hat. In diesen Kontexten, in diesem Koordinatensystem und thematischen Umfeld erlangt die Bildungsfrage ihre folgenreichste Dynamik.

Mehr als bei allen anderen Personengruppen zeigt sich bei Kindern und Jugendlichen, bei Heranwachsenden, dass bei ihnen Bildung zu einer Schlüsselfrage ihrer eigenen Zukunft wird, dass Bildung und Zukunft in ihrem Fall eine enge, fast unauflösliche Verbindung eingehen.

Damit kommt den Koordinaten eines Bildungsbegriffs selbst erhebliche Bedeutung zu. Trotz aller Differenzen und unterschiedlichen Akzentsetzungen lassen sich gegenwärtig einige Befunde identifizieren, die vermutlich eine relativ hohe Schnittmenge mit Blick auf eine gemeinsam geteilte Beschreibung der Ausgangslage aufweisen. Zugleich bilden sie die Eckwerte der nachfolgenden Ausführungen:

- Wenig strittig dürfte sein, dass Deutschland den Blick in Sachen Bildung im Lebenslauf insgesamt deutlicher und gezielter nach vorne richten muss. Zu lange wurde Bildung vor allem als eine Frage der Schule, des Jugendalters und der Ausbildungssituation am Übergang in den Beruf behandelt. Die Aufmerksamkeit war demgegenüber kaum auf die ersten Lebensjahre gerichtet. „Frühkindliche Bildung" und „Bildung von Anfang an" sind infolgedessen in den letzten Jahren zu den prägnantesten Inbegriffen dieser veränderten Sichtweise geworden.
- Aber nicht nur in diachroner Hinsicht muss der Blick auf Bildung geweitet werden, sondern auch in synchroner. Die Hoffnung – oder Erwartung –, dass ein gut ausgestattetes Bildungssystem, dass eine gut ausgestattete Schule ausreicht, um die Vermittlung und Aneignung des kulturellen Erbes bei der nachwachsenden Generation erwartbar zu gewährleisten, erweist sich in einer hinreichend großen Fallzahl als Trugschluss. Der Blick auf *andere Orte und Gelegenheiten* dieser unendlich weiten und breiten „Weltaneignung" gewinnt von daher an Bedeutung.
- Bildung wurde lange Zeit gleichgesetzt mit dem Erwerb von Abschlüssen und Zertifikaten. Mit ihnen erlangten die jungen Menschen die Zutrittsberechtigung in eine berufliche oder akademische Ausbildung und anschließend – bei einem weiteren erfolgreichen Abschluss – die Eintrittskarte in den Arbeitsmarkt. Neben dieser *zertifikatsorientierten* Ausrichtung der Bildungsfrage wurde in den letzten Jahren vermehrt die mit Bildung verbundenen Fähigkeiten und Fertigkeiten, also die *kompetenzorientierte* Dimension in den Mittelpunkt gerückt. Auf diese Weise wurde die Bildungsfrage zu mehr als nur zu einer Ansammlung von Abschlüssen, wurde sie vielmehr zu einer Frage des Erwerbs von Fähigkeiten und Fertigkeiten, das eigene Leben in die Hand zu nehmen, sei es im Beruf, in der Familie oder in den anderen Bereichen des privaten und öffentlichen Lebens.
- Weiterungen in Sachen Bildung deuten sich in Anbetracht dessen auch in *thematischer* Hinsicht an. Nach und nach er-

langt die Gesellschaft eine Idee davon, dass das Aufwachsen von Kindern und die Bildungsfrage nicht auf einige wenige Kernthemen und schulische Hauptfächer begrenzt werden kann. Das war vielleicht die größte Selbsttäuschung der Bildungspolitik des 20. Jahrhunderts. In Anbetracht des damit einhergehenden Unbehagens an einem verengten und verkürzten Bildungsbegriff ist von daher immer wieder von einem erweiterten, „ganzheitlichen", jedenfalls weitaus breiter angelegten Bildungsbegriff die Rede.

– Schließlich geht es um die Rolle und Stellung von Bildung selbst. Sie muss sich, zugespitzt formuliert, in eigener Sache gewissermaßen selbst neu erfinden, muss sich aus ihrer eigenen widersprüchlichen Lage befreien, muss gewissermaßen von einem Täter zum Retter werden. Weit mehr als vertretbar basiert sie gegenwärtig immer noch auf dem Prinzip, dass der Geldbeutel der Eltern über die Bildungszukunft der Kinder entscheidet. Mehr als erträglich und tolerabel trägt Bildung immer noch dazu bei, dass aus Kindern und Jugendlichen mit Blick auf ihre eigene Zukunft Gewinner und Verlierer werden. Und weitaus weniger als es notwendig wäre, gelingt es dem Projekt Bildung bislang, junge Menschen unabhängig von ihrer sozialen Herkunft mit Fähigkeiten und Fertigkeiten für eine eigene Zukunft so auszustatten, dass sie die Chance auf ein eigenes, nicht vererbtes Leben haben.

Vor diesem Hintergrund gilt es, die Bildungsfrage neu auszuloten, ein zukunftsfähiges Bildungskonzept in praktischer Absicht neu zu vermessen, den Horizont zu weiten und die darin liegenden Ambivalenzen und Potenziale deutlicher herauszuarbeiten.

II.

Eine zeitgemäße Auseinandersetzung mit Fragen der Bildung kann in Anbetracht der aktuellen gesellschaftlichen Lage nicht ohne Bezug auf die damit verbundenen sozialen Kontexte erfolgen, zu sehr haben sich die Lebensverhältnisse der Menschen in den letzten fünf Jahrzehnten verändert. Oder etwas vorsichtiger formuliert: Die gesellschaftlichen Verhältnisse sind seit wenigstens einem halben Jahrhundert dabei, sich an allen Ecken und Enden mehr oder minder nachhaltig zu wandeln. In Veränderung begriffen sind dabei die Formen des Regierens und des Wirtschaftens genauso wie die des Zusammenlebens und des Aufwachsens. Prozesse des Wandels lassen sich daher mit Blick auf (a) Politik, (b) Ökonomie, (c) Gesellschaft und (d) Familie beobachten.

(a) Deutlich gewandelt haben sich die Konturen der *Politik*. Das wird vermutlich nirgends so deutlich sichtbar und spürbar wie in Deutschland. Und das aus zwei Gründen: Zum einen war dieses Land so stark wie kein anderes verwoben in das politische Weltgeschehen in der ersten Hälfte des 20. Jahrhunderts, hatte es doch in ganz entscheidender Weise dazu beigetragen, dass große Teile der Welt, dass Europa in Schutt und Asche gelegt wurde. Zum anderen wurde Deutschland infolge dieser Katastrophe mehr als alle anderen Nationen zum Inbegriff einer geteilten Welt, wurde dieses Land durch Mauer, Stacheldraht und eine unversöhnliche ideologische Frontstellung in zwei Teile zerrissen, die sich 40 Jahre lang scheinbar ausweglos gegenüberstanden.

Zu den Akten gelegt – auch wenn die Narben noch nicht verheilt sind – ist in der Zwischenzeit dieser große Ost-West-Konflikt einer Weltgesellschaft, in der die wirtschaftliche, politische und militärische Konfrontation der Staatengemeinschaften das Zeitgeschehen bestimmte, in denen die eigene Politik implizit oder explizit als Gegenentwurf zu den Stärken und Schwächen der jeweils anderen Seite entworfen wurde.

Gegenwärtig sind keine nennenswerten, politisch umkämpften alternativen Gesellschaftsentwürfe mehr am Horizont der politischen Ideen zu dem zu erkennen, was sich im westlichen Bündnis als eine Mischung aus Demokratie und Kapitalismus – in durchaus unterschiedlich wohlfahrtsstaatlichen Ausprägungen – herausgebildet hat. In diesem Sinne ist die Welt näher zusammengerückt, hat als Weltgesellschaft mehr denn je an Bedeutung gewonnen.

Dramatisch zugenommen haben aber auch die Notwendigkeiten politisch globaler Steuerung und globalen Handelns, sei es in Fragen der Weltwirtschaft, der Klimakatastrophe oder des internationalen Terrorismus. Die Grenzen nationalstaatlicher Territorien werden offener und verlieren an strategischer Bedeutung, das innerstaatliche Handeln wird vielfach beeinflusst und überlagert durch transnationale Ereignisse, der National-staat wird partiell zahnlos gegenüber Entwicklungen, die durch nationalstaatliche Entscheidungen allenfalls noch am Rande beeinflusst werden können. Die Einsicht in die Not-wendigkeit politischer Zusammenschlüsse und Zweckbünd-nisse auf internationaler Ebene hat sichtlich zugenommen, die Einführung des EURO als einer neuen Leitwährung sowie der Zusammenschluss einer „Europäischen Union der 27 Staaten" sind hierfür sinnfällige Beispiele.

Von diesen Fragen bleibt die Bildung nicht unberührt. Nicht nur der Umstand, dass durch PISA und andere Bildungsstu-dien der internationale Vergleich im Weltmaßstab ebenfalls in zunehmendem Maße zu einem Referenzpunkt für innerstaatli-ches Bildungshandeln geworden ist, legt diese Schlussfolge-rung nahe. Zugleich ist auch die Entwicklung zu beobachten, dass seit den 1990er-Jahren in Deutschland das Verhältnis von privater und öffentlicher Verantwortung in Fragen des Auf-wachsens von Kindern und Jugendlichen neu justiert wird. Dies ist ebenfalls ein Ausdruck von ideologisch schwächer werdenden Abgrenzungsbemühungen im Lichte eines antago-nistischen Gesellschaftsverständnisses sowie wachsender Er-fordernisse der Anpassung und Modernisierung in einer glo-balisierten Gesellschaft.

(b) Mehr denn je sind die Prozesse des politischen Wandels bis zur Unkenntlichkeit in einen unaufhaltsamen Dynamisie-rungsschub der *Ökonomie* verwoben. Und dies in mehrfacher Hinsicht:

Erstens hat die Ökonomie mit Blick auf die Produktion, Dis-tribution und Konsumtion ihrer Waren längst die territorialen Limitierungen der Einzelstaaten hinter sich gelassen und statt-dessen nichts weniger als buchstäblich die Welt – unterteilt in arme und reiche Regionen, in billige und teure Standorte – als einen globalisierten Marktplatz zur Herstellung, zum Vertrieb und zum Verbrauch von Waren auserkoren.

Global vernetzte, weltweit agierende Unternehmen werden zum Inbegriff moderner Ökonomie. Dabei werden Waren dort hergestellt, wo sie am billigsten produziert werden können, werden auf jene Weise vertrieben, die am kostengünstigsten ist, und werden dort konsumiert, wo die Kaufkraft am stärksten ist und die Ertragschancen am höchsten sind. Dies hat zu einem Produzenten- und Konsumentenverkehr vorher nie gekannten Ausmaßes geführt, dies hat zu einer Mobilität von Waren und Arbeitskräften beigetragen, die Nationalstaaten vor deutlich verschärfte Herausforderungen – auch in Sachen Bildung – stellen, die dazu führen, dass nicht allein innerstaatliche Entwicklungen bewältigt werden müssen.

Und hinzu kommt jene Sorte global agierender Unternehmen, die es virtuos verstanden haben, sich die virtuelle Welt der Computer und des Internets zunutze zu machen. Die rasanten Aufstiege von Firmen wie Microsoft, Google oder Amazon in die Weltliga der global player sind untrügliche Indizien dieser Entwicklung.

Zweitens hat die Ökonomie seit längerem das unausgeschöpfte Potenzial und das Spiel von Angebot und Nachfrage an kommerziellen Dienstleistungen entdeckt. Längst vorbei sind die Zeiten, in denen in entwickelten Gesellschaften der *primäre Sektor* – die Gewinnung von Rohstoffen, der Abbau von Bodenschätzen und die Bearbeitung der Natur – als wichtigste und ertragreichste Form des Wirtschaftens im Vordergrund stand, sieht man einmal von erdölexportierenden Ländern ab. Zugleich erweist sich in den großen Industriestaaten aber auch der *sekundäre Sektor*, also die maschinelle Herstellung von Waren und Produkten, immer weniger, zumindest nicht mehr uneingeschränkt als die überwiegende und alles entscheidende Form des Arbeitens und Wirtschaftens.

Vielmehr hat sich inzwischen der *tertiäre Sektor* mit seinen produktionsorientierten, konsumentenorientierten und personenbezogenen Dienstleistungen zur treibenden Kraft und zum expandierenden Sektor einer globalen Wirtschaft entwickelt. So weist etwa der Umstand, dass die personenbezogenen sozialen Dienstleistungen, die „Dienste am Menschen" in Form von Gesundheits-, Bildungs- und Erziehungsberufen in den letzten 50 Jahren in Deutschland selbst zu den wesentlichen Triebkräften des bundesdeutschen Arbeitsmarktes geworden sind, auf entsprechende Bezüge zur Bildungsfrage hin. Insgesamt wird das Arbeitskräftepotenzial in Deutschland in den

Dienstleistungsberufen bis 2020 nach einschlägigen Prognosen auf über 75 Prozent aller erwerbstätigen Personen steigen. Dabei kommt den Wissensberufen und den sozialen Dienstleistungsberufen eine Schlüsselrolle zu.

Drittens – und darin liegt eine wesentliche Ursache der aktuellen Weltwirtschaftskrise – hat die Ökonomie sich verstärkt die Vorzüge des Wirtschaftens *jenseits* der Waren und Dienstleistungen, oder richtiger: *jenseits* des Einsatzes von Maschinen und menschlicher Arbeitskraft zunutze gemacht. Die heutige Maxime des ökonomischen Erfolgs lautet demnach mehr denn je *Geld durch Geld zu verdienen*, also Kapitalerträge zu erwirtschaften ohne den nennenswerten Einsatz menschlicher Arbeitskraft, ohne die Herstellung von Waren, ohne die Erbringung von Dienstleistungen und ohne den Abbau von Bodenschätzen, kurz: ohne Mensch, Maschine und Natur.

Die damit verbundenen erweiterten Möglichkeiten der Gewinnmaximierung sind in den letzten 20 Jahren so radikalisiert, ausgeweitet und perfektioniert worden – Kapitalerträge via Aktiengeschäften, Hedgefonds oder Private-Equity-Beteiligungen –, dass an der hypertrophen Entwicklung dieser Maxime die Ökonomie gegenwärtig faktisch wie legitimatorisch zu implodieren droht.

Diese Spielart des „entfesselten Kapitalismus" droht deshalb zu kollabieren, weil hierdurch drei fundamentale Formen des gesellschaftlich-sozialen Gleichgewichts von Politik und Ökonomie außer Kraft gesetzt zu werden drohen, die für die Glaubwürdigkeit des Zukunftsprojekts Bildung ebenfalls von erheblicher Bedeutung sind:

– Einerseits wird dadurch die für die Industriegesellschaft lange Zeit geltende *Verknüpfung von Wirtschaftswachstum und Beschäftigungswachstum* gekappt, also der erfolgreiche Mechanismus, dass mit der steigenden Produktion auch ein Anstieg der Beschäftigung einhergeht, dass steigende Renditen auch dem Arbeitsmarkt und den Beschäftigten zugute kommen, dass von einem Wirtschaftswachstum alle profitieren.
– Andererseits funktioniert infolge des globalen Wirtschaftens immer weniger der lokale, regionale und nationale Zusammenhang in dem Sinne, dass die unmittelbar am Produkti-

onsprozess beteiligten Arbeitskräfte auch so vom Ertrag des Wirtschaftens profitieren – etwa durch entsprechende Löhne –, dass sie selbst in die Lage versetzt werden, als potente Konsumenten aufzutreten. Dadurch gerät der unabdingbare Kreislauf von Produktion und Konsumtion, von Kauf und Verkauf aus der Balance. Denn: Menschen müssen so viel Geld zur Verfügung haben, dass sie Häuser nicht nur bauen und kaufen, sondern diese auch bezahlen können, dass sie ein neues Auto nicht nur bauen, sondern sich dieses auch leisten können, sprich: dass sie am Kreislauf von Kauf und Verkauf, von Herstellung und Konsum aktiv teilnehmen können. Mit Krediten allein lässt sich ein Massenkonsum auf Dauer nicht aufrechterhalten.

– Und schließlich kann eine nationale Politik die dafür notwendigen Rahmenbedingungen nicht mehr zureichend kontrollieren und gestalten. Nationalstaatliche Politik gerät gegenüber einer global agierenden Ökonomie hoffnungslos in die Defensive, kann nur noch nachbessern, die unvermeidlichen Nebenwirkungen und negativen Auswüchse allenfalls partiell abmildern, für diese aber selbst keine verbindlichen Spielregeln mehr festlegen. Dies ist das Dilemma der heutigen globalen Wirtschaft, die Staaten – jenseits des Aufbaus transnationaler Organisationen – abverlangt, wider besseres Wissen weltweit agierenden Unternehmen im Falle ihres drohenden Scheiterns einzelstaatlich unter die Arme zu greifen.

Insgesamt erweisen sich die damit verbundenen Verheißungen einer nicht nur globalisierten, sondern auch einer menschen- und maschinenfreien, jedenfalls einer investitions- und personalarmen Ökonomie – in der Wirtschaftskreisläufe mittels Know-How und Informationsvermittlung zustande kommen und in der vor allem Geld mit Geld verdient werden kann – am Ende als trügerisch, als ein mittelfristig wenig zielführender Versuch, die Kosten des Wirtschaftens weiter zu reduzieren. Betriebswirtschaftlich mag das noch Sinn machen, volkswirtschaftlich ist das kontraproduktiv. Ohne einen dynamischen Markt, ohne Konsumenten kann kein Wirtschaftskreislauf auf Dauer funktionieren, und ohne eine ausreichende Anzahl an Arbeitsplätzen und akzeptablen Lebensbedingungen für die Mehrheit der Bevölkerung riskiert eine wie auch immer geartete und bezeichnete Volkswirtschaft ihre politische Akzeptanz.

(c) Auf diese veränderte Lage muss sich die *Gesellschaft*, muss sich die nachwachsende Generation einstellen. Mehr als die vorigen Generationen muss sie lernen, mit den damit verbundenen Ungewissheiten, mit den darin liegenden Zumutungen umzugehen. Infolgedessen reicht es nicht mehr, sich das anzueignen, was die Eltern- und Großelterngeneration an Lebenskompetenz erworben hatte, reicht es nicht mehr, sich lediglich auf die eigene Erwerbstätigkeit vorzubereiten, also etwa einen Beruf zu erlernen.

Als zunehmend notwendig erweist sich vielmehr, sich in einer Welt bewegen zu können und mit einer Welt klarzukommen, die einem weit mehr abverlangt, als die eigene Existenzsicherung durch Erwerbstätigkeit in einem lokal überschaubaren Sozialraum. Der „flexible Mensch" muss daher eine ungleich breitere Kompetenz zur Lebensführung entwickeln. Die sich dabei abzeichnenden Herausforderungen sind unterdessen genuine Bildungsaufgaben.

In Veränderung begriffen sind infolgedessen auch die Formen des Zusammenlebens, die Konturen moderner *Gesellschaften*. Nie zuvor haben so viele Menschen im Laufe ihres Lebens ihren Lebensmittelpunkt so häufig verändert, nie zuvor wurden ihnen so viel Flexibilität und Mobilität abverlangt wie zu Beginn des 21. Jahrhunderts. Nie zuvor haben sich durch Ab- und Zuwanderungen im Weltmaßstab die Lebensräume der Menschen derart durchmischt wie in den letzten 30 Jahren.

Mobilität und Flexibilität werden zu konstitutiven Elementen einer modernen Lebensführung für die Mehrzahl der Menschen in den Metropolen dieser Welt. Und dabei geht es keineswegs nur um eine räumliche Mobilität oder eine zeitliche Flexibilität, sondern es geht zugleich auch um so etwas wie soziale, personale und kulturelle Mobilitäten und Flexibilitäten. Den Menschen wird daher weitaus mehr abverlangt als die Übernahme vorgegebener milieuspezifischer Handlungsmuster und das Hineinwachsen in die gegebenen Lebensverhältnisse. Der Umgang mit Heterogenität – „diversity management" – gewinnt von hier aus ebenso an Bedeutung wie die Fähigkeit, sich auf neue, fremde Situationen einzulassen. Auch das wird verstärkt zu einem Referenzpunkt eines zukunftsfähigen Bildungskonzepts.

Ein wesentliches Merkmal moderner Gesellschaften sind daher räumlich, zeitlich und sozial „entbettete" Lebensformen, also Wohn-, Lebens- und Arbeitszusammenhänge, in denen Menschen sich immer weniger selbstverständlich in ihrer gewohnten Umgebung bewegen können, in denen sie nicht mehr in einem homogenen, vertrauten und bekannten sozialen Nahraum leben. Dies hat auch Auswirkungen auf den lange Zeit sozialräumlich geschaffenen gesellschaftlichen Zusammenhalt.

Schwächer werden aufgrund dessen die sozialen Verstrebungen im sozialen Nahraum, wird mithin die Bedeutung lokaler Gesinnungsgemeinschaften. Schwächer werden aber auch die alt vertrauten Bindungen der ideologisch geprägten Netze mentaler Gesinnungsgemeinschaften, etwa von Brüdern und Schwestern im Geiste.

Dies kann man ablesen an der schwindenden Bindungskraft von traditionellen Milieus, etwa von Kirchen, Parteien, Vereinen oder Gewerkschaften. Sie verkörpern für immer weniger Menschen die habituellen Konstanten, mit denen sie glauben, für das Projekt Zukunft ausgestattet zu sein. An die Stelle dieser alten Gemeinschaftsbindungen treten daher neue Formen eines temporären, situativen, zeitweiligen Zusammenhalts, treten vorübergehende Beziehungsnetzwerke und Freundschaften. Mit anderen Worten: Lebensphasenübergreifende, dauerhafte Formen der Solidarität werden vielfach durch situative, fragilere Formen partikularisierter Solidarität abgelöst.

Das aber bedeutet auch, dass zugleich jene biografisch gewachsenen Lebensräume an Bedeutung verlieren, in denen die mentalen Koordinaten der Lebenswelt eine hohe Schnittmenge mit den lokalen Grenzen des sozialen Nahraums aufwiesen, in denen die milieuspezifisch vorgefertigten Geländer der Lebensführung Halt und habituelle Sicherheit versprachen, in denen familial und privat geschaffene Netzwerke Verlässlichkeit und Verwobenheit gewährleisten konnten.

Ungewisse, zukunftsoffene Lebensbedingungen erfordern mehr denn je eine selbstreferentielle Gestaltung des eigenen Lebensentwurfs, der eigenen Lebensführung, erfordern, wenn man so will, die soziale Konstruktion und Herstellung des „ganzen Menschen". Das Projekt des sich selbst steuernden, „innengeleiteten Menschen", der zu einem Planungsbüro in eigener Sache wird, der selbst die Entwürfe seiner Lebensplanung zeichnet, wird so zu einem Erfordernis, dem sich das Projekt Bildung in neuer, zielgerichteter Weise stellen muss.

Nicht mehr die Vermittlung einiger weniger basaler Kulturtechniken und Grundfertigkeiten wird von hier aus zur Strukturmaxime einer Bildung des 21. Jahrhunderts, sondern vielmehr eine umfassende, gewissermaßen allwettertaugliche Ausstattung mit Kompetenzen, mit Fertigkeiten und Fähigkeiten sowie einer moralischen Urteilskraft, die Menschen befähigt, sich in einer offenen, pluralen, ungewissen und globalisierten Weltgesellschaft kompetent zu bewegen.

Dahinter kommt unterdessen ein Bildungsprojekt zum Vorschein, das weit mehr erfordert als eine zeitgemäße Unterrichtsschule, als eine kognitiv ausgerichtete Wissensvermittlung, das weit mehr erfordert als das möglichst unbehelligte Hineinwachsen in eine vorgegebene Welt. Die eigene individuelle Zukunft, die eigene Lebensführung wird von hier aus zum Kern eines Bildungsprojekts des 21. Jahrhunderts.

(d) Die bislang genannten Veränderungen haben auch Auswirkungen auf die Formen des Aufwachsens und auf die *Familie* als dem primären Ort des Aufwachens und der Bildung. Zugespitzt formuliert: Das Aufwachsen von Kindern und Jugendlichen hat in der heutigen Gesellschaft seine Unbefangenheit und Ursprünglichkeit weitgehend verloren. Vorbei sind die Zeiten, in denen Kinder – eingebunden in den Alltag von Haushalt und Familie, von Milieu und Nachbarschaft – mehrheitlich einfach so mit aufgewachsen sind, sich Schritt für Schritt in das Leben der Erwachsenen hinein entwickelt haben, Stück für Stück ihre Erfahrungen gesammelt und sich das Wissen und Können, die Fähigkeiten und Fertigkeiten, die Werte und Haltungen angeeignet haben, die ihnen in ihrem sozialen Nahraum, im Milieu, auf der Straße, in der Lebenswelt als Ressource zur Verfügung standen.

Spätestens mit der flächendeckenden Verbreitung der Schule als einer eigens geschaffenen Bildungswelt, in der allen Kindern unabhängig von ihrer Herkunft die elementaren Kulturtechniken des Lesens, Schreibens und Rechnens beigebracht werden sollten, begann die lebensweltlich geprägte, aber auch begrenzte Weitergabe des eigenen kumulierten Erfahrungswissens von Generation zu Generation zu erodieren.

Die Weitergabe von Teilen des kulturellen Erbes – Wissen, Werte, Kompetenzen, Haltungen, Fähigkeiten – wurde fortan in immer stärkerem Maße und immer selbstverständlicher an ein sich zunehmend entwickelndes und ausdifferenzierendes öffentliches System der Bildung und Qualifizierung delegiert, allerdings ohne sicherzustellen, dass das öffentliche Bildungssystem dem Zuwachs an Verantwortung auch tatsächlich gerecht wurde. Und hinzu kamen darüber hinaus in den letzten 50 Jahren als zusätzliche Vermittlungsplattform und als „heimliche Miterzieher" verstärkt die Neuen Medien.

Dabei hat das im Lebenslauf bis weit ins Erwachsenenalter hinein wirkende Bildungswesen durch seine Prozesse der Verberuflichung, Verwissenschaftlichung und Institutionalisierung den Wettlauf mit den lebensweltlichen Potenzialen der Weltaneignung, des vor allem erfahrungsbasierten Lernens und der informellen Bildung längst gewonnen. Das im Laufe der Zeit sich weiter ausdifferenzierende Bildungssystem war schlicht effizienter und konnte eine weitaus höhere Erfolgswahrscheinlichkeit für sich verbuchen, Kindern die Welt jenseits des eigenen Herkunftsmilieus nahezubringen – auch wenn das bis heute weitaus weniger gut gelingt, als dies notwendig und wünschenswert wäre.

Infolgedessen zeichnen sich inzwischen Konturen einer Neuformatierung des Aufwachsens ab. Aus einer lange Zeit überwiegend naturwüchsig geprägten, lebensweltlichen Form des Aufwachsens, ergänzt um eine auf kognitive Wissensvermittlung ausgerichtete Halbtagsschule, entfaltet sich zunehmend so etwas wie eine Institutionalisierung der Kindheit in öffentlichen Bildungs-, Betreuungs- und Erziehungseinrichtungen. Dieser Prozess des Wandels der Rahmenbedingungen des Aufwachsens lässt sich als ein Paradigmenwechsel umschreiben: als ein neues Verhältnis von privater und öffentlicher Erziehung, als eine Ergänzung der privaten durch eine öffentlich Verantwortung für das Aufwachsen von Kindern und Jugendlichen. Dieser Horizont markiert einen veränderten zentralen Kontext einer Bildung der Zukunft.

III.

Auch wenn dies jenseits individueller Narration schwierig zu belegen ist: Das, was heute jeder Mensch individuell ist, was er inzwischen weiß, kann, macht, ist ein komplexes Geflecht und Resultat aus unterschiedlichsten Lernorten, Bildungswelten, Gelegenheiten, Übungsfeldern und Erfahrungsräumen. Ob beispielsweise Ausdauer oder Selbstdisziplin bei einem wettbewerblich ausgerichteten Sport, beim konzentrierten Üben eines Musikinstrumentes oder beim Bergsteigen erworben wurde, kann man nicht mit definitiver Gewissheit sagen. Vielleicht entstehen diese Formen der Resilienz und der Ausdauer gegenüber den Zumutungen und unerfreulichen Begleiterscheinungen der Bildung, gegenüber den Anstrengungen des Lernens ja auch aus einem Mix derartiger außerschulischer Aktivitäten.

Dies alles wissen wir nicht genau. Wenig strittig aber dürfte sein: In der Schule allein werden viele dieser Dinge nicht, zumindest nicht ausschließlich erworben. Deshalb muss die Aufmerksamkeit der Bildungspolitik und der Bildungsforschung, muss der Blick geweitet werden – auf die anderen Orte, Möglichkeiten und Gelegenheiten der Bildung. Denn: Menschen sind, was sie sind, durch vielfältigste Erfahrungen und unterschiedlichste Lerngelegenheiten. Oder anders formuliert: Bildung ist mehr als Schule. Nicht allein die Schule, sondern das Leben lehrt und bildet.

Bildung eröffnet den Menschen nicht nur, wie vielfach propagiert, neue Chancen und Perspektiven, befähigt sie und stattet sie mit elementaren Kompetenzen aus, macht sie – im Falle des Gelingens – fit für ein ungewisses Leben in der Zukunft. Vielmehr ist das Bildungssystem zugleich auch ein Chancenverteilungssystem: Für die einen wird es dabei zu einem Tor in ein Reich ungeahnter Möglichkeiten, während es für die anderen zu einer vermeintlich unüberwindbaren Hürde, zu einem lebenslangen Makel wird.

Bildung, zumal schulisch-formalisierte und fachlich-speziali-
sierte Bildung, mag für einen Teil der jungen Menschen das
Glückslos auf Erden sein, indem just die Fachgebiete, für die
sie sich begeistern können – und darin auch ein gewisses Ge-
schick entwickeln – zu öffentlich anerkannten Bildungsinhalten
werden, die im schulischen System positiv sanktioniert werden.
Für den anderen Teil der jungen Menschen, deren Themen
und Potenziale nicht zu den auserwählten Fachgebieten schulischer Anerkennung gehören, eröffnen sich unterdessen keine
vergleichbaren Perspektiven.

Um das damit einhergehende Dilemma in einem Bild zu veranschaulichen: Wenn man nur einen olympischen Dreikampf
in Kugelstoßen, Diskuswerfen und Hammerwerfen veranstal-
ten würde, könnten sich die leichtgewichtigen Kandidaten
gleich hinten anstellen. Wenn ein Dreikampf jedoch überwiegend oder gar ausschließlich aus Sprintdisziplinen bestehen
würde, könnte sich die Leistungsfähigkeit dieser Bewerber
rasch umkehren. Die thematischen Horizonte der Schule ver-
engen somit notgedrungen die Bildungschancen jener jungen
Menschen, deren Potenzial außerhalb des schulisch definierten Bildungskanons liegt.

Da Bildungsprozesse im Kindes- und Jugendalter jedoch in hohem Maße mit dem Streben nach sozialer Anerkennung einher-
gehen, ist die Frage, welche Inhalte und welche Erfolgsarenen
sich für junge Menschen auftun, von nicht zu unterschätzender
Bedeutung. Die Frage, was sich alle Kinder im Prozess des
Aufwachsens an Fähigkeiten und Fertigkeiten aneignen müssen
– basale Kulturtechniken, Schlüsselkompetenzen –, wird so zur
Kernfrage eines zukunftsfähigen Bildungskonzeptes.

Spätestens bei diesen Fragen muss beachtet werden, wie eng
die Bildungsfrage im Kindes- und Jugendalter mit Anerkennung, Wertschätzung und Erfolg zusammenhängt. Dabei gilt
tendenziell die einfache Formel: Sofern schulische Bildung
zum eigenen Erfolg beiträgt, befördert und beflügelt sie die
Kinder und Jugendlichen. Sofern Bildung aber zu einem individuellen Symbol des schulischen Misserfolgs und des Scheiterns wird, lähmt sie, schreckt sie ab, verfehlt sie ihr Ziel.
Hierin liegt die grundlegende Ambivalenz thematisch, örtlich
und methodisch eingegrenzter Bildungsprozesse.

Im Lichte der skizzierten Verschränkungen von Bildung und modernen Lebensentwürfen, von Bildung und Zukunftschancen, von Bildung und sozialer Teilhabe wird eine Neubestimmung des Zusammenspiels unterschiedlicher Akteure, unterschiedlicher Facetten und unterschiedlicher Themen der Bildung notwendig. Dabei bedarf es einer gezielteren Einbeziehung der sozialen Lebenszusammenhänge in die Bildungsprozesse der Menschen ebenso wie in die Prozesse und Modalitäten eines erfolgreichen Aufwachsens. Hierfür sensibilisiert muss sich die Bildung der Zukunft neu vergewissern.

1. Bildung, Familie, Schule, Jugendhilfe – Schlüsselbegriffe im Wandel

Bildung, Familie, Schule und Jugendhilfe sind Schlüsselbegriffe dieses Buches. Sie bilden so etwas wie die grundlegenden Koordinaten. Und sie sind, so die Grundthese, zugleich zu unverzichtbaren Bestandteilen eines zeitgemäßen Aufwachsens geworden. Das ist zumindest eine zentrale Annahme der nachfolgenden Ausführungen, die es zu begründen und zu plausibilisieren gilt. In einem ersten Durchgang sollen daher diese Begriffe ausgeleuchtet und vermessen werden.

Alle vier Begriffe, oder richtiger: alle vier Bedeutungskontexte, in denen diese Begriffe verhandelt werden – nicht unbedingt innerhalb der Wissenschaft, eher im Umfeld von Politik und Öffentlichkeit –, befinden sich gegenwärtig in einer eigentümlichen Unbestimmtheit, in einer Art Relaunch. Insbesondere deshalb, weil sie mental lange Zeit so stabil, so selbstverständlich erschienen, fällt es umso mehr auf, dass sie ihre Eindeutigkeit verloren haben, dass sie erneut auf der Tagesordnung zu verhandelnder Themen stehen.

Begriffe dieser Art zeichnen sich dadurch aus, dass sie so weit zum Allgemeingut geworden sind, dass sie in Politik und Öffentlichkeit bedenkenlos benutzt werden, dass mit ihnen kein besonderer Anspruch mehr auf fachliche Exklusivität verbunden wird. Genau das scheint bei den Begriffen Bildung, Familie, Schule und Jugendhilfe inzwischen der Fall zu sein. Sie sind – die einen mehr, die anderen weniger – längst zu Vokabeln des gewöhnlichen Journalismus, der allabendlichen Talkshows und der gehobenen Unterhaltung geworden. Sie haben, wenn man so will, ihre fachliche Unschuld verloren. Ich will dies mit Blick auf die einzelnen Begriffe kurz erläutern.

(1) Bildung: Lange Zeit war es vergleichsweise ruhig beim Thema „Bildung". Weder im Umfeld von Schule oder anderen Bereichen des Ausbildungssystems noch in einschlägigen öf-

fentlichen Debatten hätte jemand in den letzten 25 Jahren vermutlich große Aufmerksamkeit erzielt, wenn er mit diesem Thema eine Veröffentlichung vorgelegt hätte. Bildung war für viele ein mehr oder minder unscharfes, jedenfalls reichlich unbestimmtes Synonym für Schule und Unterricht, für Qualifizierung und Wissen, für Bildungsbürgertum und Hochkultur, war ein typisch deutscher, nur leidlich übersetzbarer Begriff, war für viele Kritiker im Kern viel zu subjektzentriert und zu unpolitisch, war demgemäß ein Wort, das von den wahren Problemen des Lebens eher ablenkt, als damit den Finger in die Wunden der Modernisierung zu legen. Außerhalb der Bildungsphilosophie und einer lange Zeit öffentlich kaum wahrgenommenen empirischen Bildungsforschung sowie einiger anderer Spezialdiskurse konnte man mit dem deutschen Begriff der Bildung wenig bis gar nichts anfangen.

Inzwischen ist Bildung in Politik und Öffentlichkeit zu einem neuen Erkennungszeichen, zu einem regelrechten Modewort avanciert. An den Rändern der Wissenschaft, vor allem aber in den Medien und in der Fachpraxis sind ein boomartiger Aufschwung und ein Comeback des Bildungsbegriffs unübersehbar. Man muss sich nur einmal die Zahl an Leitartikeln, Serien und Kommentaren in den großen Tageszeitungen der letzten Jahre vergegenwärtigen, einen flüchtigen Blick in aktuelle Parteiprogramme werfen – und diese mit früheren vergleichen –, sich die Zahl der Stiftungen vergegenwärtigen, die sich dieses Thema auf die Fahnen geschrieben haben, oder sich die Menge an Aufsätzen, Veranstaltungen und Broschüren vor Augen halten, die seit einiger Zeit rund um das Thema Bildung zu verzeichnen sind, um das Ausmaß dieser Konjunktur ermessen zu können. Bildung ist, bisweilen kritisch beäugt von der Wissenschaft, zu einem absoluten Modethema geworden. Das Einfließen in die politische Alltagsrhetorik ist hierfür ein untrügliches Indiz.

Allerdings kann auch die Wissenschaft, oder genauer: können Teile der Wissenschaft inzwischen damit verbundene Sekundärgewinne verbuchen. Nie wurde ihre Expertise zu diesen Themen so stark nachgefragt wie in den letzten Jahren. Allen voran hat die „empirische Bildungsforschung" einen Aufwind verspürt, der seinesgleichen sucht. Sie ist zu einem allseits gefragten Partner für Politik und Medien geworden; so hat es „PISA" immerhin in das Unterhaltungsprogramm des Fernsehens zur besten Sendezeit am Samstagabend geschafft. Und die jeweils neuesten PISA-Ergebnisse werden schon Tage vor ihrer Veröffentlichung zu medienwirksamen Aufmacherthemen.

Darüber hinaus ist das neu kreierte Fachgebiet „Bildungswissenschaft" an den bundesdeutschen Universitäten längst zu einem prosperierenden Gegenentwurf und Drohmittel für eine als allzu beharrlich eingeschätzte Pädagogik geworden. Zugleich werden in Deutschland inzwischen Gutachten und Empfehlungen in Sachen Bildung ebenso wie „Bildungsberichte" zu einem neuen anerkannten Instrument der Politikberatung und der politikrelevanten Berichterstattung. Und Bildung wird seitens der Länder – erst recht nach der Föderalismusreform und trotz eines Bildungsgipfels der Bundeskanzlerin – als ein letztes, wichtiges verfassungsrechtliches Reservat ihrer Kultushoheit reklamiert.

Ohne dass jeweils schon unbedingt klar wäre, worüber eigentlich gesprochen wird, hat sich der Bildungsbegriff zu einem positiv konnotierten Universal-Code für einen neuen Aufbruch, für zusätzliche Anstrengungen von Politik und Wirtschaft, für eine Neuausrichtung mit Blick auf das Aufwachsen von Kindern und Jugendlichen entwickelt. Oder anders formuliert: Über Zukunft nachzudenken, ohne über Bildung zu reden, erscheint gegenwärtig undenkbar, hieße in der Politik, das Einmaleins der Mainstream-Argumentation nicht begriffen zu haben.

Ausreichend unbestimmt eröffnet der Begriff Bildung die Möglichkeit, sich zwischen unterschiedlichen Gruppen und Akteuren leitmotivisch so weit zu verständigen, dass man Einigkeit wähnt, dass man stillschweigend davon ausgeht, in die gleiche Richtung zu denken und zu agieren, ohne dass dies eigens geprüft werden muss. Das sind die besten Voraussetzungen für die Konjunktur eines längst etablierten Wortes auf dem Weg zu einem öffentlichen Schlüsselbegriff.

(2) Familie: Vergleichbares zeichnet sich seit einiger Zeit mit Blick auf den Begriff der „Familie" ab. Lange Zeit eingemau-

ert in die ideologischen Schützengräben der Bewahrer eines naturalistisch aufgeladenen Familienbegriffs gegenüber einem allzu despektierlichen öffentlichen Umgang mit diesem Topos eines wertkonservativen Selbstverständnisses, schien die „Familie" als letzte Bastion gegen die schmerzhaften Seiten der Modernisierung und des aufgezwungenen sozialen Wandels herhalten zu müssen. Wurde der Familie von den Sozialwissenschaften zwar seit einigen Jahrzehnten beharrlich ein Funktionsverlust und ein schleichender Erosionsprozess attestiert, so wurde sie – fast reflexartig – im Gegenzug von der Politik und den Beschützern der „heiligen Familie" umso mehr pauschal als zu hütender, alternativloser Mittelpunkt des menschlichen Zusammenlebens verteidigt und gehuldigt.

Die daneben ab und an gemachten vorsichtigen Einwürfe, dass weder das eine noch das andere empirisch zutreffend und mit Blick auf die Sache selbst auch nicht unbedingt weiterführend sei, wurde geflissentlich von allen Beteiligten überhört, ging es dabei bisweilen doch mehr um die Wahrung und Stabilisierung der je eigenen Position als um einen weiterführenden Erkenntnisfortschritt, geschweige denn um die Zukunftsfähigkeit der Familie selbst.

Aber auch bei dieser Thematik ist Bewegung in eine festgefahrene Gefechtslage gekommen. In erstaunlich kurzer Zeit wurden Chancen und Grenzen der Familie, wurden ihre Stärken und Schwächen neu ausgelotet, wurde sie als zentraler und dennoch begrenzter Ort des Aufwachsens identifiziert. Zu sehr sprechen die Fakten hier eine eindeutige Sprache: auf der einen Seite stagnierende oder gar zurückgehende Eheschließungen sowie anhaltend hohe Scheidungszahlen, vergleichsweise geringe Kinderzahlen und ein damit einhergehender Rückgang von Mehrkindfamilien, eine nicht zu unterschätzende Zahl an kinderlosen Paaren und an Einpersonenhaushalten, auf der anderen Seite aber auch bedrückende Berichte über Kindesvernachlässigungen sowie dramatische Fälle von Kindstötungen, bei denen das System Familie – obgleich angeblich alle Eltern für ihre Kinder nur das Beste wollen – als sich selbst regulierendes Netzwerk ganz offenkundig nicht funktioniert. Beides sind untrügliche Indizien dafür, dass die Defizite beim Thema Familie nicht länger totgeschwiegen und die damit einhergehenden Handlungsbedarfe ausgesessen werden können.

Zu sehr wird im Zuge der gesellschaftlichen Modernisierung und des sozialen Wandels der Grenznutzen des beharrlichen Festhaltens an einem traditionellen Bild von Familie erfahrbar, zu sehr verlieren die Durchhalteparolen an Überzeugungskraft. Die in Sachen Familie gewachsene Kluft zwischen Wunsch und Wirklichkeit, zwischen einer erhofften, harmonischen, auf Ehe basierenden Familienstabilität und einem erlebten, desillusionierenden Familienalltag, kann man nicht mehr länger mit unerschütterlicher Beharrlichkeit und mit programmatischen Formeln übertünchen.

Familie lässt sich insoweit immer weniger als ein sich selbst regulierendes, in sich selbst ruhendes und von außen unbeeinflusstes Beziehungsgefüge betrachten, das dann am besten funktioniert, wenn man es in Ruhe lässt. Dazu tangiert das „wirkliche Leben" – die Schattenseiten des entgrenzten, entstandardisierten und entbetteten Lebens, die Zumutungen eines globalisierten, flexibilisierten Arbeitsmarktes, die drohenden Existenzrisiken von Arbeitslosigkeit, Armut, Scheidung etc. – die Realität der Familie viel zu sehr, auch wenn dies lange Zeit nicht von offizieller Seite eingestanden und in seinen Folgen politisch zur Kenntnis genommen worden ist.

Die Stürme der Modernisierung, die veränderten Anforderungen an eine rationale Lebensführung, die permanenten Anpassungsleistungen an die Globalisierung des Lebens – Arbeitsmärkte, Digitalisierung, Kommunikation, Ökologie, Gewalt, Lebensstile und Werte – machen vor den Toren der Familie, vor den eigenen vier Wänden, vor den kleinen Lebenswelten des Alltags längst keinen Halt mehr. Die permanent geforderte Herstellungsleistung von Familie im Alltagsgeschehen, das „Doing Family" und dessen alltägliche Aufrechterhaltung befinden sich unübersehbar in einer mentalen und praktischen Runderneuerung.

Deshalb scheint der öffentliche Konsens langsam größer zu werden – sieht man einmal von einigen eruptiven, medial gut inszenierten Re-Traditionalisierungsversuchen im Namen der Familie ab –, dass eine nüchterne Zwischenbilanz in Sachen

Familie unabdingbar ist. Geklärt werden muss, was man der Familie – um ihrer eigenen Zukunft willen – heutzutage noch an Eigenleistung zumuten kann, wo man sie gezielt entlasten und unterstützen muss, was Familien wirklich hilft. Das einseitige Festhalten an den unstrittig vorhandenen Potenzialen der Familie unter Vernachlässigung der zugleich vorhandenen Risiken und Gefährdungen erschwert jedenfalls die notwendigen Anpassungsprozesse der Familie an die veränderten Rahmenbedingungen. Infolgedessen muss auch die Familie, müssen Fragen, die eng mit ihr zusammenhängen, auf die Tagesordnung gesetzt werden, wird eine Politik im Zeichen der Familie auf einmal ebenfalls zu einem Schlüsselthema, dem es sich zu vergewissern und das es neu auszubuchstabieren gilt.

(3) Schule: Blickt man auf den dritten Schlüsselbegriff, auf die „Schule", so kann man den Eindruck gewinnen, dass sich diesbezüglich auf den ersten Blick in den letzten Jahren nicht so viel getan hat. Doch der Schein trügt. Spätestens seit der Veröffentlichung der ersten PISA-Studie im Jahr 2001 ist der schwerfällige Ozeandampfer Schule – ebenfalls seit langem verwickelt in ideologische Dauerschlachten um das gegliederte Schulwesen – unfreiwillig in eine bedrohliche Schieflage in schwerer See geraten. Zu offenkundig zeigen sich anhaltend die mit Schule verbundenen Schattenseiten des Misslingens von Bildung sowie einer indiskutablen hohen, jedenfalls kaum sinkenden, herkunftsbedingten Benachteiligung durch Schule.

Zu wenig konnte sich Schule im Lichte einer bewahrenden Bildungspolitik auf die neuen Herausforderungen einer erheblich veränderten Umwelt einstellen, gewissermaßen neu erfinden. Destabilisierte Primärwelten, wachsende Migrationsanteile und kulturell heterogener werdende Schülerschaften, regionale Disparitäten, schrumpfende Altersjahrgänge, omnipräsent gewordene virtuelle Welten, unaufhaltsam wachsende Globalisierungserfordernisse sowie eine expandierende Dienstleistungs- und Informationsgesellschaft sind Insignien dieses neuen Zeitalters, mit denen sich Schule konfrontiert sieht, ohne mit den eigenen, bewährten Mitteln darauf adäquat reagieren zu können.

Zu vielschichtig erweisen sich die mit Schule in Verbindung gebrachten Erwartungen einer verbesserten Leistungs- und Integrationsbilanz, als dass diese zentrale Bildungsanstalt die mit der ersten PISA-Studie offenkundig werdenden massiven Mängel allein mit Durchhalteparolen überstehen könnte. Davon zeugen nicht zuletzt die vielfältigen Empfehlungen, die in allen möglichen Kommissionen und Gremien zur Verbesserung der Lehrerausbildung, zur Weiterentwicklung der Schule – seien es „Häuser des Lernens" oder neuerdings „Bildungshäuser" – und zur Vermeidung ihrer unerwünschten Nebenfolgen in den letzten 15 Jahren, insbesondere in den letzten fünf Jahren gegeben worden sind. Die in jüngster Zeit halbherzig in Gang gesetzten, vielfältigen Transformations- und Rettungsversuche der Hauptschule sind zudem ein beredtes Zeugnis dieser aktuellen Misere und der damit verbundenen bildungspolitischen Ratlosigkeit.

Das alles entscheidende Stichwort, das in dieser Hinsicht zuletzt als Lösungsformel immer wieder ins Spiel gebracht worden ist, lautet „Ganztagsschule". Ihr wird am ehesten zugetraut, dass sie all die Nachteile der herkömmlichen Halbtagsschule vermeiden und zugleich alle im existierenden Schulsystem bislang unerfüllten Hoffnungen erfüllen kann. Dabei wird politisch und fachlich allerdings viel zu wenig über das inhaltliche Konzept einer zukunftsweisenden Ganztagsschule debattiert, wird die Hoffnung viel zu einseitig auf eine zeitliche Ausweitung der gegenwärtigen Halbtags- zu einer Ganztagsschule gelegt. Dies macht die Sachlage nicht unbedingt einfacher. Es deutet aber zumindest die Denkrichtung an, in die Schule der Zukunft weiter ausbuchstabiert werden muss.

(4) Jugendhilfe: Etwas anders gelagert ist die Lage schließlich bei dem vierten und letzten Grundbegriff, dem der „Jugendhilfe", oder genauer: dem der „Kinder- und Jugendhilfe". Er ist zweifellos der Neuling in diesem Quartett und insoweit wohl auch eine Art „Aufsteiger der Saison".

Lange Zeit war Jugendhilfe allenfalls ein Begriff für Insider, der bei Außenstehenden eher Ratlosigkeit auslöste. Als eine vorrangig juristisch geprägte Kategorie verkörperte er eine Art „Gegengift" zu den billigend in Kauf genommenen sozialen Nebenwirkungen moderner Gegenwartsgesellschaften in den Lebenswelten von Familien und jungen Menschen, insbesondere mit Blick auf die Angebotspalette familienunterstützender Hilfen, die den kommunalen Jugendämtern zur Verfügung standen. Bis heute ist die Jugendhilfe im Grunde genommen ein sperriger Begriff geblieben, dem man seinen Inhalt auf den ersten Blick nicht ansehen kann, den man auch kaum deuten kann und der thematisch weit mehr umfasst, als vielen bewusst ist.

Jugendhilfe ist erst in den letzten Jahren zu einem auf breiter Ebene wahrgenommenen Arbeitsfeld geworden. Dies hängt vordergründig vor allem mit der erheblich veränderten Stellung der öffentlichen Kindertagesbetreuung – die vielfach im öffentlichen Bewusstsein der Jugendhilfe gar nicht zugerechnet wird –, aber auch dem steigenden Bedarf an Kinderschutz und Jugend- bzw. Schulsozialarbeit zusammen. Diese Themen haben erstmalig zu einer breiteren Wahrnehmung der Jugendhilfe außerhalb der eigenen Reihen, im öffentlichen Raum beigetragen.

Kinderkrippen, Kindergarten und Hortbetreuung, kommunale Jugendämter und der Allgemeine Soziale Dienst, Erziehungs- und Familienberatung, Familienbildung und Familienhilfen, Jugendarbeit, Jugendberufshilfe und Jugendsozialpolitik, Schulsozialarbeit, Drogenhilfe sowie der Kinder- und Jugendschutz, Kinder in Pflegefamilien, Wohngruppen oder in Heimen: Dies alles sind Elemente einer modernen Kinder- und Jugendhilfe, die seit dem 1990 in Kraft getretenen neuen „Kinder- und Jugendhilfegesetz" (KJHG), dem achten Sozialgesetzbuch (SGB VIII), gewissermaßen alles umfasst, was Erziehung, aber nicht Familie und nicht Schule ist, wie das Gertrud Bäumer schon in den 20er-Jahren des letzten Jahrhunderts formulierte (vgl. Bäumer 1929).

Mit diesem Bündel an anderweitig nicht geregelten Aufgaben, die im Zuge der Modernisierung der Gesellschaft im letzten Jahrhundert erheblich an Bedeutung gewonnen haben und auch zunehmend gesellschaftlich als zu behandelnde Probleme anerkannt worden sind, hat die Kinder- und Jugendhilfe einen Aufschwung erfahren, der mit zu ihrer inzwischen deutlich veränderten Stellung beigetragen hat. Jugendhilfe ist innerhalb von hundert Jahren unwiderruflich zu einem unverzichtbaren pädagogisch-sozialen Instrument der sozialen Problembearbeitung geworden, zu einem wichtigen, ergänzenden

Leistungssegment im Schatten von Bildungs-, Gesundheits- und Sozialpolitik. Zugleich nimmt die Kinder- und Jugendhilfe – als gleichsam nicht-intendierte Folge ihres zahlenmäßigen Wachstums und ihres Bedeutungszuwachses – eine inzwischen weitaus wichtigere gesellschaftliche Stellung ein, als dies vielfach selbst in den eigenen Reihen wahrgenommen wird.

In diesem Zusammenhang ist sie auf dem besten Wege, ebenfalls zu einem neuen Schlüsselbegriff für die Gestaltung des Aufwachsens von Kindern und Jugendlichen zu werden. Immer deutlicher und immer öfter wird implizit oder explizit der Ruf nach mehr Jugendhilfe laut, sei es bei dem gegenwärtig alles dominierenden Thema der Kindertagesbetreuung, bei den fassungslos machenden Fällen von Kindesmisshandlungen, oder allgemeiner: bei Kindeswohlgefährdungen sowie beim Kinder- und Jugendschutz, bei der „zweiten oder dritten Chance" im Falle des Versagens von Schule oder Familie oder im Zuge der mangelnden sozialen Integrationsfähigkeit junger Menschen mit Zuwanderungsgeschichte, um nur einige Beispiele zu nennen.

Längst ist Jugendhilfe zu einem Begriff geworden, der auch im Raum der Politik – jenseits der Fachressorts – und in den Medien zu einem völlig gebräuchlichen Begriff geworden ist. Längst sind statistische Meldungen aus den Arbeitsfeldern der Kinder- und Jugendhilfe – Inobhutnahmen, Heimeinweisungen, Adoptionen, Sorgerechtsentzüge, Hilfen zur Erziehung, Kindertagespflege, Seelische Behinderung –, die vor einigen Jahren noch nicht einmal innerhalb der Fachwelt selbstverständlich wahrgenommen worden sind, am Tag ihres Erscheinens eine Meldung in der Tagespresse wert, längst gehört der Begriff Jugendhilfe zum Standardvokabular von Politikern und Journalisten. Deshalb kann man mit Fug und Recht davon ausgehen, dass die Kinder- und Jugendhilfe zu einem weiteren Schlüsselthema im Konzert der anderen Begriffe und dem Aufwachsen von Kindern aufgestiegen ist, dass aber auch für sie noch eine Neuformatierung zur Debatte steht.

(5) Bilanz: Unter dem Strich heißt das, dass alle vier Begriffe dabei sind, einen neuen Bedeutungshorizont zu erlangen und ihrer lange Zeit gesichert erscheinenden fachlichen Selbstver-

ständlichkeit beraubt zu werden. Alle vier Themenfelder sind buchstäblich im Begriff, ihre einstige Bedeutung zu verlieren, oder positiv formuliert: im Prozess einer Selbstvergewisserung neue Konturen zu erhalten. Das macht es notwendig und lohnenswert, sich mit ihnen erneut, in neuer Weise auseinanderzusetzen. Sie stehen in ihren bisherigen Selbstverständlichkeiten zur Disposition, sie sind Täter und Opfer einer Modernisierungsbilanz zugleich, sind gleichermaßen Agierende und Reagierende im Prozess der Modernisierung der Moderne.

Die Begriffe Bildung, Familie, Schule und Jugendhilfe haben unterdessen eines gemein: Sie sind allesamt wichtige Komponenten und Bestandteile im Leben von Kindern und Jugendlichen, sie sind die selbstverständlichen, impliziten wie expliziten Begleiter auf dem Weg des Erwachsenswerdens, sie sind Bestandteile der instabil gewordenen Formen der Lebensführung in den ersten beiden Lebensjahrzehnten, sie konturieren zu wesentlichen Teilen das Koordinatensystem des Aufwachsens von Kindern und Jugendlichen zu Beginn des 21. Jahrhunderts. Das macht sie in besonderer Weise zu thematisch bedeutungsvollen Deutungshorizonten, wenn es um die Frage der zukünftigen Gestaltung des Aufwachsens von Kindern und Jugendlichen in der Gegenwartsgesellschaft geht.

2. Wenn aus Bildung Handlungskompetenz wird

Bildung ist kein Selbstzweck. Bildung kann Menschen in die Lage versetzen, mit allen Sinnen Subjekt ihres eigenen Handelns zu werden. Bildung soll Menschen befähigen, so etwas wie die Fähigkeit zu einer eigenständigen Lebensführung zu erwerben, egal ob in kognitiver, emotionaler, sozialer oder praktischer Hinsicht.

Deshalb macht es Sinn, Bildung vom Ende her, von den erworbenen Fähigkeiten und Kompetenzen her zu denken. Dies mag nicht unbedingt neu, bestenfalls in seiner Zuspitzung folgenreicher sein als bislang gedacht. Im Unterschied zu den Traditionen der Bildungsphilosophie wird damit ein sozialwissenschaftlich-pragmatischer Zugang zum Thema Bildung gewählt, um auf diese Weise den Begriff der Bildung, oder richtiger: die verschiedenen Facetten des Bildungsgeschehens der empirischen Sozialwissenschaft zugänglich zu machen.

Auch wenn Bildung damit selbst zunächst eher unbestimmt bleibt, so ist doch zu fragen, was das Spezifische, das Besondere daran ist, was mit Blick auf das Aufwachsen von Kindern eine Gesellschaft dazu beitragen kann.

Einer Gesellschaft stehen prinzipiell mehrere Möglichkeiten zur Verfügung, das – wie dies der 11. Kinder- und Jugendbericht programmatisch formulierte – „Aufwachsen von Kindern und Jugendlichen in öffentlicher Verantwortung" gezielt zu unterstützen (vgl. BMFSFJ 2002). Wie ist es jedoch um die hierfür zur Verfügung stehenden Settings, Instrumente, Verfahren und Wege bestellt, die gewährleisten sollen, dass Familien, dass das Aufwachsen in Familien, dass Kinder und Jugendliche eine gedeihliche Zukunft haben, und zwar auch dann, wenn die familiale Ausgangslage nicht unbedingt günstig ist?

Franz-Xaver Kaufmann hat zur typologischen Sortierung staatlicher Hilfen, Leistungen und Mechanismen vor längerer Zeit mit Blick auf die Familie einen Vorschlag unterbreitet, mit dem es möglich wird, vergleichsweise gut und einfach die generell vorhandenen sozialstaatlichen Unterstützungsformen einzuordnen (vgl. Kaufmann 1982, S. 66 ff.). Er hat dabei vier Ebenen der gesellschaftlichen Intervention unterschieden. Demnach ist Hilfe und Unterstützung möglich (1) durch eine juristische Intervention, (2) durch eine ökonomische Intervention, (3) durch eine ökologische Intervention sowie (4) durch eine pädagogische Intervention.

(1) Durch *Recht*, d. h. durch eine *juristische Intervention*, werden die in der gesellschaftlichen Diskussion durchgesetzten Normen in Gesetze überführt. Für Kaufmann ist dabei die rechtliche Interventionsform – in Anlehnung an Habermas (1981 b) – nicht mit dem Einsatz von Recht als Steuerungsmittel des Staates zu verwechseln (Kaufmann 1982, S. 69). Vielmehr können nur jene Formen einer juristischen Intervention typologisch zugerechnet werden, die in der Lage sind, die Position eines schwächeren Partners durch ein Rechtsverhältnis zu stärken. „Dabei interessiert hier nicht der Inhalt des Rechtverhältnisses …, sondern der Tatbestand des Rechtanspruches selbst." (Ebd., S. 69)

Ein Beispiel für eine solche rechtliche Intervention war beispielsweise die Einführung des Rechtsanspruchs auf einen Kindergartenplatz für Kinder ab dem vollendeten dritten Lebensjahr ab 1996. An diesem Muster wird zugleich deutlich, dass die verschiedenen Interventionsformen sich durchaus vermischen können, da der Inhalt des Rechtsanspruchs durch den enthaltenen Bildungsgedanken gewissermaßen in eine pädagogische Intervention überführt bzw. erst zur Bedingung dieser Möglichkeit wurde.

(2) Durch *Geld*, d. h. durch eine *ökonomische Intervention*, werden finanzielle Transferleistungen realisiert. „Der ökonomischen Interventionsform werden also nur solche Maßnahmen zugeordnet, die die Lebenslage der Bevölkerung in Form einer unmittelbar erfahrbaren Modifikation des verfügbaren Einkommens beeinflussen" (Kaufmann 1982, S. 73), schreibt Kaufmann und verweist damit auf eine Abgrenzung zu den

Realtransfers, also den unentgeltlich abgegebenen öffentlichen Leistungen. Klassische Beispiele für diese ökonomische Interventionsform wären die Zahlung von Kindergeld, des familienbezogenen Kinderzuschlags oder in jüngerer Zeit des Elterngeldes.

Die Stärke dieser Interventionsform ist ihre Schwäche zugleich: Während sie auf der einen Seite den großen Vorteil hat, schnell, direkt und zielgenau den Betroffenen zugute zu kommen, hat sie auf der anderen Seite den Nachteil, dass sie zwar zielgenau, aber nicht zweckgenau ist, sprich: dass Geld als universales Tauschmittel für alles und jedes, also zweckfrei eingesetzt werden kann.

(3) Durch *Veränderung der kontextuellen Rahmenbedingungen*, d. h. durch eine *ökologische Intervention*, können Personen materielle und soziale Umwelten zur Verfügung gestellt werden. In diesem Zusammenhang betont Kaufmann zwei Besonderheiten, die bei dieser Interventionsform zu beachten sind: Zum einen handelt es sich um räumlich gebundene Angebote, zum anderen kommt es auch darauf an, dass die Qualität des Angebotes zwischen den Beteiligten kommuniziert wird. „Es genügt also nicht, die erforderlichen Einrichtungen und Personalstellen bereitzuhalten, sondern es muss darüber hinaus eine bestimmte Qualität der Dienstleistungen erzielt werden, welche erst die erwünschten Effekte bewirkt." (Ebd., S. 76). Ein aktuelles Beispiel für diese Interventionsform wäre der angestrebte Ausbau der öffentlichen Kinderbetreuung für unter Dreijährige, sofern damit ein quantitativ und qualitativ ausreichendes Dienstleistungsangebot zur Verfügung gestellt wird.

(4) Durch die *Verbesserung der individuellen Handlungskompetenz* der Menschen, d. h. durch eine *pädagogische Intervention* schließlich soll in direkter Weise eine Personenänderung im engeren Sinne erreicht werden. Kaufmann schreibt: „Sozialpolitisches Ziel der Maßnahmen ist hier typischerweise eine direkte Erhöhung der Handlungsfähigkeit durch bildende, beratende, rehabilitierende oder informative Anstrengungen. Es geht also darum, bestimmte, in der allgemeinen Kultur vorhandene soziokulturelle Bestände an Individuen in der Weise zu vermitteln, dass dadurch ihre Teilhabemöglichkeiten ge-

steigert werden." (Ebd., S. 81) Als Beispiele für solche pädagogischen Interventionen nennt er die staatliche Gesundheits- oder Verbraucheraufklärung, die Verkehrserziehung, aber auch mittelbare Maßnahmen, wie die Qualifikation des in sozialen Einrichtungen tätigen Fachpersonals sowie die gezielte Unterstützung von Kindern und Jugendlichen im Rahmen der Hausaufgabenhilfe.

Soweit die vier Formen der Intervention, wie sie Kaufmann vor mehr als 25 Jahren beschrieben hat. Unmittelbar einsichtig und nachvollziehbar sind die beiden ersten Strategien, die *juristische und ökonomische Intervention* mittels Recht und Geld. Beide haben sich als Instrumente der aufstrebenden Sozialstaaten im 20. Jahrhundert bewährt und werden in Deutschland bis heute vor allem als sozialpolitische Gestaltungsinstrumente auf Bundesebene genutzt. In ihrer Kombination – Recht und Geld – verkörpern sie geradezu die klassischen Ursprünge der modernen Sozialpolitik.

Wie man am Beispiel der Rente, dem Prototyp dieser Unterstützungsform, gut beobachten kann, wurde hier, wie das Niklas Luhmann seinerzeit formulierte (vgl. Luhmann 1973), mittels eines Gesetzes individuelle „Erwartbarkeit" sichergestellt und anstelle irgendwelcher Sachleistungen oder anderer Hilfen für die Zeit der Nacherwerbsphase regelmäßige Einkünfte in Aussicht gestellt, die in ihrer Höhe wesentlich davon abhängen, wie lange man und wie viel man selbst einbezahlt hat.

So wirkungsvoll diese Mechanismen in vielen Bereichen der Vor- und Fürsorge auch sein mögen, so elegant, variabel und universell diese Steuerungsmedien zudem unbestreitbar sind – sie haben einen entscheidenden Nachteil: Geld und Recht sind nur Mittel zum Zweck, sind Medien, Tauschmittel, mit denen Betroffenen allenfalls *mittelbar* geholfen wird. Sie haben aber selbst keinen eigenen Gebrauchswert.

In Anbetracht ihrer breiten Verwendbarkeit – beim Geld universell, beim Recht gebunden an die Gebietseinheit, für die das Gesetz gilt –, ist dabei nicht nur ungewiss, ob diese Mittel zweckgebunden und zielgerichtet eingesetzt werden, sondern auch, ob die gewünschten Effekte bei den Anspruchsberechtigten und Nutzern tatsächlich eintreten, sprich: ob diese Hilfen tatsächlich „wirken". Mit monetärer Hilfe und rechtlicher Absicherung allein ist es bei den personenbezogenen, sozialen Dienstleistungen, bei den „Diensten am Menschen" jedenfalls nicht getan. Zugespitzt formuliert: Durch Geld lernt kein Kind deutsch, kein einsamer Mensch erhält dadurch mehr Zuwendung und auch kein Heranwachsender lernt dadurch, Verantwortung für sich, für eine Sache oder für andere zu übernehmen.

Stattdessen stellt sich die Frage, wie es gelingen kann, das Aufwachsen so zu organisieren, dass Kinder selbst *unmittelbar* und nachhaltig befähigt werden, sie also zu direkten und nicht nur zu mittelbaren Schlüsselakteuren des Geschehens werden. Wie können infrastrukturelle Angebote dazu beitragen, die individuelle Handlungskompetenz von Kindern zu fördern und von Jugendlichen zielgerichtet zu verbessern? Fragen dieser Art zielen auf die dritte und vierte Interventionsform von Kaufmann, die *ökologischen und pädagogischen Interventionen*, also auf die Verbesserung der sozialen Infrastruktur und vor allem auf die Verbesserung der individuellen Handlungskompetenz.

Insgesamt lassen sich diese vier Formen dahingehend unterscheiden – und das macht sie für den hier anstehenden Kontext so attraktiv –, ob sie, in der einen Richtung, eine direkte oder eine indirekte Hilfe darstellen, bzw. ob sie, in der anderen Richtung, eher zu einer Veränderung der Situation, der Rahmenbedingungen, des Sozialraums oder aber eher zu einer Veränderung der Person beitragen (vgl. Abb. 1).

So stellt *Geld* zweifellos keine direkte Form der Hilfe dar, hat aber den unschätzbaren Vorteil, dass es als universelles Tauschmittel ausgesprochen variabel eingesetzt und damit an eine große Zahl individueller Bedarfe angepasst werden kann. Zudem ist es „lagerbar", kann also angehäuft werden. Es hat aber zugleich einen entscheidenden Nachteil: Mit Geld allein kann keine Personenänderung herbeigeführt werden. Es kann zwar – sofern es dort ankommt, wo es ankommen soll – als Anreiz dienen, Motivator für eine gewünschte Verhaltensänderung sein, aber es hat keinerlei direkte Kausalwirkung und vermutlich auch wenig nachhaltige Effekte, sobald es als Stimulus ausbleibt.

Abb. 1: Wirkung von Interventions- und Unterstützungsformen

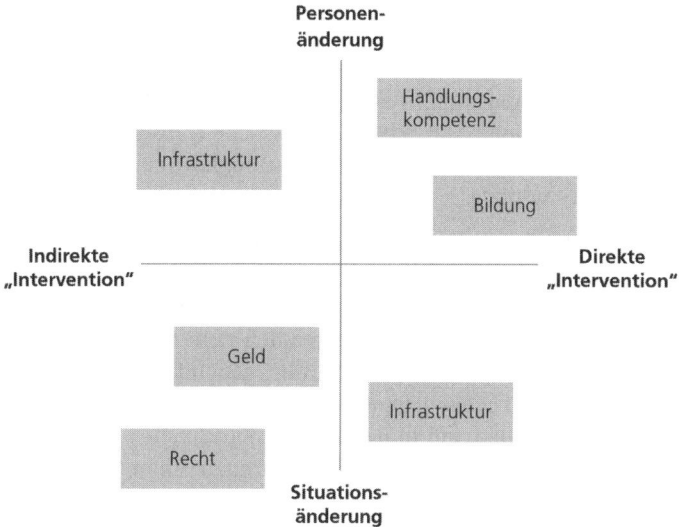

Dies ist der eigentliche Kern der Kontroverse, der beispielsweise bei der Alternative „Betreuungsgeld" oder „Bildungsgutschein" im Falle der Nichtinanspruchnahme eines öffentlichen Betreuungsangebots für ein Kind unter drei Jahren mitschwingt. Soll man politisch das universelle Tauschmittel Geld einsetzen, das den Empfängern die Art der Investition überlässt – wie das etwa bei Lohnersatzleistungen, bei Arbeitslosengeld oder der Rente der Fall ist –, oder soll man vorzugsweise zweckgebundene Gutscheine ausgeben, die lediglich zielgerichtet für pädagogische Leistungen, die unmittelbar dem Kind zugute kommen, eingesetzt werden können?

Etwas anders verhält es sich im Falle des *Rechts*. Auch hier geht es um uneingeschränkte Rechte, etwa bei einem Rechtsanspruch auf einen Kindergartenplatz für alle Kinder ab dem vollendeten dritten Lebensjahr. Es geht aber zugleich auch um zweckgebundene Rechtssetzungen, etwa wenn Eltern nur dann ein Rechtsanspruch auf einen Betreuungsplatz für ihr Kind eingeräumt wird, wenn sie bestimmte Voraussetzungen erfüllen, wie dies beispielsweise im „Tagesbetreuungsausbaugesetz – TAG" der Fall ist. Unter dem Strich handelt es sich aber auch hier eindeutig um eine sachbezogene, indirekte Intervention.

Im Unterschied zum Geld ist Recht jedoch nicht universell, global einsetzbar, da Rechtsansprüche bisweilen schon an den föderalen Grenzen des nächsten Bundeslandes enden können. Zudem sind Rechtsansprüche auch nicht lagerbar und kumulierbar, können also nicht angespart und später dann in größeren Mengen eingesetzt bzw. eingetauscht werden, nach dem Motto: „Tausche heutigen Kindergartenplatz gegen späteren Ganztagsschulplatz".

Schon weitaus näher an individuellen Bedarfen ist demgegenüber die *ökologische Intervention*, zielt sie doch auf die Ausgestaltung der sozialen Infrastruktur. Im Unterschied vor allem zu Geld, aber in der Tendenz auch zum Recht, ist sie an einen weitaus engeren lokalen Raum gebunden, kann jedoch unmittelbar als Dienstleistung in Anspruch genommen werden. Während also, um in dem erwähnten Beispiel zu bleiben, Geld und Recht nur mittelbar einen Weg zu einem Kindergartenplatz eröffnen – alles Recht und alles Geld hilft nicht, solange keine Plätze vorhanden sind –, ist der Bau einer lokalen Kindertageseinrichtung eine konkrete Hilfe für die Eltern vor Ort. Nur in dieser konkretisierten Form können Kinder ein Angebot nutzen. Allerdings, auch das gilt es zu beachten, können diese Formen der Unterstützung ihre Vorzüge nur dann entfalten, wenn sie auch tatsächlich in Anspruch genommen werden und den qualitativen Ansprüchen der Nutzer genügen.

Einen ganz anderen Weg beschreitet schließlich die *pädagogische Intervention*, die auf die unmittelbare Verbesserung der individuellen Handlungskompetenz gerichtet ist. Sie stellt eine gezielte und direkte Hilfe für die einzelne Person dar, sie hat vom Anspruch her nicht die Veränderung von „Situationen", sondern von „Personen" im Blick. Das macht ihre Besonderheit aus: Während Geld und Recht, in gewisser Weise auch Infrastruktur, im wahrsten Sinne des Wortes „unpersönliche" Leistungsangebote und Hilfen sind, setzt die Veränderung der individuellen Handlungskompetenz an einer konkreten Person selbst an, da sie ansonsten wirkungslos bleibt. In diesem Sinne ist sie personengebunden und nicht transferierbar.

Genau in diesem Punkt liegt ihr unschätzbarer, alternativloser Vorzug, da diesen Vorteil alle anderen Unterstützungsformen so nicht aufweisen. Zugleich birgt diese Form ein Potenzial in sich, das in dem hier anstehenden Kontext von besonderem Interesse ist. Denn vieles spricht dafür – und öffnet einen gänzlich neuen Horizont –, dass diese vierte Form der Intervention, also die *Verbesserung der individuellen Handlungskompetenz*, dem sehr nahe kommt, was in diesem Buch unter *Bildung* verstanden werden soll. Ist die Verbesserung der individuellen Handlungskompetenz somit nicht anderes als Bildung in einem wohl verstandenen Sinne? Ich gehe jedenfalls nachfolgend von dieser Arbeitshypothese aus, eröffnet sie doch gänzlich neue Perspektiven, verbindet sie vom Grundsatz her Bildungspolitik mit Sozialpolitik einerseits und mit Familienpolitik andererseits.

Unmittelbar damit zusammen hängt die zweite Annahme: dass Bildung auch sozialpolitisch eine weitaus wichtigere Bedeutung zukommen könnte, als dies bislang unterstellt worden ist: nicht automatisch und auch nicht ohne spezifische Rahmenbedingungen, aber vom Grundsatz her. Es gilt mithin sehr viel stärker den inneren Zusammenhang zwischen Bildungspolitik und Sozialpolitik, zwischen Familienpolitik und Bildungspolitik, zwischen Jugendpolitik und Familienpolitik in den Blick zu nehmen. Unter welchen Bedingungen derartige Annahmen einen Sinn machen, unter welchen Bedingungen sie den einen oder anderen Ausweg weisen könnten und was dazu die basalen Orte des Aufwachsens von Kindern und Jugendlichen beitragen können: Davon handelt dieses Buch.

3. Bildung im Lebensverlauf

Über das Thema Bildung wurde bereits so viel geschrieben, dass es von dieser Warte aus wirklich keinen Grund mehr gibt, dem noch einen weiteren Text hinzuzufügen. Es soll deshalb auch gar nicht erst der Versuch gemacht werden, einen Beitrag in bildungstheoretischer, bildungsphilosophischer oder systematischer Absicht zu Papier zu bringen. Die Intention dieses Buches zielt in eine andere Richtung. Der schlichte und auch nicht unbedingt neue Gedanke ist, mit dem Begriff der Bildung – und den angedeuteten, unverzichtbaren Zutaten der anderen Schlüsselbegriffe – den Blick in eine Richtung zu lenken und einen Horizont zu öffnen, mit dem es unter ganz bestimmten Bedingungen gelingen könnte, den Prozess des Aufwachsens nicht nur besser zu organisieren, sondern im Endeffekt auch erfolgreicher und gerechter zu gestalten.

Dabei sind die hier vorzuschlagenden Akzentverschiebungen vermeintlich kleiner Natur, in ihren Folgen unterdessen möglicherweise erheblich größer. Als elementare Akzentverlagerung ist es hierbei notwendig, beim Thema Bildung den Blick konsequent auf die Entwicklung der zu bildenden Person, also auf ihre Bildungsbiografie zu richten. Üblicherweise wird der bildungsbiografische Prozess des Aufwachsens in die Schubladen der einzelnen Bildungsinstanzen einsortiert – als sich entwickelndes Kind im Kindergarten, als lernendes Schulkind in der Schule, als sich qualifizierender Lehrling im dualen System oder als Studierender an einer Hochschule.

Demgegenüber eröffnet der personengebundene Horizont des synchronen und diachronen Durchlaufens vielfältiger Anlässe, Orte und Gelegenheiten der impliziten und der expliziten Bildung eine neue, verschränkte Sichtweise aufeinander aufbauender oder zusammenhangsloser, sich verstärkender oder sich aber auch neutralisierender Bildungsprozesse von Kindern und Jugendlichen. Nicht die Bildungssysteme, nicht die Leistungen des Kindes oder des Jugendlichen sind Bezugspunkt der Betrachtung, sondern der junge Mensch in seiner je individuellen Bildungsbiografie.

Im Vordergrund steht somit der Prozess der *Bildung im Lebenszusammenhang* von Kindern und Jugendlichen, gewissermaßen als unhintergehbare Produktionsstätte und als lebensweltlicher Herstellungsmodus dessen, was man die individuelle Seite der Bildung nennen könnte. Das „Wohlbefinden" – das „Well-being", wie das in internationalem Jargon genannt wird – von Heranwachsenden, ihre zunehmende Handlungsfähigkeit, ihre persönliche Ausstattung mit den wichtigsten soziokulturellen Utensilien für eine eigenständige Lebensführung ist das Ziel von Bildung und Maßstab ihrer Begründung. Weder die innere Logik einzelner Bildungsinstanzen, etwa des Kindergartens, der Schule oder der beruflichen Bildung, noch die gesellschaftliche Seite der Bildung, also der gesamtgesellschaftliche Bedarf an Menschen – Humanressourcen –, die in der Summe das kulturelle Erbe von Generation zu Generation weitertragen, stehen hierbei im Vordergrund, wenngleich man diese Seiten der Bildung selbstverständlich nicht außer Acht lassen darf.

Diese individuelle Seite der Bildung meint allerdings etwas anderes als die jeweils konkreten Eins-zu-Eins-Bedürfnisse aus der Binnensicht von Kindern und Jugendlichen, hat mithin nicht das Wünschen und Wollen von Heranwachsenden zum Bezugspunkt. Betont wird vielmehr die gedankliche Ausrichtung an den vorgezeichneten Trampelpfaden – den institutionalisierten Lebensverlaufsmustern Familie, Kindergarten, Schule, Ausbildung – ebenso wie an den unbearbeiteten Seitenpfaden, also den entlegeneren, unbeachteten Lernorten, sowie an den altersspezifischen Bedarfen und Notwendigkeiten von Heranwachsenden auf dem Weg in ihre eigene Zukunft.

Im Grunde genommen gilt es den Horizont zu weiten, zu realisieren, dass prinzipiell jeder Anlass, jede Situation, jeder Augenblick Element eines Bildungsprozesses sein kann. Bildung in diesem Sinne ist somit ort- und zeitlos, lässt sich nur entgrenzt denken, ist lediglich an die raum-zeitlichen Verstrebungen jeder einzelnen Person gebunden. Das macht ihre Subjektgebundenheit aus.

Mit dieser Akzentsetzung wird eine folgenreiche Vorentscheidung getroffen, geht es damit doch in Sachen Bildung um eine ganz spezifische Sichtweise: um so etwas wie eine *personengebundene Strukturperspektive*. Was ist damit gemeint?

Einerseits liegt der Akzent dabei in einem konsequenten Blick auf dem Prozess des Aufwachsens als einem biografischen *Zusammenhang*, als einer diachronen und synchronen Verknüpfung von Ereignissen und Erlebnissen, einer Perspektive, die die Biografie und den Lebensverlauf zur gedanklichen Einheit, zu einer organisierenden Mitte der Betrachtung werden lässt. Wenn man so will, werden damit die Verbindungen zwischen den Einzelereignissen und Einzelerlebnissen im Nacheinander und Nebeneinander wichtiger als die Ereignisse selbst, gilt es Räume und Verbindungen statt Orte, Zeiträume statt Zeitpunkte, individuell verschränkte Ereignisketten statt einzelne Episoden und Phasen verstärkt ins Blickfeld zu rücken.

Andererseits geht es dabei aber nicht um die erlebte, subjektive Innenseite dieser Biografie, nicht um das individuelle Einzelschicksal oder den subjektiven Sinn, also nicht um die individuellen Anteile an der je subjektiven Biografie, sondern genau umgekehrt, um die strukturellen Anteile an diesem biografischen Geschehen. Es geht, um einen Begriff aus der Tradition des Symbolischen Interaktionismus zu gebrauchen, um so etwas wie den „generalisierten Anderen" im Individuum, oder, um es mit George Herbert Mead zu formulieren: um das „me", nicht um das „I" (vgl. Mead 2005).

Aufgrund einer derartigen Sichtweise drängen sich daher auch ganz spezifische Fragen in den Mittelpunkt, die es unter Bildungsgesichtspunkten zu klären gilt: Wie wirken sich organisatorische Settings auf diesen Prozess der individuellen Bildung aus? Wie müssen Bildungsgelegenheiten organisiert werden, damit sie mit Blick auf den jeweiligen Einzelfall anschlussfähig, damit sie zu erfolgreichen Impulsen werden? Was sind vor diesem Hintergrund mit Blick auf die Bildungsfragen die wesentlichen Eckwerte und Rahmenbedingungen des Aufwachsens in modernen Gegenwartsgesellschaften? Welche sozialen Zutaten benötigt man dabei für erfolgreiche Bildungsprozesse? Fragen dieser Art zielen somit zuallererst auf die nicht-genetischen und auf die nicht-subjektiven Anteile der jeweiligen Bildungsbiografie. Es geht mithin um die soziale, besser: um die *sozial hergestellte* Seite der Bildung.

Nachfolgend sollen also vor allem die sozial gestaltbaren, beeinflussbaren Anteile, die sozialen Bedingungen des Aufwachsens und die gestaltbaren bildungsbezogenen Gelegenheitsstrukturen im Vordergrund stehen. Wenn in diesem Zusammenhang mithin von „sozial" die Rede ist, dann ist damit keine moralische Dimension gemeint – etwa im Sinne von „prosozial" bzw. „besonders menschlich" –, sondern allein der Umstand, dass es sich um eine wie auch immer beeinflussbare, gestaltbare und veränderbare Dimension menschlichen Handelns handelt.

Vor allem diese Gelegenheitsstrukturen, diese jeweils herzustellenden Modalitäten des Aufwachsens sind es, die von besonderem Interesse sind, da nicht zuletzt sie es sind, die öffentlich verantwortet und politisch gestaltet werden können. Dafür kann und muss die Gesellschaft, der Staat, die Politik, dafür kann und muss die Erwachsenengeneration Verantwortung übernehmen. Das ist ein Schlüsselthema und eine Zukunftsfrage der heutigen Zeit.

In genau dieser Hinsicht, davon bin ich überzeugt, haben moderne, differenzierte Gesellschaften einen beträchtlichen Gestaltungs- und Neuformatierungsbedarf, der sehr viel größerer Aufmerksamkeit bedarf. Und diesbezüglich ist Deutschland gegenwärtig nicht sonderlich gut aufgestellt, auch wenn es sich vom Anspruch her unverkennbar auf den Weg gemacht hat. Dennoch erreicht das Land der Dichter und Denker bei weitem nicht das, was in Sachen Bildung und Aufwachsen möglich und nötig wäre.

4. Kontexte der Bildung – Demografie, Migration, Armut

Soll Bildung sich wirklich als Schlüsselressource zur Verbesserung der Handlungskompetenz der nachfolgenden Generationen erweisen, dann kann ein bildungskonzeptioneller Entwurf nicht in einem akademisch gereinigten, semantisch abgeschotteten Kontext entwickelt werden. Er kann nicht fernab der aktuellen und für die Zukunft sich abzeichnenden empirischen Herausforderungen entstehen, ganz so, als ob es nur eines mit wissenschaftlicher Dignität ausgestatteten Bildungsbegriffs bedürfe, um die damit verbundenen realen Anforderungen auch tatsächlich bewältigen zu können.

Ein empirisch tauglicher Bildungsbegriff muss vielmehr ein Doppeltes leisten: Er muss zum einen so robust sein, dass sich seine Brauchbarkeit nicht nur am grünen Tisch, sondern auch unter Realbedingungen erweist; dazu muss er umgebaut, erweitert, umfassender konzipiert werden. Und er muss zum anderen seine Grenzen kennen und ausloten. Es muss klar sein, dass auch eine erweiterte Konzeption von Bildung ohne stabilisierende Kontexte nicht in der Lage sein wird, gesellschaftliche Herausforderungen und soziale Disparitäten auch nur im Ansatz erfolgreich anzugehen.

Mit anderen Worten: Zur Eindämmung eines Teils vorhandener oder sich abzeichnender Probleme kann Bildung durchaus zu einem probaten Mittel werden, keineswegs jedoch für alle. Es muss daher sichergestellt sein, dass ein Bildungskonzept nicht im Widerspruch zu den darin liegenden Grenzen und Barrieren entworfen wird, diese gewissermaßen ignoriert.

Das setzt voraus, dass die bildungsrelevanten Kontexte geklärt sind, dass die Beschreibung der Ausgangslage vorab erfolgt, um die damit verbundenen Hürden zu kennen. Drei Themen sollen insofern nachfolgend genauer ins Blickfeld gerückt werden, die alle auf ihre Weise als Kontexte und Rahmenbedingungen die Frage erfolgreicher Bildungsprozesse, so oder so, fundamental tangieren:

(1) Demografie,
(2) Migration,
(3) Armut und soziale Ungleichheit.

Mit diesen Dimensionen sollen zumindest einige elementare soziale Herausforderungen benannt werden – wohl wissend, dass sich gesellschaftlich noch weitere stellen –, zu denen sich ein zukunftstaugliches Bildungskonzept ins Verhältnis setzen muss, wenn es nicht maßlos überschätzt werden und von vorneherein zum Scheitern verurteilt sein soll.

Bei den weiteren sozialen Herausforderungen wäre hier etwa an die in Deutschland immer noch bestehenden, sich in einigen Bereichen sogar weiter auseinander entwickelnde Disparitäten zwischen Ost und West zu denken. Zu beachten wären aber auch regionale Disparitäten, etwa zwischen Ballungszentren und bevölkerungsarmen ländlichen Regionen bzw. zwischen unterschiedlichen Stadtteilen. Relevant sind aber auch Geschlechterunterschiede, verbunden mit der Frage, ob die Benachteiligungen der Geschlechter in Zukunft nicht unübersichtlicher, Jungen jedenfalls sektoral ebenfalls zu Verlierern werden. Und nicht zuletzt ist nach wie vor ungeklärt, in welchem Ausmaß die Globalisierung und die mediale Vernetzung Auswirkungen auf das Bildungsgeschehen haben.

Alle diese Facetten zu erörtern, wäre gewiss eine lohnenswerte Aufgabe und ein eigenes Vorhaben. Dennoch werden nur die oben genannten erläutert, unter anderem deshalb, da sie zwei Dimensionen berühren, die für ein Bildungskonzept fundamental sind. Der demografische Wandel führt dazu, dass wir uns über das Verhältnis der Generationen neu Gedanken machen müssen – und dies ist ein Aspekt, der bei Fragen des Aufwachsens und der familialen Bildung von zentraler Bedeutung ist. Migration und soziale Ungleichheit schließlich sind zwei Herausforderungen, in der sich die Tragfähigkeit eines zukunftsweisenden Bildungskonzeptes erweisen muss: Wenn in dieser Hinsicht auf Dauer keine nachhaltigen Erfolge zu erzielen sind, wird Bildung als Hoffnungsschimmer einer verbesserten Teilhabegerechtigkeit seinen gegenwärtig vorhandenen Kredit rasch verspielen. Das macht diese Themen für den hier anstehenden Zusammenhang besonders brisant.

4.1 Demografie

Dass sich die demografischen Verhältnisse in Deutschland auf absehbar lange Zeit unwiderruflich verändert haben bzw. noch weiter verändern werden, ist inzwischen eine Binsenweisheit. Die drei Maximen lauten vereinfacht: *weniger, älter, bunter* – weniger Geburten, ein steigender Altersschnitt der Gesamtbevölkerung sowie eine migrationsbedingt wachsende Heterogenität in der sozialen Zusammensetzung: Das „Verschwinden der Kinder", „Diversity" und die „gewonnenen Jahre" sind immer wieder zitierte Schlagworte, die diese Entwicklungen zum Ausdruck bringen sollen. Dabei geht es auch um eine Neuformatierung des Verhältnisses der jüngeren zur älteren Generation, mit dem sich insgesamt das Verhältnis der Generationen zueinander verändert. Dies hat dann auch Auswirkungen auf die Fragen der Bildung im Kindes- und Jugendalter.

Vor diesem Hintergrund soll ein genauerer Blick auf drei Teilaspekte geworfen werden: (1) auf die Entwicklung der Fertilitätsraten bzw. der Stärke der einzelnen Geburtsjahrgänge, (2) auf die Entwicklung einzelner Alterskohorten im Kindes- und Jugendalter sowie (3) auf das sich verschiebende Verhältnis von Jung und Alt, auf die Relation der jüngeren zur älteren Generation. Alle drei Fragen beleuchten einen besonderen Aspekt der Demografie im Kindes- und Jugendalter und sensibilisieren in jeweils anderer Hinsicht mit Blick auf die möglichen Folgen der demografischen Entwicklung für das Aufwachsen von Kindern und Jugendlichen.

(1) Entwicklung der Geburtenziffern: Das „Drama der Demografie" wird für Deutschland üblicherweise an der vergleichsweise geringen zusammengefassten Geburtenziffer, an der sogenannten „Fertilitätsrate" festgemacht. Sowohl in Ost- als auch in Westdeutschland erreichte die Geburtenziffer Mitte der 1960er-Jahre mit 2,5 Kindern pro Frau ihren Höhepunkt. „Das folgende rapide Sinken der Zahl der Kinder je Frau und der absoluten Geburtenzahlen setzte in der ehemali-

gen DDR schon 1964 ein, seit 1967 nahmen auch im früheren Bundesgebiet die Geburtenzahlen kontinuierlich ab. Bis 1975 ging die zusammengefasste Geburtenziffer auf 1,45 in den alten Bundesländern und auf 1,54 in der ehemaligen DDR zurück. Ab Mitte der 1970er-Jahre verlief die Geburtenentwicklung in beiden Teilen Deutschlands sehr unterschiedlich. Im früheren Bundesgebiet setzte sich der Geburtenrückgang fort und erreichte Mitte der 1980er-Jahre sein Tief mit weniger als 1,3 Kindern je Frau. Danach stieg die Geburtenhäufigkeit bis 1990 auf 1,45 an und schwankt seither – mit Ausnahme der Jahre 1994 und 1995 – geringfügig um 1,4 Kinder je Frau." (Statistisches Bundesamt 2006a, S. 3)

In der DDR verlief diese Entwicklung grundlegend anders. Die umfassenden staatlichen Fördermaßnahmen führten bis Beginn der 1980er-Jahre zu einem Anstieg auf 1,94 Kinder pro Frau. Erst dann sank auch im Osten die Geburtenziffer beständig und stürzte unmittelbar nach der Wiedervereinigung bis 1994 auf 0,77 ab. Von einem sogenannten „demografischen Wendeschock" war die Rede. Ab Mitte der 1990er-Jahre stieg die ostdeutsche Geburtenziffer dann wieder an und liegt derzeit nur noch rund fünf Prozent unter dem westdeutschen Durchschnitt, während sie 1990 einmal rund 30 Prozent unter diesem lag (vgl. ebd., S. 3).

Zu beachten ist jedoch, dass eine über Jahrzehnte konstante Geburtenziffer nicht zwangsläufig bedeutet, dass es keine gravierenden Veränderungen mit Blick auf die Zahl der Geburten gibt. „Bei einem Vergleich von zwei Kalenderjahren mit beinahe identischer zusammengefasster Geburtenziffer kann man feststellen, dass sich die Geburtenhäufigkeit in den einzelnen Altersstufen zum Teil gravierend unterscheidet: So lag die zusammengefasste Geburtenziffer im Westen Deutschlands in den beiden Jahren 1987 und 2004 bei 1,37 Kindern je Frau. Hinter diesem Durchschnitt verbarg sich allerdings eine Veränderung in der Altersstruktur: Die 25-Jährigen im Jahr 2004 gebaren 30 Prozent weniger und die 35-Jährigen 60 Prozent mehr Kinder als die Frauen des gleichen Alters im Jahr 1987." (Ebd., S. 3)

Eine ähnliche Entwicklung, wenngleich in viel schnellerer Geschwindigkeit, lässt auch den rasanten Abfall sowie – in der Folge – den rascheren Wiederanstieg der Geburtenziffer in Ostdeutschland erklären. Hier waren es vor allem die 25- bis 35-Jährigen, die zum Anstieg beitrugen. Deren Geburtenhäufigkeit hat sich in den letzten 13 Jahren mehr als verdoppelt (vgl. ebd.).

Unter dem Strich ist ganz unstrittig, dass die Zahl der jährlichen Geburten von einst 1,36 Mio. im Rekordjahr 1964 in der BRD und DDR zusammen über 906.000 Geburten im vereinten Deutschland des Jahres 1990 bis zuletzt rund 685.000 im Jahre 2007 zurückgegangen ist. Auch wenn in dieser Hinsicht in den letzten beiden Jahren eine Verlangsamung eingetreten ist, wird sich die Zahl der Geburten in den nächsten 30 Jahren nach den bisherigen Vorausberechnungen der amtlichen Statistik weiter reduzieren auf Tiefstwerte von unter 600.000 Geburten pro Jahr (vgl. Abb. 2). Dies hat vor allem damit zu tun, dass die geringe Anzahl an Geburten der letzen Jahre in 30 Jahren, also bei der nächsten Generation, ein weiteres Geburtendefizit erzeugen wird, da es bei gleich bleibender Fertilitätsrate dann weniger Frauen im gebärfähigen Alter geben wird (vgl. ebd., S. 31 ff.).

Abb. 2: Entwicklung der Geburtenzahlen in Deutschland (1964-2035; 1964: BRD und DDR; 2030: Prognose)

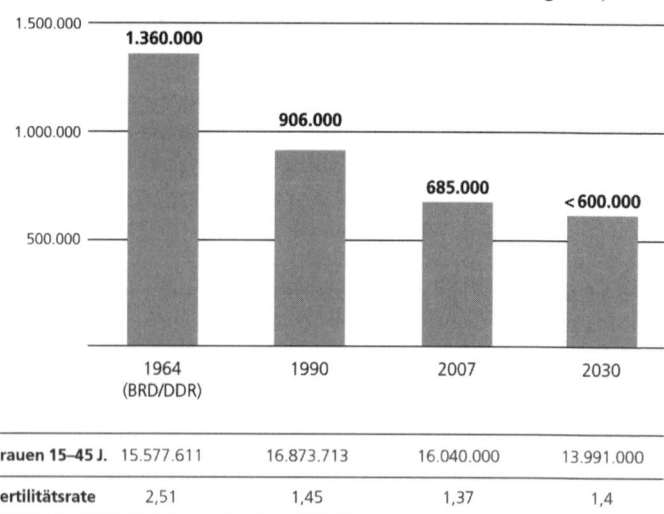

Frauen 15–45 J.	15.577.611	16.873.713	16.040.000	13.991.000
Fertilitätsrate	2,51	1,45	1,37	1,4

Quelle: Statistisches Bundesamt 2008; Statistische Jahrbücher der Bundesrepublik Deutschland und der Deutschen demokratischen Republik, verschiedene Jahrgänge

Diese Entwicklung zeigt, dass die Demografie sich unter dem Blickwinkel der Geburtenzahlen entscheidend verändert hat und vermutlich noch weiter verändern wird. Besonders herausgefordert sind – das konnte man in Ostdeutschland bereits zu Beginn der 1990er-Jahre beobachten – dadurch Arbeitsfelder wie Kindergarten oder Grundschule, da sie mit den jüngsten Altersjahrgängen konfrontiert sind und dementsprechende Veränderungen vergleichsweise ungebremst ihren Niederschlag finden.

(2) Entwicklung einzelner Alterskohorten: Die unübersehbar in den letzten Jahren gesunkenen Jahrgangsstärken im Kleinkindalter erwecken den Eindruck, als gingen die Zahlen der jungen Menschen generell zurück. Dem ist aber vorerst nicht so. Vielmehr werden das Jugendalter und vor allem das junge Erwachsenenalter vor dem Hintergrund der demografischen Entwicklungen in Deutschland in den nächsten 10 Jahren eine relevante Altersgruppe und ein wichtiges Politikfeld bleiben.

Mit anderen Worten: Hinter den Gesamtzahlen verbergen sich für die einzelnen Alterskohorten im Kindes- und Jugendalter je unterschiedliche Entwicklungen. Differenziert man diese Beobachtungen anhand der 11. Bevölkerungsvorausberechnung für Ost- und Westdeutschland, so geht in den *alten Bundesländern* – ausgehend vom Jahr 2006 – die Zahl der unter Sechsjährigen bis zum Jahre 2015 um acht Prozent zurück (vgl. Abb. 3).

Ähnlich verhält es sich für die 16- bis unter 20-Jährigen, allerdings mit dem Unterschied, dass die Werte bis Anfang 2010 einigermaßen konstant bleiben. Erst danach wird sich diese Altersgruppe bis 2015 um 9 Prozent reduzieren. Weitaus deutlicher sind hingegen die Rückgänge für die Sechs- bis unter 10-Jährigen (-18 Prozent) sowie die 10- bis unter 16-Jährigen (-14 Prozent). Im Unterschied zu diesen jüngeren Jahrgängen wird allerdings die Zahl der 20- bis unter 25-Jährigen bis 2011 zunächst noch zunehmen (+ 5 Prozent), um erst danach allmählich abzusinken.

Diese ungleiche Entwicklung bedeutet zweierlei: einerseits Ungleichzeitigkeiten zwischen den Jahrgängen im Kindes- und im jungen Erwachsenenalter, genauer: zwischen den unter und den über 20-Jährigen, andererseits eine vorerst zumindest anhaltend starke Nachfrage nach Ausbildungs-, Studien- und Arbeitsplätzen in der älteren Alterskohorte der jungen Erwachsenen und insoweit ein gleich bleibender Grundbedarf an Unterstützung junger Volljähriger, während bei den jüngeren Jahrgängen mit einer schrumpfenden Nachfrage zu rechnen ist.

Abb. 3: Entwicklung ausgewählter Altersgruppen in den alten Bundesländern und Berlin (Prognose: 2006-2015; Index: 2006 = 100)

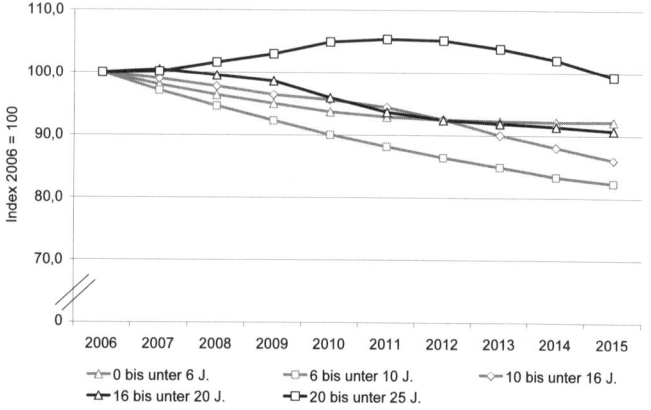

Quelle: Statistisches Bundesamt, 11. koordinierte Bevölkerungsvorausberechnung, Variante V1 W1, 2006a; eigene Berechnungen

Grundlegend anders gestaltet sich im Vergleich dazu die altersmäßige Entwicklung in den *neuen Bundesländern*: Während sich die Gruppe der unter 10-Jährigen inzwischen auf einem geringen Niveau stabilisiert hat und sich auch in den kommenden Jahren bis 2015 zumindest für ‚Ostmaßstäbe‘ nur geringfügig verändern wird, ist bei den Kindern und Jugendlichen im Alter von 10 bis 16 Jahren im benannten Zeitraum ein Anstieg von immerhin 17 Prozent zu erwarten. Die Altersgruppen der 16- bis 20-Jährigen und der 20- bis unter 25-Jährigen hingegen stürzen bis 2011 bzw. 2015 regelrecht ab, und zwar auf 40 Prozent des Ausgangswertes von 2006, um sich dann in den darauf folgenden Jahren wieder leicht zu erholen (vgl. Abb. 4).

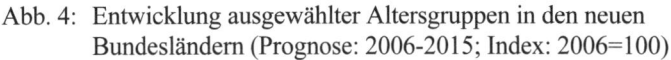
Abb. 4: Entwicklung ausgewählter Altersgruppen in den neuen
Bundesländern (Prognose: 2006-2015; Index: 2006=100)

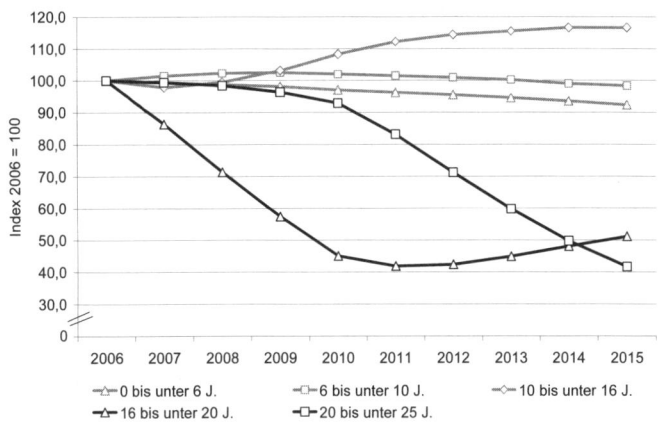

Quelle: Statistisches Bundesamt, 11. koordinierte Bevölkerungsvorausberechnung, Variante V1 W1, 2006 a; eigene Berechnungen

Die nunmehr seit Anfang der 1990er-Jahre anhaltenden demografischen Berg- und Talfahrten in den einzelnen Alterskohorten Ostdeutschlands zeigen sich mithin nach wie vor, inzwischen allerdings am heftigsten bei den über 16-Jährigen. Und diese Entwicklung hat zwei Seiten: Selbst bei einer ursprünglich etwas höher eingeschätzten Zuwanderungsrate verläuft der Abbau bei den 16- bis 20- sowie den 20- bis 25-Jährigen in einer Größenordnung, die auf der einen Seite in diesem Ausmaß beispiellos ist – und in Ostdeutschland dramatische Folgen für alle Produktanbieter und Dienstleistenden, die auf diese und die unmittelbar nachfolgenden Altersgruppen spezialisiert sind, und in der Folge auch für die dort Beschäftigten haben wird. Sie müssen – jenseits der Zusatzprobleme regionaler Abwanderungen – mit starken Einbußen rechnen.

Gleichzeitig hat diese Entwicklung aber auch insoweit etwas Gutes an sich, als sich infolgedessen auf der anderen Seite gegenwärtig erstmals seit 1990 sehr rasch und nachhaltig die Ausbildungsplatzsituation für junge Menschen in Ostdeutschland entspannt: Gegenüber 2006 wird sich die Altersgruppe der 16- bis unter 20-Jährigen bis 2010 mehr als halbieren. Dies eröffnet in den neuen Bundesländern erstmalig für eine

57

junge Generation vergleichsweise günstige Ausbildungs- und Berufsmöglichkeiten.

(3) Entwicklung des Verhältnisses von Alt und Jung: Die gefühlte Tendenz einer alternden Gesellschaft lässt sich keineswegs nur an der zurückgehenden Geburtenzahl oder an den schrumpfenden Altersjahrgängen im Kindes- und Jugendalter festmachen, sondern auch an dem sich stetig verändernden Verhältnis zwischen der jungen und der älteren Generation, zwischen der Vor- und der Nacherwerbsgeneration (vgl. Abb. 5):

Abb. 5:   Entwicklung des Verhältnisses verschiedener Alterskohorten in Deutschland zwischen 1970 und 2050 (in %)

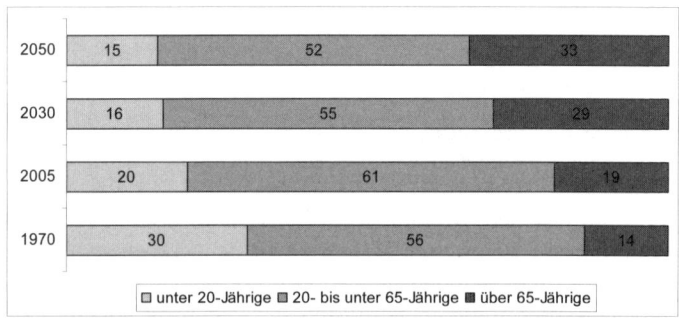

Quelle: Statistisches Bundesamt, 11. koordinierte Bevölkerungsvorausberechnung, Variante V1 W1, 2006 a; eigene Berechnungen

– Während die *unter 20-Jährigen* 1970 noch 30 Prozent der Bevölkerung ausmachten, stellen sie heute noch knapp 20 Prozent und in etwas mehr als 20 Jahren nur noch 16 Prozent, reduzieren sich mithin innerhalb eines halben Jahrhunderts um fast die Hälfte.
– Gleichzeitig wird der Anteil der *über 65-Jährigen* ab 2010 den Anteil der unter 20-Jährigen erstmals übertreffen, um dann 2030 mit einem Bevölkerungsanteil von 29 Prozent schon weit mehr als ein Viertel der Bevölkerung auszumachen.

Diese Entwicklung, die sich aller Voraussicht nach auch danach noch weiter fortsetzen wird, könnte auf lange Sicht zu einer spürbaren Verschiebung der politischen Aufmerksamkeit zulasten der jungen Generation führen.

Insgesamt, so lässt sich bilanzieren, zeigt sich, dass mit Blick auf das Kindes- und Jugendalter das Thema demografischer Wandel ganz unterschiedliche Facetten in sich birgt,

- erstens die spürbar zurückgegangenen Geburtenzahlen mit ihren kurzfristigen Auswirkungen auf die Bildungs- und Betreuungsangebote für Kinder in den ersten Lebensjahren sowie ihren langfristigen Auswirkungen auf die Bevölkerungsstruktur Deutschlands;
- zweitens das Auf und Ab in den einzelnen Alterskohorten mit seinen Schwankungseffekten hinsichtlich des Angebots und den ungleichen altersabhängigen Nachfragen im Bildungs-, Sozial- und Erziehungswesen – und das auch noch in zum Teil deutlich disparaten Entwicklungen zwischen Ost- und Westdeutschland;
- drittens die sich langfristig verschiebenden Relationen zwischen der jüngeren, der Vorerwerbsgeneration, und der älteren, der Nacherwerbsgeneration, mit dem zusätzlichen Nebeneffekt, dass die mittlere Altersgruppe der Erwerbstätigen bei tendenziell altersmäßig gleich bleibenden Berufsein- und -ausstiegen eher abnimmt und so ein größerer Anteil Nicht-Erwerbstätiger ökonomisch mit versorgt werden muss.

Dies alles hat Folgen für das Bildungswesen. Auf der einen Seite nimmt die Zahl der zu Fördernden und Auszubildenden in den jüngeren Alterskohorten ab, was nicht nur, wie angedeutet, zu verbesserten Ausbildungs- und Berufschancen nach dem Ende der Schule führt, sondern auch generell bessere schulische Ausbildungsmöglichkeiten eröffnet, sei es mit Blick auf eine verbesserte individuelle Förderung, sei es mit Blick auf die neu eröffneten Möglichkeiten der zusätzlichen Investition in Bildung aufgrund der eingesparten Mittel („Bildungsrendite") oder sei es mit Blick auf die neuen Gestaltungsmöglichkeiten des gesamten Bildungssystems und seinen Übergängen aufgrund des regional steigenden Handlungsbedarfs bei schrumpfenden Alterskohorten.

Auf der anderen Seite wird sich aber zugleich die enge Verzahnung von Bildung mit der jungen Generation und der Vorerwerbsphase tendenziell weiter abschwächen. Oder anders formuliert: Der bisherige biografische Dreischritt von (Aus-) Bildung, Beruf und Ruhestand im wohlgeordneten Nacheinander wird nicht nur an den Übergängen diffuser werden, sondern im Lichte des lebenslangen Lernens in Teilen auch zu einem stärkeren Nebeneinander führen. Zudem werden die frei werdenden Ressourcen im Rahmen der Erstausbildung vermutlich verstärkt in die Weiterbildung fließen.

Und schließlich wird die abnehmende Zahl von männlichen Erwerbstätigen in Relation zur *Gesamtzahl der Nicht-Erwerbspersonen*, also zu den Noch-Nicht-Erwerbstätigen, den vorübergehend Nicht-Erwerbstätigen sowie den Nicht-Mehr-Erwerbstätigen in der Summe dazu führen, dass unweigerlich die Erwerbstätigkeit von Frauen der mittleren Generation erheblich an gesellschaftlicher Bedeutung gewinnt. Konkret:

- Waren 1991 noch 21,9 Mio. Männer und nur 15,6 Mio. Frauen erwerbstätig, so lagen die Zahlen im Jahre 2007 bereits bei 20,5 Mio. Männern und 17,0 Mio. Frauen. Damit hat sich die Differenz zwischen erwerbstätigen Männern und Frauen innerhalb von nur 15 Jahren von 6,3 Mio. auf 3,5 Mio. reduziert.
- Zugleich lag der Anteil der Erwerbstätigen an der Gesamtbevölkerung 1991 bei insgesamt 47 Prozent und stieg bis 2007 auf 48,3 Prozent, da die Anzahl erwerbstätiger Frauen um 1,4 Mio. zugenommen hat.
- Folgt man den Prognosen des Instituts für Arbeitsmarkt- und Berufsforschung, dann dürfte der Erwerbstätigenanteil 2025 bei knapp 51 Prozent liegen, aber nur dann, wenn zumindest – wie in den letzten 20 Jahren – 55 bis 60 Prozent bzw., wie 2007, sogar über 63 Prozent der Frauen im erwerbstätigen Alter berufstätig sind (vgl. Schnur/Zika 2007; Cornelißen 2005, S. 206).

Derartige Verschiebungen auf dem Arbeitsmarkt ziehen nachhaltige Folgen nicht nur für das familiale Zusammenleben und für die Beziehungen zwischen den Generationen nach sich, sondern auch für das öffentliche Bildungs-, Betreuungs- und Erziehungswesen einerseits bzw. das Aufwachsen von Kindern andererseits. Inter- wie intragenerative Beziehungen und Kontakte jenseits der Familie werden von hier aus ebenso an Bedeutung gewinnen wie die Frage einer neuen, andersartigen Einbindung der älteren, noch aktiven Generation in der Nacherwerbsphase. Zugleich wird auch die Bedeutung des öffentlichen Bildungs-, Betreuungs- und Erziehungswesens, wird die Bedeutung der öffentlichen Verantwortung für das Aufwachsen von Kindern zunehmen.

Ob sich die Schrumpfung der Anteile an Kindern und Jugendlichen zuungunsten der nachwachsenden Generation auswirkt – etwa im Sinne einer politischen Akzentverlagerung in Anbetracht der zahlenmäßig übermächtig werdenden älteren Generationen –, oder ob dies, genau umgekehrt, zu einem neuen Wettstreit um das goldene Kalb „Jugend" führt, auf das sich ganze Branchen und Sektoren spezialisiert haben wie beispielsweise pädagogische Dienstleister, Medien, Bekleidungsindustrie, E-Commerce, Musik- oder Freizeitdienstleistungen, die an dieser Altersgruppe auch in Zukunft ein erhebliches Interesse haben dürften, ist empirisch noch nicht auszumachen. Noch ist beides möglich.

4.2 Migration

Lange Zeit wurde Migration in Deutschland als ein Randthema abgetan, das es zu beachten galt, wenn man sich mit sozialer Ungleichheit beschäftigte – schließlich zeigte sich in vielen Studien Migration als eine zentrale Variable für soziale Disparitäten. In seinem generellen Einfluss auf die Bildungspolitik wurde das Thema aber lange Zeit ebenso vernachlässigt wie mit Blick auf die Kinder- und Jugendpolitik.

Bis in die jüngste Zeit hinein konnte in Deutschland das Ausmaß der Migrationsthematik statistisch lediglich auf der Basis der Staatsangehörigkeit erfasst werden. Dies erwies sich spätestens mit der massenhaften Zuwanderung von (Spät-)Aussiedlern in den 1990er-Jahren sowie der im Zuge der Reform des Staatsangehörigkeitsrechts zum 01.01.2000 optional erweiterten Staatsangehörigkeit u. a. von hier geborenen Kindern als unzureichend. Das tatsächliche Ausmaß der unmittelbaren oder mittelbaren Zuwanderungsgeschichte war mit Hilfe der Abfrage der Staatsangehörigkeit nicht mehr zuverlässig feststellbar.

Infolgedessen wurde im Anschluss an diverse Studien – das prominenteste Beispiel war PISA – im Rahmen der kontinuierlichen Mikrozensus-Erhebungen des Statistischen Bundesamtes anstelle des Staatsangehörigkeitsprinzips 2005 erstmals

ein Zuwanderungskonzept zugrunde gelegt. Nicht die staats-
rechtlich relevante Frage der Nationalität, sondern die sozio-
kulturell wesentlich ergiebigere Frage der Zuwanderung – der
eigenen oder der der Eltern – wird damit in den Mittelpunkt
der Betrachtung gerückt. Auf diese Weise stehen insgesamt
sehr viel differenziertere Informationen über das tatsächliche
Ausmaß der unterschiedlichen Formen der Migration und der
Zuwanderungsgeschichte zur Verfügung.

Schaut man auf die Resultate dieser veränderten Erhebung, so
werden zwei grundlegende Befunde deutlich: erstens, dass der
neu erfasste Migrationsumfang weitaus größer ist als der bisherige Ausländeranteil; und zweitens, dass dabei den Fragen
der Migration insbesondere im Kindes- und Jugendalter eine
zentrale Bedeutung zukommt, da in diesem Alter der Anteil
von Personen mit Migrationshintergrund besonders groß ist.

Abb. 6: Anteil der Bevölkerung mit Zuwanderungshintergrund in
         Deutschland nach ausgewählten Altersgruppen (2007;
         Angaben in Prozent)

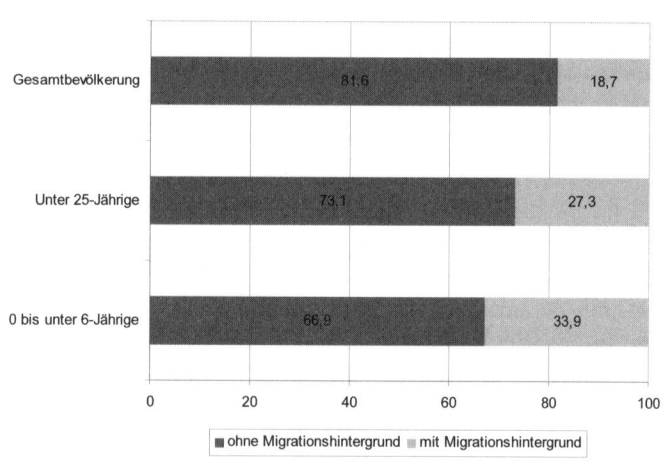

Quelle: Statistisches Bundesamt, Mikrozensus 2007

Während in der Gesamtbevölkerung der Migrationsanteil 2007
bundesweit durchschnittlich bei knapp 19 Prozent und damit
fast doppelt so hoch lag wie nach dem Staatsangehörigkeits-

konzept, stieg diese Quote bei den unter 25-Jährigen auf 27 Prozent und bei den unter Sechsjährigen sogar auf knapp 34 Prozent (vgl. dazu auch ausführlich Konsortium Bildungsberichterstattung 2006, S. 129 ff.). Mit anderen Worten: Jedes dritte in Deutschland lebende Kind unter sechs Jahren hat einen Migrationshintergrund, wächst in einem Milieu auf, das durch einen anderen kulturellen Hintergrund und durch eigene Zuwanderung bzw. durch Zuwanderung der Eltern geprägt ist (vgl. Abb. 6).

Wenig erstaunlich, aber nichtsdestotrotz aufschlussreich ist dabei der Blick auf die Unterschiede zwischen den einzelnen Bundesländern. Erst hier zeigt sich bei den *unter 6-Jährigen* in aller Deutlichkeit, wie unterschiedlich sich die Frage der Migration und ihrer Folgen auf Länderebene darstellt: im Westen mit Werten zwischen gut 20 Prozent am unteren und fast 55 Prozent am oberen Ende der Skala. Insbesondere die Stadtstaaten Hamburg, Bremen und Berlin – und dementsprechend auch die anderen Großstädte – sowie die westlichen Bundesländer Hessen, Nordrhein-Westfalen, Saarland und Baden-Württemberg sind bei den unter 6-Jährigen von hohen Werten betroffen. Demgegenüber summiert sich der Migrationsanteil in den neuen Bundesländern in dieser Altersgruppe auf gerade mal 10 Prozent (vgl. Abb. 7).

Neben dieser regional ungleichen Verteilung zeigen sich darüber hinaus erhebliche bildungsbezogene Differenzen zwischen Kindern mit und ohne Migrationshintergrund – und dies vor allem in schulischer Hinsicht. So lässt sich anhand der Daten der PISA-Studien beispielsweise zeigen, dass Jugendliche mit Migrationshintergrund im Alter von 15 Jahren sehr viel häufiger in Hauptschulen zu finden sind als gleichaltrige Schülerinnen und Schüler ohne Migrationshintergrund.

Nahezu jeder dritte junge Mensch mit Migrationshintergrund befindet sich in diesem Alter in der Hauptschule, die im Vergleich zu den anderen Schularten damit der zahlenmäßig wichtigste Ort für Kinder mit einem nicht-deutschen kulturellen Hintergrund ist. Demgegenüber liegt der entsprechende Anteil bei den Jugendlichen ohne Migrationshintergrund bei knapp 17 Prozent, ist also nur etwa halb so groß (vgl. Konsortium Bildungsberichterstattung 2006, S. 152).

Abb. 7: Migrationsanteile bei den unter Sechsjährigen nach
Bundesländern (2007, Angaben in Prozent)

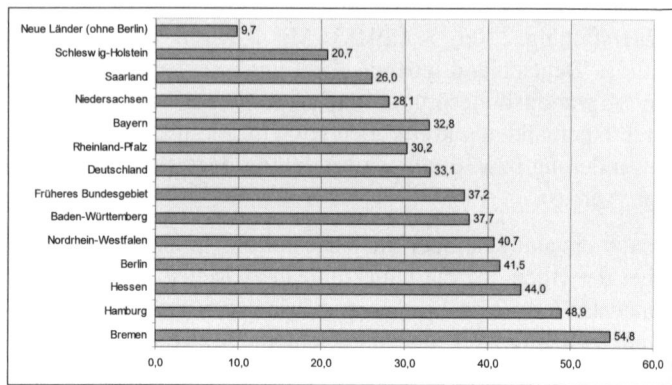

Quelle: Statistisches Bundesamt: Sonderauswertung zu Fachserie 1, Reihe 2.2: Bevölkerung und Erwerbstätigkeit. Bevölkerung mit Migrationshintergrund (Ergebnisse des Mikrozensus 2007)

Unter dem Strich heißt das, dass die Hauptschule für die deutschen Schülerinnen und Schüler längst zu einem Minderheitenmodell geworden ist: Nur noch jeder sechste von ihnen durchläuft diese Schulform. Stattdessen hat sich die Hauptschule in den letzten 30 Jahren vor allem zu einem Sammelbecken für Kinder mit ganz unterschiedlichen Migrationskulturen entwickelt.

Auch mit Blick auf die allgemein bildenden und beruflichen Schulabschlüsse zeigen sich dementsprechend deutliche Unterschiede zwischen Kindern mit und ohne Migrationshintergrund bzw. zwischen einzelnen Migrationsgruppen. So haben z. B. in der Gruppe der heute 25- bis unter 35-Jährigen ohne Migrationshintergrund lediglich 1,3 Prozent keinen allgemein bildenden Schulabschluss, bei den (Spät-)Aussiedlern 2,1 Prozent, bei den Migranten insgesamt 8,1 Prozent und bei den Türken immerhin 15,8 Prozent. Gegenüber den deutschen Kindern liegt demnach die Wahrscheinlichkeit eines fehlenden Schulabschlusses bei türkischen Kindern um das 12-fache, gegenüber den (Spät-)Aussiedlern immer noch um das 7-fache höher (vgl. Abb. 8).

Abb. 8: 25- bis 35-Jährige ohne allgemein bildenden bzw. ohne beruflichen Abschluss nach Migrationsstatus (2007; in Prozent der altersentsprechenden Bevölkerung)

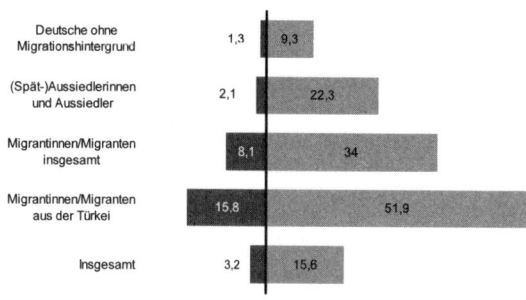

Deutsche ohne Migrationshintergrund 1,3 9,3

(Spät-)Aussiedlerinnen und Aussiedler 2,1 22,3

Migrantinnen/Migranten insgesamt 8,1 34

Migrantinnen/Migranten aus der Türkei 15,8 51,9

Insgesamt 3,2 15,6

■ Ohne allgemeinen Schulabschluss ■ Ohne beruflichen Bildungsabschluss

Quelle: Statistisches Bundesamt: Sonderauswertung zu Fachserie 1, Reihe 2.2: Bevölkerung und Erwerbstätigkeit. Bevölkerung mit Migrationshintergrund (Ergebnisse des Mikrozensus 2007)

An diesen Befunden und den damit verbundenen Größenordnungen wird rasch erkennbar, welche grundlegende, weichenstellende Bedeutung in diesem Zusammenhang Fragen der Bildung und der gezielten Förderung aller Kinder von Anfang zukommen. Die soziokulturellen Hintergründe, verstärkt und überlagert durch schichtspezifische Komponenten sowie den konkreten Lebenslagen vor Ort, etwa dem Grad der sozialen Integration, bilden ein Soziotop, das in entscheidender Weise die Zukunft der Heranwachsenden vorherbestimmt, sofern durch Förderung nicht gezielt gegengesteuert wird.

Verschärft wird diese schulische Misere noch zusätzlich an der Schwelle zum Beruf. So stellt sich in der gleichen Altersgruppe mit Blick auf einen beruflichen Ausbildungsabschluss die Lage so dar, dass rund neun Prozent der Personen ohne Migrationshintergrund über keinen entsprechenden Berufsabschluss verfügen, während diese Quote bei den (Spät-)Aussiedlern bei 22 Prozent, bei den jungen Menschen mit Migrationshintergrund insgesamt bei 34 Prozent und bei denen mit türkischem Hintergrund sogar bei fast 52 Prozent liegt (vgl. Abb. 8). Mehr als jeder zweite junge Mensch mit einer türkischen Zuwanderungsgeschichte hat demnach keinen Berufsabschluss. Mit Blick auf

65

die berufliche Ausbildung liegt somit das Risiko eines fehlenden Abschlusses bei türkischen Jugendlichen fünfmal höher als bei deutschen und immerhin noch mehr als doppelt so hoch wie bei jugendlichen Spätaussiedlern.

In der Summe der einzelnen Befunde zeigt sich damit trotz sinkender Zuwanderungszahlen eine wachsende Bedeutung des Themas Migration als Sozialstatus im Kindes- und Jugendalter in Deutschland. Dabei handelt es sich nach wie vor um eine zentral diskriminierende Variable mit Blick auf die Verteilung von Risiken und Chancen des Aufwachsens.

Zugleich wird aber auch deutlich, dass migrationsbedingte Risiken sozialräumlich keineswegs gleich verteilt sind, da regionale Migrationsunterschiede sowohl zwischen West und Ost als auch zwischen Stadt- und Flächenstaaten zu beobachten sind. Hinzu kommen aber auch, wie sich gezeigt hat, erhebliche Differenzen zwischen einzelnen Migrationsgruppen, bei denen vor allem junge Menschen mit türkischem Migrationshintergrund auffallen, sowie – nicht zuletzt – sich dabei überlagernde Effekte mit Blick auf den beruflichen, ökonomischen und bildungsmäßigen Status.

Wenn Bildung zu einer Zukunftsressource und dabei die unterschätzten Potenziale anderer Bildungsorte einbezogen werden sollen, dann müssen derartige Befunde künftig stärker beachtet werden. Soll Bildung zu einer Verminderung von sozialer Ungleichheit beitragen – und diese nicht, wie bisher, eher noch verstärken –, dann muss der Migrationshintergrund von Kindern und Jugendlichen als konstitutiver Faktor sehr viel stärker in die Gestaltung der Lernsettings einbezogen werden.

Mit anderen Worten: Obgleich Bildung, wie man vor allem am Beispiel Migration und Schule sehen kann, gegenwärtig eher als faktischer Produzent, oder vorsichtiger: als ein Verstärker von sozialer Ungleichheit fungiert, kann sie als tragfähige Zukunftsressource nur dann wirksam werden, wenn es gelingt, sie stärker als bisher zu einem Motor von Gerechtigkeit, Teilhabe und Befähigung werden zu lassen.

Dazu muss Migration als eine grundlegende Variable berücksichtigt werden, und zwar nicht nur in dem Sinne, dass Kinder mit Migrationshintergrund von Anfang an gezielt gefördert werden. Vielmehr verbirgt sich hinter dem Umstand eines nennenswerten Anteils von Menschen mit Migrationshintergrund noch eine ganz andere Herausforderung an die vorhandenen Bildungsorte und Lernwelten: das *Aufwachsen im Lichte sozialer und kultureller Heterogenität.*

Dieser Umstand ist weitaus folgenreicher, als es auf den ersten Blick erscheinen mag. So wird dadurch nicht nur der lebensweltliche Kontext des Aufwachsens bunter, vielfältiger, heterogener, sondern zugleich müssen sich sämtliche Akteure des Bildungsgeschehens besser auf diese Heterogenität einstellen, müssen lernen, mit dieser heterogenen Ausgangslage produktiv umzugehen. Das heißt: Lokale Räume sind nicht mehr per se homogen, Kindergartengruppen und Grundschulklassen können sich nicht mehr selbstverständlich auf einen gemeinsam geteilten Sozialraum, auf eine sprachlich und milieuspezifisch geprägte Lebenswelt sowie einen gemeinsam geteilten soziokulturellen Hintergrund verlassen.

Oder anders formuliert: Alltag und soziale Integration vor Ort müssen eigens hergestellt werden, sind nicht mehr das naturwüchsige Resultat jahrzehntelanger, biografisch und intergenerativ stabilisierter sozialer Gemeinschaften und geteilter Lebenszusammenhänge. Lokale Lebensräume werden vielmehr zu enttraditionalisierten Sozialräumen, Heterogenität und Diversity werden zu einer konstitutiven Variable des Aufwachsens in lokalen Räumen. Das Leben, mehr noch: das Zusammenleben im Gemeinwesen vor Ort muss neu ausbuchstabiert, muss anders gestaltet werden. Soziale Integration gelingt nicht mehr länger im Sinne einer selbstverständlichen Integration im Sinne eines allmählichen, vergleichsweise undramatischen, milieugebundenen Hineinwachsens in eine vorgegebene, lebensweltlich überschaubare Kultur, sondern entwickelt sich zu einer Aufgabe eigener Art. Das *managing diversity,* das Lernen des Umgangs mit Heterogenität wird zu einer eigenen Bildungsaufgabe in einer globalisierten Welt.

4.3 Armut und soziale Ungleichheit

Armut ist für eine moderne Demokratie, die die Unantastbarkeit der menschlichen Würde zu den unumstößlichen Grundfesten ihrer Verfassung rechnet, ganz unbestritten einer der größten Niederlagen. Sie ist ein untrügliches Zeichen dafür, dass es einem Gemeinwesen nicht in ausreichendem Maße gelingt, die soziale Integration und das Zusammenleben so zu organisieren, den gesellschaftlichen Reichtum und den individuellen Wohlstand so zu verteilen, dass alle wenigstens einigermaßen menschenwürdig davon leben können. Armut ist in diesem Sinne für eine Gesellschaft auch das ungewollte Eingeständnis des Misslingens eines wirtschaftlichen und politischen Ausgleichs zu großer vorhandener sozialer Ungleichheiten.

Dieser Makel lässt sich auch durch den wiederholt vorgebrachten Hinweis nicht entkräften, dass Armut qua Definition eine notwendige Begleiterscheinung modernen Wirtschaftens ist, solange der Armutsbegriff an einem Äquivalenzeinkommen ausgerichtet ist – d. h. derjenige als arm gilt, dem weniger als 50 Prozent des Medianeinkommens oder 60 Prozent des Durchschnittseinkommens zur Verfügung stehen –, und Armut damit gewissermaßen automatisch als eine logische Folge entsteht, da der empirische Fall eines gesellschaftlichen Zustandes einer nahezu ökonomischen Ausgeglichenheit eher unwahrscheinlich ist.

Dieser Logik zufolge besteht Armut auch dann noch, wenn z. B. alle Menschen eines Landes auf einen Schlag doppelt so viel Euro zur Verfügung hätten, es also allen auf einmal nachhaltig besser ginge. Denn die gemeinsame Verbesserung des allgemeinen Wohlstandes einer Bevölkerung hebt das dahinter liegende Problem einer vorhandenen ökonomischen Ungleichheit nicht auf, macht mithin die Frage einer verbesserten Verteilungsgerechtigkeit nicht überflüssig.

Folgerichtig wird heute von *absoluter und relativer Armut* gesprochen, gibt es unterschiedliche Möglichkeiten, Armut zu definieren und zu messen. Ob man mit Blick auf Ernährung, Kleidung, Gesundheit und Wohnung unter einer (definierten) Existenzminimumsgrenze lebt, oder ob man – gemessen am durchschnittlichen Wohlstand einer Gemeinschaft – unter den definierten Grenzen einer festgelegten Armutsgrenze lebt, macht schon einen Unterschied.

Nackter Hunger, akuter Mangel an Wasser und mangelnde Hygiene, fehlender Schutz vor Wind und Wetter, völlige Apathie und passivitätsverbreitende Ohnmacht: Diese *absolute* Armut am äußersten Rand menschlicher Existenz, eine im Weltmaßstab nach wie vor dramatisch häufig anzutreffende Situation, verkörpert eine völlig andere Erscheinungsform von Mittellosigkeit und Verarmung als die *relative* Armut in den mitteleuropäischen Breitengraden, die in hohem Maße vom jeweiligen Lebensstandard abhängig ist.

Das Thema Verteilungsgerechtigkeit darf vor diesem Hintergrund deshalb nicht nur innerhalb eines Landes, einer Wirtschaftseinheit, einer nationalen Bevölkerung oder eines Kontinents gestellt werden, sondern muss zugleich – zumal in einer globalisierten Gesellschaft – auch als eine Frage der Verteilungsgerechtigkeit im Weltmaßstab präsent bleiben. Und in dieser Hinsicht sind die „Maße des Menschlichen" schon lange aus den Fugen geraten, so sie denn überhaupt jemals im Lot waren.

Das erschreckende Ausmaß der absoluten Armut mag mit ein Grund dafür sein, warum sich fortgeschrittene Industriegesellschaften bisweilen so schwer tun – sofern es dabei nicht um die generelle Negation des Phänomens Armut geht –, von Verarmung in den eigenen Reihen zu sprechen.

Aber: Auch in einem reichen Wohlstandsland wie Deutschland kann es ausgesprochen schwer sein, unter normalen Bedingungen ökonomisch zu überleben, wenn man Grundnahrungsmittel, Wohnung, Kleidung etc., sprich: die Befriedigung der elementaren Bedürfnisse nur gegen entsprechendes Geld bekommt, das man nicht oder nicht in ausreichendem Maße zur Verfügung hat. Folgerichtig ist es notwendig, auch in diesen Fällen von Armut, von drohender Armut, von prekären Lebenslagen zu sprechen und ein wohlfahrts- und konsumabhängiges Existenzminimum zu festzulegen, um diese Varianten der Armut nicht aus dem Blick zu verlieren (vgl. Maier 2008).

Wichtig für das soziale Klima, für den sozialen Frieden und den sozialen Zusammenhalt ist in diesen hoch entwickelten demokratischen Gesellschaften daher nicht allein das absolute Einkommen, sondern sind die relativen Einkünfte im Vergleich zum jeweiligen sozialen Umfeld, d. h. die Größe der Kluft zwischen Arm und Reich, zwischen den Mittellosen und den „oberen Zehntausend". Wenn sich diese Schere zu weit öffnet, wenn zu viele zur Gruppe der Verarmten gehören, sinkt nicht nur die Kaufkraft der Menschen am Existenzminimum dramatisch ab, sondern schwindet zugleich auch der einkommensabhängige Integrationsgrad sowie die Zustimmung zu den vorhandenen sozialen und politischen Verhältnissen. Politisches Desinteresse, politischer Extremismus, soziale Apathie, Rückzug in das innere Exil, Ausstieg, Korruption, Schwarzarbeit und vieles mehr sind zwar keine zwangsläufigen, aber durchaus mögliche Folgen.

Unstrittig gelingt es in Deutschland gegenwärtig alles andere als befriedigend, so etwas wie eine akzeptable Balance mit Blick auf die Frage der Verteilungsgerechtigkeit zu erreichen. Davon zeugen nicht zuletzt die – aus sozialpolitischer Sicht – inakzeptabel vielen Tafeln und Mittagstische, die Sozialkaufhäuser und die anderen lebensnotwendigen Waren- und Dienstleistungsangebote für Kinder, Jugendliche und Erwachsene, die ansonsten am alltäglichen Normalkonsum nur noch sehr eingeschränkt teilnehmen können.

Obwohl unübersehbar und unbestreitbar ist, dass Deutschland nach wie vor zu den reichsten Ländern der Welt gehört, ist die Zahl der Menschen, die in Armut leben, von Armut bedroht sind oder sich zumindest in einer prekären Lebenslage befinden, im letzten Jahrzehnt gestiegen. So lebten nach den Zahlen der im Dritten Armut- und Reichtumsberichts der Bundesregierung veröffentlichten Berechnungen auf Grundlage des SOEP 2005 18 Prozent der Bevölkerung in Deutschland in relativer Armut, d. h. sie hatten weniger als 60 Prozent des Durchschnittseinkommens zur Verfügung (vgl. Bundesministerium für Arbeit und Soziales 2008).

Anhand einer etwas anders gerechneten Armutsquote auf der gleichen Datenbasis (vgl. Becker/Hauser 2008) kommt Irene Becker zu dem Ergebnis, dass dieser Wert zwischen 1999 und

2005 kontinuierlich gestiegen und 2006 erstmals wieder leicht gesunken ist: Noch 1999 waren demnach insgesamt 10,7 Prozent, 2001 13,6, 2003 15,1 und 2005 schließlich 16,4 Prozent einem derartigen Armutsrisiko ausgesetzt. 2006 sank dieser Wert auf 14,9 Prozent (Becker 2009).

Noch deutlicher wird das eigentliche Ausmaß ökonomisch prekärer Lebenslagen, wenn man sich die Bevölkerungsanteile *vor* den staatlichen Sozialtransfers ansieht. In diesem Fall standen im Jahr 2005 rund 25 Prozent der Bevölkerung weniger als 60 Prozent des Durchschnittseinkommens zur Verfügung, ein Wert, der sich 1998 noch auf 21 Prozent belief. Mit anderen Worten: Jeder vierte Mensch in Deutschland ist mittelbar oder unmittelbar mit dem Thema Armut konfrontiert. Dabei sind diejenigen noch nicht eingerechnet, die sich von Armut bedroht fühlen, sprich: die an den Grenzen zur Armut leben (vgl. Bien/Weidacher 2004).

Derartige Größenordnungen markieren inakzeptable Rekordmarken, die darauf hinweisen, dass Transferleistungen zwar dazu beitragen, einen Teil der Menschen über die Armutsrisikoschwelle zu heben. Aber sie sind eben zugleich auch ein Indiz dafür, dass es ein erheblicher Teil der Bevölkerung aus eigener Kraft nicht über die Armutsrisikoschwelle schafft.

Diese ökonomisch prekären Lebenslagen – in jüngerer Zeit auch unter dem Stichwort des „Prekariats" in die Medien gelangt (vgl. Bundesministerium für Arbeit und Soziales 2008) – sind wichtige gesellschaftliche Parameter, auch und gerade für Kinder und Familien, die es im Blick zu behalten gilt, wenn die Potenziale, aber auch die Grenzen eines erweiterten Bildungskonzeptes ausgelotet werden sollen. Es sind Grenzlinien einer gesellschaftlich produzierten Armut, die mit einem noch so ambitionierten Bildungskonzept nicht überschritten oder aus der Welt geschaffen werden können, die sich zuallererst mit arbeitsmarkt- und gesellschaftspolitischen Mitteln verändern lassen.

Wenn man stattdessen den Eindruck erweckt, diese Facetten der Armutsproblematik durch Bildung lösen zu können, vermengt man unzulässigerweise Fragen der Verteilungsgerechtigkeit mit Fragen der Teilhabe- und Befähigungsgerechtigkeit, erweist man dem Bildungskonzept einen Bärendienst, weil ihm damit eine Leistungsfähigkeit zugeschrieben wird, an der dies notgedrungen scheitern muss.

Jenseits der Verteilungsfrage, jenseits der gesellschaftlich produzierten Kluft zwischen Arm und Reich, unter Umständen auch jenseits der transitorischen, also der vorübergehenden Armut, die oft durch unerwartete Ereignisse – Verlust des Arbeitsplatzes, Trennung und Scheidung, Tod eines Partners – hervorgerufen wird, gibt es diese andere Seite der Armut, die vor allem in ungleichen Teilhabe- und Verwirklichungschancen zum Ausdruck kommt.

Dabei verwandeln sich, oder vielleicht besser: erweitern sich die Verteilungsfragen im Sinne ökonomischer Teilhabemöglichkeiten an Konsum und Warentausch zu Fragen der sozialen Teilhabe, der individuellen Bildung und Befähigung, d. h. zu einer Frage der individuell zur Verfügung stehenden nichtmonetären Ressourcen zur eigenen Lebensführung. Dies kommt dem nahe, was man im Anschluss an Amartya Sen als „Mangel an Verwirklichungschancen" bezeichnen kann (vgl. Sen 2000; Otto/Ziegler 2008).

In diesem Sinne gibt es somit auch nicht-monetäre Facetten prekärer Lebenslagen, die die Risiken einer möglichen Benachteiligung und Exklusion auch in den anderen gesellschaftlichen Segmenten erhöhen. Hier verschwimmen die Grenzen zwischen ökonomisch prekären Lebensbedingungen und individueller Bildungsbenachteiligung.

Nicht allein der Mangel an Geld, sondern auch der Mangel an sozialer Integration, an vorhandenen Fähigkeiten und Fertigkeiten, an basalem kulturellen Wissen, an sozialer und instrumenteller Kompetenz sowie an Selbstregulationskompetenz, kurz: an Bildung, ist in diesen Fällen von zentraler Bedeutung. Und empirisch ist hierbei kaum noch entscheidbar, was in diesen Fällen Ursache und was Wirkung ist: ob das ökonomische Problem Ausdruck misslingender Lebensführung und mangelnder Bildung ist, oder umgekehrt, ob die Bildungsdefizite Ausdruck und Folge ökonomischer Armut sind.

Spätestens hier wird die Frage der Armut und der sozialen Ungleichheit auch zu einer Herausforderung für eine auf soziale Gerechtigkeit ausgerichtete Kultur des Aufwachsens, zu einer Frage besonders prekärer Lebenslagen von Familien mit Kindern, zu einer Bildungs- und Erziehungsfrage. Umso dramatischer muss es anmuten, wenn man sich vor diesem Hintergrund vergegenwärtigt, dass Armut in Deutschland seit Jahren vor allem ein Problem von Kindern und Jugendlichen, von kinderreichen Familien sowie insbesondere von Alleinerziehenden geworden ist (vgl. Abb. 9).

Abb. 9: Entwicklung der Armutsrisikoquoten (60 Prozent des Medianeinkommens) nach verschiedenen Statusgruppen (1998-2005; Angaben in Prozent)

	1998	2000	2002	2003	2004	2005
Armut nach Altersgruppen (in %)						
≤15 Jahre	16	18	22	23	25	26
16 bis 24 Jahre	18	20	22	24	26	28
25 bis 49 Jahre	10	11	14	15	16	17
50 bis 64 Jahre	9	11	11	12	13	14
≥65 Jahre	11	12	12	12	11	12
Insgesamt	12	13	16	16	17	18
Armut nach Haushalten mit Kindern (in %)						
Alleinerziehende	36	36	39	36	37	36
2-Kind-Haushalt	10	12	14	16	18	19

Quelle: Lebenslagen in Deutschland. Der 3. Armuts- und Reichtumsbericht der Bundesregierung 2008, S. 308), Berechnungen auf Grundlage des SOEP

Diese Daten aus dem Dritten Armuts- und Reichtumsbericht der Bundesregierung belegen eindeutig eine ganze Reihe von Befunden und Entwicklungen,

1. dass mit Werten zwischen 35 und 40 Prozent insbesondere die Alleinerziehenden einem konstant hohen Armutsrisiko ausgesetzt sind, das sich in den letzten Jahren kaum verbessert hat;

2. dass vor allem junge Menschen, Kinder unter 15 Jahren, aber auch junge Erwachsene zwischen 16 und 24 Jahren mit über 25 Prozent ganz augenfällig die Hauptbetroffenen von prekären Lebenslagen sind;

3. dass seit 1998 besonders starke Zuwächse bei den Familien mit Kindern, aber auch bei den Kindern selbst zu verzeichnen sind;

4. dass sich die prekären Lebenslagen in der zweiten Lebenshälfte und in der Nacherwerbsphase trotz anders lautender öffentlicher Rhetorik noch immer auf einem unterdurchschnittlichen Niveau bewegen.

Insgesamt zeigen diese Daten – im Einklang mit anderen Datenquellen (vgl. Becker 2009) –, dass Alleinerziehende die größte Risikogruppe darstellen, dass sich die Risiken bei Familien mit Kindern zwischen 1998 und 2005 fast verdoppelt haben und dass die jüngeren Altergruppen mit Abstand am stärksten von Armut betroffen sind (vgl. auch BMFSFJ 2008).

Die im vorigen Abschnitt deutlich gemachten Auswirkungen der sozialen Kontexte auf die schulischen Leistungen am Beispiel des Migrationsstatus können demnach mit Blick auf die Armutsrisiken noch erweitert werden. So wurde an den bereits erwähnten PISA-Ergebnissen deutlich, dass das Kompetenzniveau bei den Schülerinnen und Schülern in Deutschland in erheblichem Maße von nicht-schulischen Einflüssen, sprich: von ihrer sozialen Herkunft abhängen. Zugespitzt formuliert: Weniger die Schule als vielmehr die soziale Herkunft, der familiäre Hintergrund entscheidet über das Wohl und Wehe der Kinder.

Dabei haben alle bisherigen PISA-Studien als „Risikogruppe" durchgängig Kinder aus „bildungsfernen Schichten" identifiziert, zu denen überdurchschnittlich häufig auch Kinder mit Migrationshintergrund gehören. Deren Ergebnisse lassen befürchten, dass diese auch im weiteren Verlauf ihres Lebens den Anschluss an Ausbildung und Beruf, an Teilhabe und soziale Integration verlieren. Nicht selten beginnt mit dieser schulischen Situation ein Teufelskreis, der auch nachfolgende Generationen erfassen kann: Niedrige oder fehlende Bildungsabschlüsse führen zu prekären Berufsverläufen, diese führen oft zu Arbeitslosigkeit und geringen Einkünften, was wiederum zu materieller Armut beiträgt, die in der Folge dann mit sozialer und kultureller Armut einhergeht und letztlich – nach Gründung einer eigenen Familie – wiederum zu Benachteiligung und mangelnder Förderung der eigenen Kindern führt.

Diese enge Koppelung von Sozialstatus, Einkommenssituation, Bildungsstatus und Zukunftsperspektive ist die eigentliche Herausforderung für die bundesdeutsche Bildungs- und Sozialpolitik. Ernst-Ulrich Huster (2006) hat diese Verquickung prägnant auf den Punkt gebracht und zugleich eine Lösung angedeutet: „Armut verhindert Bildung – Bildung verhindert Armut."

Diese Einsicht in die Schlüsselstellung der Bildung als einer Art sozialen Lebensversicherung für den Erlebensfall führt dazu, dass Bildung in einer ambivalenten Doppelrolle zwischen Täter und Retter zugleich hin und her pendelt. Nicht nur, dass sie selbst Chancen zuweist, einerseits Perspektiven eröffnet und in diesem Sinne Erfolgreiche zu Siegern macht, andererseits aber als Kehrseite davon eben auch Risiken mit sich bringt, die Bildungsbenachteiligte zu Verlierern werden lässt, da jeder Wettbewerb Sieger und Besiegte, Gewinner und Verlierer kennt. Zugleich trägt die Bildung aber auch die Last der großen Hoffnungen, da sie den kaum auffindbaren, schmalen Weg aus der Armutsfalle weisen soll.

Mit anderen Worten: Bildung ist gegenwärtig einer der ganz wenigen Hoffnungsschimmer, mit dem soziale Herkunft und individuelle Zukunft voneinander entkoppelt werden sollen. Das ist zumindest das ersehnte Happyend dieses Drehbuchs. Aber ist dieses auch begründet? Ist Bildung tatsächlich der Schlüssel dazu, herkunftsbedingte Unterschiede und Benachteiligungen von Kindern und Jugendlichen abzumildern, günstigstenfalls sogar auszugleichen? Dazu muss ein überzeugendes Bildungskonzept so gestaltet sein, dass es die eigenen unerwünschten Nebenwirkungen möglichst minimiert und die darin liegenden Potenziale optimiert. Ob dies gelingt, lässt sich letztlich nur empirisch beantworten.

5. Jenseits formaler Bildung –
die verkannte Bedeutung
der Alltagsbildung

Bildungsdebatten und bildungspolitische Bilanzen bewegen
sich in aller Regel in ihrem eigenen institutionellen Binnenge-
füge – etwa im Horizont des Kindergartens, der Schule, der
Hochschule oder der beruflichen Bildung. Ihrer jeweiligen
Binnenlogik verhaftet und unter Absehung der je anderen Bildungsinstanzen sowie der damit verbundenen Systemüber-
gänge, gelingt es deshalb meist nicht, sowohl die biografischen Verwobenheiten in der Person der Heranwachsenden
als auch die Vielschichtigkeiten und Komplexitäten unterschiedlicher Lern- und Lebenswelten als eine gedankliche
Einheit zu betrachten.

Infolgedessen fällt es schwer, zugleich gezielt die wechselseitigen, positiven wie negativen Einflüsse unterschiedlicher Settings und Akteure ins Blickfeld zu rücken; diese unsichtbaren,
impliziten Limitierungen des formalisierten Bildungswesens
hat der 12. Kinder- und Jugendbericht zu überschreiten versucht (vgl. BMFSFJ 2005). Aber genau in dieser institutionellen Selbstbezüglichkeit liegt der Kern des Problems: Der Kindergarten betrachtet Bildung unter dem Aspekt der frühen
Bildung und des Kindergartens, die Schule aus Sicht der
Schulkinder und des institutionellen Settings Schule, die
Hochschule aus der Binnenperspektive von Studierenden und
den Hochschulen usw.

Daraus ergeben sich zwei Konsequenzen: Zum einen haben
moderne Gesellschaften ihrem Selbstverständnis nach die
Aufgabe der Bildung der nachfolgenden Generation so weit an
Sonderinstanzen wie Schule und Hochschule abgegeben, haben sich mithin so weit funktional ausdifferenziert, dass deren
jeweiliger Binnenhorizont zugleich zum offiziellen Referenzpunkt von Bildungspolitik und Bildungsforschung wird. Zum

anderen wurde dadurch das Thema Bildung so weit aus dem Alltagsleben ausgelagert, dass die „Reste" des anderweitigen, des lebensweltlichen Bildungsgeschehens – diesseits dieser Sonderwelten – gedanklich aus dem Blickfeld zu geraten drohen.

5.1 Formale Bildung – die große Leistung der Industriegesellschaft

Ausgangspunkt und Endpunkt, A und O jeder aktuellen bildungspolitischen Debatte ist die Schule. Die Schule und die Schulpflicht, so Jürgen Baumert, „ist die Antwort des Nationalstaats auf gesellschaftliche Modernisierungsprozesse, die Literalität der gesamten nachwachsenden Generation verlangen, und zwar auf einem Niveau, das durch Lernen im Alltag nicht mehr garantiert wird. Die Schule ist das Instrument, um notwendige gesellschaftliche Kommunikationsvoraussetzungen zu universalisieren. In dem Augenblick, wo Bildungsprozesse in der Schule auf Dauer gestellt werden, ändert sich aber die Modalität des Lernens" (Baumert 2003, S. 213 f.).

Damit markiert Baumert präzise die zwei Seiten dieser notwendigen „Verschulung", einerseits die Universalisierung der Literalität auf einem Niveau und in einer Verallgemeinerung, die mit den Mitteln des Lernens im Alltag nicht mehr zu gewährleisten wäre, andererseits aber auch die, wie er es nennt, Umstellung auf eine andere „Modalität des Lernens". Und beides ist eben im Blick zu behalten.

Insoweit ist Schule in Sachen Bildung unstrittig der institutionelle Generalschlüssel, der zentrale formale Bildungsort in der Gegenwartsgesellschaft, der mit dem Anspruch der Universalisierung des Lernens alternativlos Grundkompetenzen vermittelt. Schule ist damit gewiss nicht nur der wichtigste institutionelle Bildungsakteur für Kinder und Jugendliche, sondern auch ein elementarer Lernbeschleuniger für das thematische Spektrum der inkludierten Unterrichtsfächer. Hierbei kann sie voll und ganz ihre Stärken ausspielen. Spezialisiert auf ausgewählte Themen, auf erfolgreiche Strategien der Vermittlung und der Aneignung, versucht sie alle Störquellen zu externalisieren, zu minimieren.

Diese Umstellung auf den „Modus Schule/Unterricht" verändert aber auch das Aufwachsen selbst. Dieser Modus prägt die zentrale Phase des Aufwachsens, er macht Kinder und Jugendliche zu Schülerinnen und Schülern und damit zum ersten Mal in ihrem Leben zu Rollenträgern. Zugleich überstrahlt die Schule als der zentrale Bildungsort schlechthin damit alle anderen Bildungssettings. Sämtliche Bildungsorte und Lernwelten jenseits der Schule schrumpfen in Anbetracht der Prägekraft dieser Bildungsinstanz in ihrem Schatten zu marginalen, fast zu vernachlässigenden, episodenhaften Bildungsakteuren.

An einem ebenso prominenten wie folgenreichen Beispiel lässt sich die Definitionsmacht von Schule ablesen. So wurden die bislang durchgeführten PISA-Studien (vgl. Deutsches PISA-Konsortium 2001; PISA-Konsortium Deutschland 2004, 2007) als international vergleichende Leistungsstudien zwar unstrittig an Schulen und auch während des Unterrichts durchgeführt. Dennoch handelt es sich dabei nicht um genuine Schultests, prüfen diese Studien doch im Grunde genommen Leistungen, die keineswegs direkt der Schule und dem Unterricht zuzurechnen wären.

Im Mittelpunkt steht vielmehr das jeweils erreichte individuelle Kompetenzniveau der getesteten Jugendlichen. Mit anderen Worten: Personen, nicht Institutionen werden getestet. Ob, wo und wie die Jugendlichen diese Kompetenzen erlangt haben – selbstverständlich zu großen Teilen auch in der Schule und im Unterricht –, ist gleichwohl eine ganz andere, durch PISA letztlich nicht zu beantwortende Frage.

So gibt es bei PISA weder zwei oder mehrere Messzeitpunkte der gleichen Testperson, anhand derer im Längsschnitt etwa der Einfluss von Schule, formaler Bildung und Unterricht hätte gemessen werden können, noch legen die Ergebnisse einen alles überragenden Einfluss von Schule auch nur nahe. Stattdessen wird vor allem immer wieder auf den Einfluss der sozialen Herkunft hingewiesen (vgl. etwa Becker/Lauterbach 2007).

Dennoch wurden die PISA-Studien wiederholt mit großer Selbstverständlichkeit als „Schulleistungsstudien" bezeichnet – und eben nicht als das, was sie stattdessen sind: *kompetenz-*

orientierte Leistungsstudien. Und dass sich anschließend allein die Kultusministerinnen und -minister der Länder und die Kultusministerkonferenz durch die ernüchternden Ergebnisse herausgefordert fühlen – und nicht zugleich alle anderen mit dem Aufwachsen befassten Ressorts –, ist ebenfalls ein Indiz dafür, dass die faktische Hegemonie des Bildungsortes Schule PISA selbstredend unter der Hand zu einer Schulstudie werden lässt. Oder anders formuliert: Auch im Umgang mit den PISA-Studien drückt sich eine überdurchschnittliche Fixierung in Sachen Bildung auf das institutionelle Setting Schule aus.

Das, was Jürgen Baumert als den entscheidenden Vorteil der „Sonderwelt Schule" markiert, offenbart bei näherer Betrachtung jedoch zugleich seine nicht unbeträchtlichen Nebenwirkungen. Durch die Herausbildung von eigenständigen Bildungsorten, die für bestimmte Altersphasen und für ausgewählte Bildungsaufgaben zuständig sind, lässt sich eine Arbeitsteilung und Spezialisierung beobachten, so etwas wie eine Art „Taylorisierung" der Bildung, d. h. eine sich ausdifferenzierende, arbeitsteilige Zuständigkeit einzelner, voneinander abgeschotteter Bildungsinstanzen als Sonderwelten. In der Folge führt dies dazu, dass die impliziten Zusammenhänge zwischen diesen Welten ebenso aus dem Blick geraten wie der Zusammenhang zum Lernen in der Alltagspraxis.

Damit soll keineswegs der Eindruck erweckt werden, als wäre Schule in Sachen Kompetenzen etwa weniger wichtig, als käme ihr keine Schlüsselrolle für das Aufwachsen von Kindern und Jugendlichen zu. Im Gegenteil: Bei aller Kritik, die die Institution Schule und die sie tragenden Akteure immer wieder einstecken mussten, gilt es zuallererst die großen historischen Verdienste der Schule als einer der genialsten Erfindungen der Menschheitsgeschichte mit Blick auf das geregelte Lernen und die Aneignung des kulturellen Erbes hervorzuheben. Schule hat sich im Laufe der Geschichte, spätestens seit der Verbreitung der „Volksschule" sowie der Einführung der allgemeinen Schulpflicht vor allem im 20. Jahrhundert zu einem Erfolgsmodell entwickelt, das Seinesgleichen sucht.

Nur durch die Einführung des hoch formalisierten, standardisierten Bildungsortes Schule, nur durch die flächendeckende und einigermaßen vereinheitlichte Vermittlung der elementaren Kulturtechniken Lesen, Schreiben und Rechnen ist so etwas wie „Bildung für alle" möglich geworden, wurde erstmals die Alphabetisierung des gemeinen Volkes, der armen, besitzlosen Bevölkerung flächendeckend und in großem Stil denkbar.

Erst dadurch hat sich die lange Zeit als Ausnahme und Begünstigung geltende Bildung entprivilegiert, erst dadurch konnten sich Gesellschaften zu modernen, funktional differenzierten Gesellschaften entwickeln sowie nach und nach demokratisieren. Die Idee der Aufklärung konnte auf diese Weise auch die Niederungen des einfachen Lebens, konnte die herkömmlichen Dorfplätze und die Lebenswelten der kleinen Leute erreichen.

Die direkte Folge der allgemeinen Schulpflicht und der damit einhergehenden Erhöhung des allgemeinen Bildungsstandes, was man anhand der Entwicklungslogik moderner Gesellschaften studieren kann, war darüber hinaus deren Beitrag zur Stabilisierung von nationalem Wohlstand, der Erhöhung des gesundheitlichen Allgemeinzustandes sowie der volkswirtschaftlichen Produktivität (vgl. Konsortium Bildungsberichterstattung 2006; Autorengruppe Bildungsberichterstattung 2008). Mit anderen Worten: Eine der wesentlichen Quellen für die Entwicklung und Modernisierung von Gesellschaft war die Universalisierung, also die flächendeckende Verbreitung und Verallgemeinerung von (schulischer) Bildung. Diese Errungenschaft kann man, muss man als eine Art *erste bildungspolitische Revolution* bzw. als „die" *bildungspolitische Leistung der Industriegesellschaft* bezeichnen.

5.2 Die stillen Teilhaber des Erfolgsmodells Schule

Dieser Erfolg der Bildungsinstanz Schule hat jedoch seinen Preis. Im Kern hat dieser Aufstieg der formalen, der scholarisierten Bildung in Deutschland dazu geführt, dass andere Formen der Weltaneignung, der Erschließung des Weltwissens, dass andere Orte, Inhalte und Modalitäten der Bildung gar nicht mehr ins Blickfeld gerückt, dass diese mehr oder wenig ausgeblendet und unterschätzt worden sind. Aber genau darauf kommt es hier an: diese „andere Seite der Bildung" deutlicher ins Bewusstsein zu rücken, das darin liegende verschüttete Potenzial neu auszuloten (vgl. auch Otto/Rauschenbach 2008).

Möglicherweise mag man einwenden, dass es dabei im Grunde genommen nur um eine geringfügige Aufwertung der anderen Bildungsorte und Lernwelten geht, die tatsächlich etwas aus dem Blick geraten sein mögen. Um diese geringfügige Aufwertung geht es aber hier gar nicht so sehr. Dieser Preis der Unterbelichtung der „anderen Seite der Bildung" aufgrund der Erfolgsstory der Schule ist nämlich nur die eine Seite der Medaille; auf die Unterbelichtung der non-formalen und informellen Bildungssettings vor, neben und nach der Schule wurde in den letzten Jahren wiederholt aufmerksam gemacht, etwa in den Veröffentlichungen des Bundesjugendkuratoriums (vgl. Bundesjugendkuratorium 2002; Münchmeier/Otto/Rabe-Kleberg 2002), im 12. Kinder- und Jugendbericht (vgl. BMFSFJ 2005) und seinen Expertisen (vgl. Grunert 2005) oder in Publikationen aus dem Umfeld des Deutschen Jugendinstituts (vgl. Rauschenbach u.a. 2004; Rauschenbach/Düx/Sass 2006; Tully 2006).

Im Mittelpunkt soll hier vielmehr eine andere Facette der Thematik stehen. Auf der Kehrseite der Medaille lässt sich nämlich ablesen, wie stark und wie selbstverständlich Schule zugleich auf anderen Bildungsleistungen und Bildungsakteuren aufruht. Oder deutlicher: Nur wenn die der Schule und dem Unterricht vorgelagerten Rahmungen relativ reibungslos funktionieren, nur wenn sich Schule einigermaßen voraussetzungslos auf entsprechende Vorleistungen verlassen und auf diese auf unkomplizierte Weise zurückgreifen kann, ist sie nach ihren Maßstäben und zu ihren Bedingungen in der Lage, Erfolg einigermaßen zuverlässig zu gewährleisten. Und genau das Brüchigwerden dieser Prämisse unter den gegebenen gesellschaftlichen Bedingungen, die damit einhergehende Erosion dieser selbstverständlichen Vorleistung ist das eigentliche Dilemma der heutigen Schule, ist ihre eigentliche Herausforderung.

Es ist mithin nicht zufällig, dass den Kindertageseinrichtungen und der frühen Bildung eine neue Aufgabe und Rolle zukommt. Es ist nicht zufällig, dass die Sprachförderung als eine schulverpflichtende, regelhafte Aufgabe in das Kindergartenalter vorverlagert und zugleich zu einer Vorleistung für die

Schule umdefiniert wird. Auf diese Weise soll das universalisiert sichergestellt werden, was bisher pauschal als allgemeine Schulreife tituliert und dem Kindergarten zugemutet worden ist. Unter dem Strich heißt das, dass die Schule an ihrem Beginn die Kinder nicht mehr in Empfang nehmen kann, einfach so, wie sie sind, sondern, dass es einer gezielteren Vorbereitung auf Schule bedarf. Das ist ein deutlicher Beleg für die bislang impliziten Leistungen jener Bildungsakteure – Familie, Kindergarten –, die der Schule vorgelagert sind.

Die Crux der heutigen Schule heißt demnach: Sie ist in ihrer gegenwärtigen Verfasstheit mehr denn je darauf angewiesen, dass die Bildungswelten vor und neben ihr selbstredend funktionieren – dies wird aber erst jetzt so richtig erkennbar, weil die extern erbrachten, bislang implizit vorausgesetzten Bildungsleistungen brüchig werden. Schule basierte bislang geradezu alternativlos auf der Prämisse, dass externe Bildungsleistungen selbstverständlich und stillschweigend erbracht werden, dass gewissermaßen so etwas wie „generalisierte Ko-Produzenten" aus der schulischen Umwelt mit dazu beitragen, dass sie selbst einigermaßen erfolgreich agieren kann:

– Dies gilt zuallererst für die *Zeiten vor der Schule.* So müssen etwa elementare Bildungsprozesse in der Familie – Spracherwerb, kognitive Grundausstattungen, Lernbereitschaft, Aufmerksamkeit, Ausdauer, Gewissenhaftigkeit, Auffassungsgabe und vieles mehr – ebenso erfolgreich erbracht werden wie die „Schulreife" der Kinder und eine altersgerechte frühkindliche Bildung durch die Kindertageseinrichtungen.
– Dies gilt aber auch für die *Zeiten neben der Schule.* So geht Schule bislang selbstverständlich davon aus, dass zumindest die Familie, gewissermaßen als ständiger schulischer Begleiter, nicht nur zusätzliche (schul-)stabilisierende Ergänzungsleistungen während der Schulzeit erbringt – etwa durch innerfamiliale Unterstützung bei den Hausaufgaben, durch bedarfsabhängige Nachhilfe oder durch schulergänzende Sicherung der kognitiv-emotionalen Reifung –, sondern dass sie genauso fraglos zum generellen Ausfallbürgen für Versäumnisse und Engpässe der Schule selbst wird, und sei dies zum Preis der Nicht-Vereinbarkeit von Beruf und Familie (vgl.

zur Debatte um die „verlässliche Halbtagsschule" (vgl. Holt-appels 2000).

Zugleich hat die Diskussion der letzten Jahre darüber hinaus auch auf die impliziten und expliziten Bildungsleistungen *anderer* Bildungsakteure hingewiesen, angefangen bei der außerschulischen Jugendbildungsarbeit über die allgemeinen, bildungsbezogenen Leistungen der Kinder- und Jugendhilfe bis zu den so genannten „Nebenschulen", den Peers oder den Medien (vgl. zusammenfassend BMFSFJ 2005).

Mit anderen Worten: Das Konzept Schule funktioniert in seiner gegenwärtigen Verfasstheit im Kern nur dann einigermaßen reibungslos, wenn die damit verbundenen Bildungsaspirationen von dritter Seite, durch Familie, Kindertageseinrichtungen und außerschulische Akteure vor und während der Schulzeit fraglos unterstützt werden, wenn die impliziten Bildungsleistungen der non-formalen und informellen Bildung durchschnittlich erwartbar ergänzend erbracht werden.

Aber genau dieser bislang weitgehend unhinterfragte Funktionsmechanismus der extern erbrachten Bildungsleistungen ist es, der zunehmend ungewiss, instabil wird, der jedenfalls immer weniger von alleine für einen reibungslosen Ablauf sorgt, der Schule in wachsendem Maße zu schaffen macht, der das Unbehagen an den Schulstrukturen nicht verstummen lässt, der Umbauten in der frühkindlichen Bildung ebenso erforderlich zu machen scheint wie den Ausbau der Ganztagsschule.

5.3 Alltagsbildung – die andere Seite der Bildung

In Fachkreisen ist es in den letzten Jahren zunehmend zur Normalität geworden, neben formaler auch von non-formaler und informeller Bildung zu sprechen, um auf diese Weise deutlich zu machen, dass es jenseits der schulisch-formalen Bildung auch eine andere Seite der Bildung gibt. „Bildung ist mehr als Schule" ist so zu einer zugespitzt programmatischen Formel für diesen Sachverhalt geworden (vgl. Otto/Rauschenbach 2008). Um jedoch zu vermeiden, dass diese andere Seite der Bildung zu einer bloßen Residualkategorie wird – gemäß der Negation „alles was Bildung, aber nicht Schule ist" –, bietet es sich an, diese andere Seite nochmals in ihre impliziten Bestandteile zu zerlegen.

Dabei macht es Sinn, diese andere Seite der Bildung unter dem Titel der *Alltagsbildung* zusammenzufassen. Damit sollen vor allem zwei Sachverhalte betont werden: Einerseits zielt der Begriff auf den Umstand, dass vermutlich das meiste – nicht unbedingt das Wichtigste –, das Menschen im Laufe ihres Lebens lernen, im Alltag, ungeplant, nebenher geschieht: beim Zeitung lesen, auf der Straße, im Gespräch oder bei der Verrichtung alltäglicher Dinge.

Andererseits wirft der Begriff der Alltagsbildung aber den Blick auch auf das, was Jürgen Habermas als die nicht-hintergehbare Rationalität lebensweltlichen Handelns jenseits von Systemen und systemischer Effizienz, jenseits eines strikten Kosten-Nutzen-Denkens theoretisch ausbuchstabiert hat (vgl. Habermas 1981 a, 1981 b). Und möglicherweise lässt sich ein bestimmter Teil dieser Bildungsprozesse, um mit Habermas zu sprechen, nicht folgenlos auf systemische Rationalitäten umstellen, es sei denn um den Preis von psycho-sozialen Pathologien (vgl. Habermas 1981 b, S. 489 ff.; Rauschenbach 1999, S. 92 ff.). Zumindest in diesem Fall käme den Formen der Alltagsbildung eine elementare Bedeutung zu.

Allerdings enthalten die damit verbundenen Formen der Alltagsbildung drei ineinander verwobene Dimensionen, die es deutlicher voneinander zu unterscheiden gilt.

(1) Zum einen geht es bei der anderen Seite der Bildung um die Frage nach den *anderen Bildungsorten*, also um jene Lern- und Bildungssettings, die in den (Selbst-)Beschreibungen des Bildungssystems üblicherweise gar nicht vorkommen, diesem nicht zugerechnet werden, in denen aber nichtsdestotrotz unübersehbar gelernt wird, die möglicherweise sogar einen gesetzlichen Bildungsauftrag haben und dennoch aus der offiziellen Bildungspolitik ausgeblendet werden, wie dies beispielsweise bei der Kinder- und Jugendarbeit der Fall ist (vgl. BMFSFJ 2005, S. 234 ff.). Terminologisch bietet sich in dieser Dimension an, je nach Grad der Standardisierung und des expliziten Bildungsauftrags (also etwa im Unterschied zwischen Kindergarten und Familie) non-formale Bildungsorte

von informellen Lernwelten zu unterscheiden. Das Spektrum reicht hierbei von der Familie über den Kindergarten, die Jugendarbeit, die Gleichaltrigen, die Vereine bis zu den Medien und einer generalisierten Alltagspraxis.

(2) Zum anderen geht es bei der Alltagsbildung als der anderen Seite der Bildung um die Frage nach den *anderen Modalitäten* des Lernens, d.h. um die Wege der Kompetenzaneignung jenseits standardisierter Lehr-Lernprozesse, um Fragen also, ob es sich um explizite oder implizite Formen des Lernens handelt, ob das Lernen intendiert oder nicht intendiert ist, ob es direkt oder indirekt abläuft, ob es zufällig oder geplant zustande kommt. In seinen beiden Polen kommen die unterschiedlichen Modalitäten des Lernens dadurch zum Ausdruck, dass am einen Ende das curricular gestaltete, hoch standardisierte Lernen steht, während sich am anderen Ende das Lernen im Vollzug, also durch konkretes Handeln mit Ernstcharakter vollzieht, das zu allem Überfluss auch nur retrospektiv betrachtet werden kann. Insofern kann in dieser Dimension zwischen impliziten und expliziten, zwischen formellen und informellen Bildungsprozessen unterschieden werden.

(3) Und schließlich geht es bei der Alltagsbildung als der anderen Seite der Bildung – und das wird meist übersehen – auch um die Frage nach den *anderen Inhalten* der Bildung, also um jene Dimensionen, die in den offiziellen Plänen des Bildungswesens nicht vorkommen oder zumindest an die Ränder, in die Präambeln oder auf die hinteren Seiten verbannt werden. Dabei werden mit dieser Dimension der anderen Inhalte meist „weiche" Themen verbunden, bei denen es allein um die Frage der sozialen oder personalen Kompetenzen geht, bei der so etwas wie politische Bildung, Verantwortungsübernahme oder Selbstständigkeit im Mittelpunkt steht.

Das trifft diese Thematik aber nur zum Teil. Angemessener scheint es mir unterdessen zu sein, wenn man davon ausgeht, dass es hierbei zunächst einmal um alles geht, was nicht in der Schule, zumindest nicht in den Kernfächern vorkommt, was nicht unbedingt in den Lehrplänen steht. Das sind zweifellos ganz besonders ausgeprägt die weichen Themen – vielleicht, weil ihnen in der Schule meist besonders wenig Raum zugestanden worden ist –, das sind aber auch alle anderen ausgesparten Themen des Schulunterrichts: Computer, Recht, Medizin, Erziehung, Ökonomie, um nur einige Beispiele zu nennen (vgl. auch Richter 1999).

Diese Themen tangieren interessanterweise erhebliche Teile jener erworbenen Kenntnisse und Fähigkeiten, die Erwachsene in vielen Dienstleistungsberufen, insbesondere in den personenbezogenen sozialen Dienstleistungsberufen benötigen, also in den Gesundheits- und Pflege-, in den Bildungs-, Sozial- und Erziehungsberufen, mithin in ganzen Branchen und Arbeitsmarktsegmenten, ohne dass diese in den standardisierten und regulierten Bildungssettings expliziter Gegenstand sind, ohne dass diese in Lehrplänen der allgemein bildenden Schulen vorkommen oder standardisiert im öffentlichen Bildungssystem generiert werden.

Es zeigt sich somit, dass bereits diese einfache Unterteilung in Orte, Modalitäten und Inhalte eine ganze Menge an Folgeüberlegungen nach sich zieht, dass mit der Frage nach der Konturierung der Alltagsbildung unter Umständen ungewollt ganz unterschiedliche Dimensionen angesprochen werden. Infolgedessen erscheint es sinnvoll, generell bei Fragen der Bildung bzw. der Alltagsbildung das *Wo* – die anderen Orte – von dem *Wie* – den anderen Modalitäten – und dem *Was* – den anderen Inhalten – zu unterscheiden.

Diese drei Dimensionen des Wo, Wie und Was der anderen Seite der Bildung werden jedoch oft bis zur Unkenntlichkeit miteinander vermengt, was dazu führt, dass der Alltagsbildung eine gewisse Beliebigkeit und Nicht-Fassbarkeit zugeschrieben wird, ohne sie einer eingehenden Analyse zu unterziehen.

5.4 Alltagsbildung – die große Herausforderung der Wissensgesellschaft

Vieles, was der Schule zugerechnet wird – Positives wie Negatives, Erfolge wie Niederlagen –, ist in Wirklichkeit keineswegs ausschließlich oder auch nur überwiegend auf diese zurückzuführen. Dies haben die PISA-Befunde mehr als deutlich gemacht: So erklären Migration und soziale Herkunft die aufgetretenen Kompetenzunterschiede weit mehr als die jeweilige Schulform. Deshalb kommt es entscheidend darauf an, die konstitutiven Kontexte, die Rahmungen, die vorbereitenden ebenso wie die stabilisierenden „Ko-Produzenten" der Bildung gezielter ins Blickfeld zu rücken.

In seiner Konsequenz heißt das aber auch: Erhebliche Teile der in Schule identifizierten Probleme müssen gar keine schulimmanenten Probleme sein, sind vielmehr Ausdruck bislang erbrachter Leistungen der Alltagsbildung gegenüber dem formalen Bildungsort Schule, die offenbar immer weniger selbstverständlich für alle Heranwachsenden durchschnittlich sichergestellt werden können. Diese Formen der zeitlich vorgelagerten bzw. der schulergänzenden Alltagsbildung, so eine Kernthese des Buches, sind dabei, *zum eigentlichen Schlüssel- und Zukunftsproblem in Sachen Bildung zu werden.* Und zwar insbesondere deshalb, weil sie bislang implizit, ungeregelt, naturwüchsig, unbeachtet und unthematisiert geblieben ist, weil sie als eine selbstverständliche Leistung der Lebenswelt betrachtet wurde.

Dies wäre im Grunde genommen so lange nicht weiter von Bedeutung, solange diese Seite der Bildung eben nur eine bildungs*ergänzende*, letztlich nur sich selbst verpflichtete Relevanz hätte. Dies ist erstaunlicherweise die in Deutschland nach wie vor vorherrschende Zuschreibung und Lesart. Aber genau darin liegt ein folgenschwerer Irrtum:

– Auf der einen Seite stimmt immer weniger die lebensweltlich-idealisierende Annahme, dass Alltagsbildung so etwas wie die letzte Bastion einer zweckfreien, in sich ruhenden Bildung ist, die nur für sich selbst steht, und die allein schon deshalb vor den Gefahren einer Fremdbestimmung und Instrumentalisierung, vor jedem gesellschaftlichen Vereinnahmungsversuch zu schützen ist. Es gibt für einen Normalbürger der globalisierten Gegenwartsgesellschaft keinen gesellschaftsfreien Naturzustand mehr, es gibt für einen durchschnittlichen Lebensentwurf nahezu keine Reservate des selbstbestimmten Lebens mehr jenseits der immer wieder geltend gemachten Nischen und Oasen des alternativ-guten Lebens. Die Aufrechterhaltung der Illusion, zweckfreie Bildungsräume konservieren zu können, ist jedoch eine – folgenreiche – Gemeinsamkeit von Bildungsbürgertum, Bil-

dungseliten und gesellschaftskritischen Modernisierungs-
skeptikern.

- Auf der anderen Seite trifft aber auch die umgekehrte, schul-
verhaftete Annahme nicht zu, dass Bildung im Wesentlichen
auf schulisch-formaler Bildung basiere bzw. sich im Kern
auf diese reduzieren ließe, dass sie jedenfalls *nicht* in höchst
voraussetzungsvoller Weise von eben dieser lebensweltlichen Alltagsbildung abhängig wäre. Dies ist eine bisweilen
aus dem Geist der Kultusbürokratie wahrzunehmende Position, der auch die Bildungspolitik in vielen Teilen verhaftet ist
und deshalb schulische Defizite vorrangig durch ein Mehr an
Schule zu beantworten versucht werden, ohne die Seite der
Alltagsbildung überhaupt ins Blickfeld zu rücken.

Beide Positionen übersehen unterdessen, dass weder die eine
noch die andere Lesart in der heutigen Gegenwartsgesellschaft
weiterhin schlüssig ist. So wenig, wie heute noch ernsthaft davon auszugehen ist, dass wesentliche Teile des alltäglichen Lebens und der Bildung von einem gesellschaftlichen Leben außerhalb der eigenen Lebenswelt abgeschottet werden können –
in einem gleichsam vorgesellschaftlichen Naturzustand –, so
wenig kann man zugleich davon ausgehen, dass sich die elementaren Bildungsprozesse im Prozess des Aufwachsens auf
den Ort Schule reduzieren lassen. Zugespitzt formuliert: Kinder, die nur durch den Bildungsort Schule auf das Leben vorbe-
reitet würden, wären in ihrer Lebensführung zu kläglichem
Scheitern verurteilt. Dem wird vermutlich niemand ernsthaft
widersprechen.

Meine Überlegungen zielen jedoch auf den genau umgekehr-
ten Sachverhalt. Daher lautet eine Kernthese dieses Buches:
Insbesondere der Umstand, dass die Bedeutung der Alltagsbildung bislang so stark aus den offiziellen Bildungsdebatten
ausgeblendet wurde – egal, ob aus ideologischen oder aus
funktionalen Gründen –, ist eine wesentliche Ursache für deren eminent folgenreiche Wirkung, da sie sich so unbemerkt
hinter dem Rücken der Betroffenen entfalten kann.

Weit mehr im Mittelpunkt müsste demzufolge die bislang unbeachtete, vergleichsweise selbstverständlich unterstellte und
nicht eigens gewürdigte Alltagsbildung stehen, d. h. jene ande-

re Seite der Bildung, die bislang eher als zu vernachlässigende Randvariable behandelt worden ist.

Eine mit dieser Überlegung einhergehende partielle Aufwertung bzw. Rehabilitierung der Alltagsbildung mag vielleicht noch unmittelbar einleuchten. Aber reicht das? Muss diese Seite des lebensweltgebundenen Bildungsgeschehens nicht viel stärker unter seiner elementaren, konstitutiven Bedeutung für die Gesamtentwicklung der Individuen einerseits und der Gesellschaft andererseits ins Blickfeld gerückt werden? In diesem Fall hätte sie weitaus folgenreichere Wirkungen. Es ist jedenfalls nicht so einfach von der Hand zu weisen, dass nicht die formale Bildung, sondern die bislang kaum beachtete *Alltagsbildung die Kluft zwischen den Privilegierten und den sozial Benachteiligten, zwischen den Bildungsgewinnern und den Bildungsverlierern erzeugt.*

Wenn diese Annahme des sozialen Filters und der sozialen Selektion durch diese andere Seite der Bildung auch nur im Ansatz richtig ist – und in Analogie zu den konzeptionellen Überlegungen Bourdieus spricht einiges dafür (vgl. Bourdieu 2008) –, dann müssen nicht nur viele Bildungsmaximen als Mythen entlarvt, manche Bildungsempfehlungen umgeschrieben und vom Kopf auf die Füße gestellt werden. Es müsste vielmehr zugleich neu und anders akzentuiert über Bildung, über Bildungskonzepte und Bildungspolitik nachgedacht werden.

Die damit verbundenen Konsequenzen lassen sich folgerichtig als eine zweite bildungspolitische Revolution bzw. als die zentrale bildungspolitische Herausforderung der Wissensgesellschaft des 21. Jahrhunderts bezeichnen. Demzufolge geht es um eine neue Verhältnisbestimmung zwischen formaler Bildung und Alltagsbildung, zwischen dem Bildungsort Schule und den anderen Bildungsorten bzw. Lernwelten, zwischen schulischen und nicht-schulischen Themen und Inhalten sowie um ein verbessertes Neben- und Ineinander von curricularem und erfahrungsbasiertem, von tauschwert- und gebrauchswertorientiertem Lernen.

Dies hätte auch Konsequenzen für die bisweilen hilflos wirkende Debatte um soziale Benachteiligung und deren Abbau.

Denn: Nicht die formale, schulische Bildung würde demnach aus sich heraus und für sich genommen die wachsenden sozialen Unterschiede erklärbar machen, sondern – sehr viel stärker, als dies bislang bildungspolitisch zum Ausdruck kommt – die sie umgebende, meist verborgen bleibende Alltagsbildung. Oder methodisch formuliert: Unabhängige und abhängige Variable müssten vertauscht werden.

Um dies nochmals am Beispiel der so populär gewordenen Kompetenzstudien zu veranschaulichen: Wenn „schulnahe" Leistungsstudien wie PISA oder IGLU mathematische oder sprachliche Kompetenzen bei Kindern – zweifellos zentrale Grundlagen der kulturellen „Weltaneignung" – untersuchen, identifizieren sie dabei eine nicht unerhebliche Zahl von Schülerinnen und Schülern, die man aufgrund des schwachen Abschneidens als „PISA-Risikogruppe" bezeichnen kann (vgl. PISA-Konsortium Deutschland 2004).

Damit ist aber noch keineswegs geklärt, ob die dieser Gruppe zugerechneten Heranwachsenden tatsächlich an ihren kognitiven Kompetenzen scheitern oder nicht vielmehr genauso häufig an einer Kompetenz, die eher als Resultat lebensweltlicher Alltagsbildung zu betrachten ist und gezielte Bildungsprozesse im und durch Unterricht erst ermöglicht: die erlernte Fähigkeit, an formalisierten Bildungsprozessen kontinuierlich und einigermaßen konzentriert teilzunehmen.

Mehr noch: PISA weist auf einen Umstand hin, der zwar lautstark beklagt, in seinen bildungspolitischen Konsequenzen bislang jedoch wenig erörtert worden ist: dass die soziale Herkunft einen stärkeren Einfluss auf die gemessenen Kompetenzen der Kinder hat als die jeweilige Schulform. Zugespitzt kann man diesen Befund demnach auch so lesen: dass schulexterne Einflüsse, dass Bildungsprozesse jenseits der Schule, dass Alltagsbildung auf den Bildungserfolg der Kinder und Jugendlichen eine größere Wirkung hat als die Schule selbst. Zumindest ist davon auszugehen, dass der PISA-Indikator für das kulturelle Kapital der Familien, die Zahl der Bücher im eigenen Haushalt, nicht durch seine schiere Größe wirkt, sondern nur indirekt vermittelt durch die damit zusammenhängenden Bildungsleistungen.

Sofern man sich also bei diesem Zusammenhang nicht einfach mit dem Verweis auf eine soziale Koppelung von Bildungserfolg und sozialer Herkunft zufrieden gibt, sondern diesen Erklärungszusammenhang als Ausdruck eines komplexeren Gesamtgefüges von dahinter liegenden, sozial selektiv wirkenden Mechanismen begreift, springt einem die mögliche Bedeutung der Alltagsbildung geradezu ins Auge. Ausdauer, Konzentration, Aufmerksamkeit und vieles mehr gelernt oder eben nicht erlernt zu haben, wird so zu einer entscheidenden Variable, wird selber zu einem wichtigen Bildungsgut im modernen Bildungsmehrkampf der Kinder und Jugendlichen. Diese „andere Seite der Bildung" wird unter Bildungsgesichtspunkten, wird als eigener Modus der Bildung jedoch gar nicht gezielt in den Blick genommen.

Dabei gibt es so viele Bildungsgüter, die schwerpunktmäßig außerhalb der Schule erworben und dennoch für das spätere berufliche Leben von elementarer Bedeutung sind. So wird allzu oft übersehen, dass Spitzensportler, brillante Musiker, Künstler, Computerspezialisten, Angehörige sozialer und pflegerischer Berufe sowie viele andere Berufsgruppen ihre Fähigkeiten und Fertigkeiten, ihre entscheidenden Impulse und einen Großteil ihrer „Grundausstattung" meist außerhalb der etablierten Bildungsorte erhalten haben.

Dies alles wirft die Frage auf, ob die Alltagsbildung, ob die informellen Lerngelegenheiten nicht doch sehr viel wichtiger sind und als erklärende Variablen für erfolgreiche Bildungsprozesse auf der einen bzw. der Entstehung sozialer Differenz auf der anderen Seite herangezogen werden müssen. Zumindest fällt es auf, dass alle empirischen Befunde zeigen, dass außerschulische Bildungsaktivitäten in der Regel die ohnehin Bildungsbeflissenen zusätzlich unterstützen und stabilisieren, auch wenn diese oft mit dem Anspruch der Kompensation schulischer Bildungsbenachteiligung auftreten.

Das Lernen, oder richtiger: das Nicht-Lernen im Alltag, die wachsende Kluft zwischen den eher zunehmenden Erfordernissen und den zugleich immer weniger selbstverständlich werdenden Anlässen und Gelegenheiten einer lebensweltbasierten Alltagsbildung, markiert ein Schlüsselproblem, ist die gesellschaftliche und politische Zentralherausforderung auf dem Weg in die Zukunft. Die zumindest schleichende Erosion dieser lebensweltlichen Bildungsleistung könnte sich als die Achillesferse moderner Bildungsanstrengungen erweisen.

5.5 Alltagsbildung – eine Schlüsselfrage der Zukunft

Insgesamt besteht bei der Alltagsbildung – insbesondere deshalb, weil sie nicht zwingend, nicht standardisiert ist und nicht überall vorkommt –, mehr als bei allen Spielarten der formalisierten Bildung die Gefahr, dass durch sie soziale Ungleichheit nicht nur reproduziert, sondern dass durch sie soziale Differenz zuallererst erzeugt, gewissermaßen koproduziert wird. Auf diese Weise lernt ein Teil der Kinder Dinge, die wie selbstverständlich in ihren Alltag eingebaut sind, kommt in Berührung mit zahlreichen Lernsettings, die in keinem Lehrplan stehen, zu denen niemand verpflichtet ist, während bei einem anderen Teil der Heranwachsenden diese lebensweltgebundenen Bildungsimpulse einfach nicht vorkommen, außerschulische Lernprozesse nicht angeregt, nicht entsprechend stimuliert werden.

Dies alles wird aber bei PISA & Co. nicht ins Blickfeld gerückt, ja noch nicht einmal thematisiert. Im Gegenteil: Diese Studien müssen, da sie keinerlei längsschnittlichen Aussagen erlauben, vereinfachend davon ausgehen, dass die externen Einflüsse auf die Schule konstant bleiben, da ansonsten aktuell gemessene Unterschiede nicht mehr sinnvoll interpretiert werden können. Oder anders formuliert: Sie müssen gewissermaßen vereinfachend so tun, als gäbe es auf der einen Seite bei den Heranwachsenden so etwas wie eine stabile Grundgröße „Intelligenz" – gewissermaßen als individuelle, quasi-genetische Grundausstattung –, während diese auf der anderen Seite durch schulische, soziale und gesellschaftliche Einflüsse, also durch Schulform, soziale Herkunft, Migrationsstatus etc. negativ beeinflusst wird. Deshalb heißt es auch: „Bei gleichen Potenzialen werden Kinder aus bildungsfernen Schichten benachteiligt".

Gesetzt den Fall, die hier angedeuteten Überlegungen sind vom Ansatz her plausibel, dann käme es künftig entscheidend darauf an, diese unbeachtete Seite der Bildung, die implizite

Bildung, die Alltagsbildung einerseits sichtbar zu machen, andererseits angemessener zur Geltung zu bringen sowie – im Falle gravierender Mängel bei dieser basalen Bildungskomponente – ersatzweise ein wirkungsvolles Surrogat in Form öffentlicher Bildungsangebote bereitzustellen.

Nur so wäre es möglich, die wachsende soziale Diskrepanz zwischen Gewinnern und Verlierern, zwischen Privilegierten und Benachteiligten zu reduzieren, die durch die eminent ungleich vorhandene, genutzte und wirkende Alltagsbildung zustande kommt. Deshalb wird gegenwärtig auch so leidenschaftlich über Themen wie die Bildung und Betreuung unter dreijähriger Kinder, also über frühkindliche Bildung, oder die Ausweitung der Ganztagsschule als Form der Ganztagsbildung diskutiert.

Diese Akzentverlagerung wäre jedoch ein deutlich anderes, auf Chancengleichheit setzendes Projekt, würde die Frage der sozialen Ungleichheit, ihrer Entstehung, ihrer Dynamik nochmals aus einer anderen Warte formulieren, würde deren Ursache stärker in den vernachlässigten Bildungsprozessen vor den Schultoren und außerhalb der formalisierten Bildungsaktivitäten ausfindig zu machen versuchen. Denn: Die Vorteile der Bildungsgewinner liegen dann aller Voraussicht nicht mehr so sehr in den Differenzen der formalen Bildungssettings, sondern in den privilegierten Zugängen der privaten, informellen, ungeregelten Alltagsbildung.

Es zeigt sich so recht deutlich, dass die Formatierung der Alltagsbildung im Leben von Kindern und Jugendlichen sehr viel stärker in den Blick genommen werden muss, um den Bildungsprozessen im Verlauf des Aufwachsens im vollen Umfang gerecht werden zu können. Bislang reist diese eher außerhalb der offiziellen Tagesordnung, jenseits der öffentlichen Beobachtung, gewissermaßen als blinder Passagier der Bildungsbiografie mit, obwohl durch sie die Weichen der individuellen Zukunft weitaus mehr gestellt werden, als das bislang realisiert worden ist. Wenn es der Wissenschaft des 21. Jahrhunderts gelänge, in dieser Weise die verengenden Debatten der neueren Bildungsforschung aufzubrechen, wäre schon viel gewonnen.

6. „Bildung ist mehr als Schule" – Zu einem erweiterten Bildungskonzept

Überall und ständig wird über Bildung geredet, doch nur selten wird dabei ausgeführt, was damit eigentlich gemeint ist. Deshalb kann es weiterführend sein, der Frage etwas genauer nachzugehen, *was* Bildung eigentlich ist, welche Dimensionen sich mit Bildung umschreiben lassen. Wenn man sich über Bildung zu verständigen versucht, so landet man entweder in relativ abstrakten und allgemeinen Bestimmungen und Definitionen, die wenig Anhaltspunkte für praktisches Handeln liefern. Oder aber man endet bei einem fast unüberschaubaren Katalog, einer gut gemeinten additiven Liste von Anforderungen, die hierunter zu subsumieren sind, und die einen – sofern sie einen nicht selbst anregt, sie noch um weitere Bestandteile anzureichern – einigermaßen ratlos zurücklässt.

Nachfolgend soll daher in praktischer Absicht ein kategoriales Raster vorgeschlagen werden, das nicht nur überschaubar bleibt, sondern zugleich anstrebt, die essentiellen Dimensionen einer sozial verankerten Lebensführung einzubinden. Dazu greife ich nochmals auf Überlegungen des 12. Kinder- und Jugendberichts zurück (vgl. BMFSFJ 2005, S. 84 ff.).

Im Kern lasse ich mich von dem Gedanken leiten, dass es bei Fragen der Bildung letzten Endes um den Aufbau von handlungsrelevanten individuellen Kompetenzen geht. Menschen werden durch Bildung befähigt, sich mit der Welt, mit der Kultur, mit sich selbst und mit anderen Menschen ins Verhältnis zu setzen.

Ein dementsprechend auf die individuelle Seite des Aufwachsens ausgerichtetes Bildungskonzept im Sinne der Entwicklung einer allgemeinen Lebensführungs- und Lebensbewältigungskompetenz muss daher zumindest vier unterscheidbare Dimensionen der Bildung umfassen. Diese lassen sich in vier Weltbezüge und vier Dimensionen der Weltaneignung auftei-

94

len: in die Bezüge zu einer *kulturellen*, zu einer *materialen*, zu einer *sozialen* sowie zu einer *subjektiven* Welt. Bildung wäre demnach vor allem ein Prozess des Kompetenzerwerbs in diesen vier Weltbezügen. Insoweit geht es in Sachen Bildung also um

- *kulturelle Kompetenzen*, im Sinne der Fähigkeit, sich die Welt und das kulturelle Erbe mittels Sprache und anderer Symbole zu erschließen, dieses deutend und interpretierend verstehen zu können;
- *instrumentelle Kompetenzen*, als der Fähigkeit, in der äußeren, physikalischen Welt der Natur, der Waren und Produkte, also in einer dinglichen Welt sich handelnd bewegen zu können;
- *soziale Kompetenzen*, im Sinne der Fähigkeit, in einer sozial geschaffenen Welt sich mit der sozialen Mitwelt, mit Mitmenschen handelnd auseinandersetzen zu können, am Gemeinwesen teilhaben und soziale Verantwortung übernehmen zu können;
- *personale Kompetenzen*, als Fähigkeit, mit seiner inneren Welt, mit seiner eigenen Gedanken- und Gefühlswelt, mit sich selbst, seiner eigenen Körperlichkeit, Emotionalität und Expressivität umgehen zu können.

Fasst man diese vier Komponenten der kulturellen Bildung, der praktischen Bildung, der sozialen Bildung und der Persönlichkeitsbildung im Sinne eines umfassenden Bildungskonzeptes zusammen, dann steht damit so etwas wie ein Koordinatensystem für ein moderner, pragmatischer Bildungsverständnis zur Verfügung, das es ermöglicht, die unterschiedlichen Bildungsorte, Bildungsaufgaben und Bildungsmodalitäten in ihrer Bedeutung für die einzelnen Dimensionen zueinander ins Verhältnis zu setzen.

Dieses kategoriale Gerüst knüpft dabei an Überlegungen von Jürgen Habermas an. In seiner „Theorie des kommunikativen Handelns" unterscheidet er zwischen der materiellen und der symbolischen Reproduktion (vgl. Habermas 1981b, S. 209ff.). Dabei untergliedert er die symbolische Reproduktion wiederum in die drei Reproduktionsprozesse zur, wie er es nennt, „Erhaltung der strukturellen Komponenten der Lebenswelt" (ebd., S. 214) in die drei Bereiche der „kulturellen Reproduk-

tion", der „sozialen Integration" und der „Sozialisation". An-
knüpfend an diese Unterscheidung lassen sich vier Dimensionen der Bildung ausbuchstabieren.

6.1 Kulturelle Kompetenzen

Unstrittig lässt sich eine Seite der Bildung mit Blick auf die so
genannte „kulturelle Reproduktion" kennzeichnen, mit der das
kulturelle Erbe einer Gesellschaft an die nachwachsenden Generationen weitergereicht wird. Diese Form der Weitergabe
kultureller Kompetenzen ist in zentraler, aber auch in spezifischer Weise die Funktion der Schule. Darin liegt unbestritten
ihre Kernaufgabe und ihr besonderes Leistungssegment, das
durch andere Orte und Modalitäten der „Überlieferung", etwa
Museen, Bibliotheken und Medien aller Art ergänzt wird. Diese kulturelle Bildung ist in vielen Fällen aber auch ein Teil der
ganz gewöhnlichen Alltagsbildung, etwa in der eigenen Familie, in der in vielen Gesprächen und Situationen vielfältigste
Facetten kultureller Kompetenz vermittelt werden.

In Kontext dieser Bildungsdimension eröffnen sich jedoch
immer deutlicher zwei Strukturprobleme bei der Weitergabe
des kulturellen Erbes: zum einen die individuell nicht mehr zu
bewältigende stoffliche Menge – und die damit gewissermaßen verbundene „Beliebigkeit" in der Auswahl von Inhalten –,
zum anderen die geringer werdende Halbwertzeit des jeweils
angeeigneten kulturellen Erbes.

Während das Problem der stofflichen Menge auch ein Thema
ist, mit dem die offiziellen Bildungspläne und die Schulen und
Hochschulen ständig zu kämpfen haben und dabei letzten Endes auch hoffnungslos überfordert sind, macht es das Problem
der Halbwertzeit erforderlich, dass das Erworbene permanent
mit dem aktuellen Wissensstand abgeglichen und gegebenenfalls angepasst wird. Insoweit geht es somit um eine Art laten-
ter Dauerrevision erlernten Wissens und erworbener Deutungsmuster.

Zugleich zeichnet sich mit Blick auf die kulturelle Reproduktion jedoch ein weiteres, bislang wenig beachtetes Problem
ab: die Sicherstellung der lebensweltlich ungeregelten Weitergabe von Generation zu Generation. So wurde der Großteil

des kulturellen Erbes in der Menschheitsgeschichte stets lebensweltlich, informell, vor allem auf dem Weg der intergenerativ-privaten Reproduktion zwischen Eltern und Kindern, zwischen Haushaltsgemeinschaften weitergegeben.

Diesbezüglich besteht in modernen Gesellschaften, die die kulturelle Reproduktion immer mehr „verberuflichen", diese also an Expertensysteme auslagern und auf beruflich spezialisierte „Transferagenten" übertragen, die Gefahr, dass alles, was nicht in deren Zuständigkeit und Aufgabenbereich fällt, mangels fehlender Zuständigkeit und vorhandener Regelung, verloren geht, zu einem mehr oder minder zufälligen Produkt wird.

Die Folge ist: Die natürlichen Wege und informellen Quellen der kulturellen Reproduktion versiegen, verlieren zumindest ihre „Selbstverständlichkeit", ohne dass an ihre Stelle kompensatorisch etwas Neues tritt, ohne dass dafür eigens neue Vermittlungsinstanzen bereit stehen, mittels derer die damit verbundenen Inhalte – z. B. Alltagswissen- und -kompetenzen, Werte, Formen der Lebensführung – intergenerativ weitertransportiert werden können.

In dem Maße jedoch, wie diese naturwüchsigen Zuflusswege ihre Gestaltungskraft einbüßen, wie diese als sprudelnde Quellen der informellen kulturellen Reproduktion versiegen, droht die schleichende Verödung ganzer Gebiete intergenerativen Lernens. Dies muss mit Blick auf diese Seite des Bildungskonzeptes, der kulturellen Reproduktion, und die dabei neu zu formulierende Rolle der Schule beachtet werden.

6.2 Instrumentelle Kompetenzen

Ein weiterer Punkt, der sich im Anschluss an Jürgen Habermas als eine zentrale Bildungskomponente ausformulieren ließe, ist das, was er „materielle Reproduktion" nennt und was in dem hier vorgeschlagenen Bildungskonzept mit dem Begriff der *instrumentellen Kompetenz* unterlegt wird.

Sofern man darunter nicht nur die unmittelbare ökonomische Basis der individuellen Existenzsicherung versteht, also den Verdienst zum unmittelbaren Lebensunterhalt, sondern diese

Dimension – umfassender – als eine Kompetenz zur gesamten dinglichen-praktischen Lebensführung und Lebensbewältigung, d. h. der Fähigkeit zur stofflich-dinglichen Reproduktion auffasst, dann wird die elementare Bedeutung dieser Dimension für das Aufwachsen von Kindern und Jugendlichen sichtbar, geht es doch um materiell-dingliche Fähigkeiten in ihrer Breite, also um das, was gemeinhin als Handarbeit, als körperliche oder als instrumentelle Arbeit, als tätige Aneignung der Welt bezeichnet wird.

Und spätestens an diesem Punkt wird deutlich, dass die herkömmliche Unterrichtsschule für die Entwicklung entsprechender Kompetenzen nur bedingt Hilfestellungen leistet. Stattdessen gewinnen andere Bildungsorte und Lernwelten für Kinder und Jugendliche diesbezüglich an strategischer Bedeutung – Familie, Kindergarten, Jugendarbeit, berufliche Ausbildung, um nur einige Beispiele zu nennen –, sofern für die (alltags)praktische Lebensbewältigung nicht eine latent voranschreitende Unbeholfenheit und Inkompetenz, eine zunehmende „Entalltäglichung" der nachwachsenden Generation billigend in Kauf genommen werden soll.

Diese tendenzielle „Gefahr" lässt sich an vielen praktischen Dingen des täglichen Lebens ablesen: kochen, sich selbst versorgen und den eigenen Haushalt bewältigen zu können, mit Kindern lernend spielen, den Urlaub und die Freizeit selbst ohne Tourismus- und Freizeitindustrie zu planen, die Jahreslohnsteuererklärung alleine erledigen oder schlicht den Selbstbedienungsterminal im Schalterraum der lokalen Bank bedienen zu können – das alles sind Facetten aus einer nahezu unendlichen Anzahl von Dingen, die junge Menschen auf dem Weg des Erwachsenwerdens lernen oder eben nicht lernen, die darüber entscheiden, ob sie einigermaßen alltagstauglich oder aber zu latenten ökonomischen, rechtlichen, medizinischen oder haushalts- und lebenspraktischen Analphabeten werden.

Es könnte immerhin sein, dass moderne Gegenwartsgesellschaften in diesem Punkt auf dem besten Wege sind, immer stärker zu Konsum-, Dienstleistungs- und Expertengesellschaften zu mutieren, so dass viele dieser praktischen Kompetenzen lediglich noch „zufällig", etwa in Form eines persönlichen Hobbys angeeignet und gepflegt werden, ohne dass diese

– zumeist ohnehin geschlechtsspezifisch – vermittelten Fähigkeiten und Fertigkeiten noch als instrumentelle Kompetenzen in der Regel individuell verfügbar wären.

6.3 Soziale Kompetenzen

Eine weitere Bildungskomponente lässt sich in Anlehnung an Habermas mit „sozialer Integration" umschreiben und wird in dem hier zugrundeliegenden Bildungsverständnis als *soziale Kompetenz* verstanden. Dabei geht es gewissermaßen um eine individuelle und um eine gesellschaftliche Komponente, d. h. auf der einen Seite um die Fähigkeit, sich selbst zu seiner sozialen Mitwelt ins Verhältnis zu setzen, über eine kommunikative Kompetenz zu verfügen und verständigungsorientiert handeln zu können. Auf der anderen Seite umfasst diese Kompetenz zugleich aber auch jene Bildungsprozesse, die am ehesten mit dem in Verbindung zu bringen sind, was an anderer Stelle mit zivilgesellschaftlicher Kompetenz, mit politischer Bildung, sozialem Lernen und Demokratiefähigkeit umschrieben wird.

In diesem Sinne geht es um die aktive und partizipative Auseinandersetzung mit der Gesellschaft, um die lernende Aneignung eines politischen Verständnisses und der Entwicklung einer Rolle als mündiges Mitglied der Gesellschaft. Dies ist keinesfalls nur eine Aufgabe für das Erwachsenenalter, sondern ebenfalls ein Horizont, der ungleich früher und systematischer bei Heranwachsenden eingeübt, erprobt, praktiziert werden und der nur in einer kooperativen und partizipativen politischen Kultur sein Gegenüber finden kann. Das Schlüsselwort zum Erwerb dieser Kompetenz lautet „Beteiligung".

Dass auch diese Bildungsdimension – nicht nur, aber vielleicht doch weit mehr als dies bislang der Fall ist – Konsequenzen für schulische wie für außerschulische Handlungskonzepte nach sich ziehen sollte, dürfte plausibel sein. Spätestens hier kommt das ganze Themenspektrum an Lernorten, Lerninhalten und Lernmodalitäten ins Spiel, das aus den Debatten um zivil- und bürgergesellschaftliche Aktionsformen bekannt ist (vgl. Klein 2004). Indessen dürfte es auch bei dieser Dimension keine wirklich strittige Frage sein, dass es sich hierbei um eine ebenso elementare wie grenzüberschreitende Facette eines Lern- und Bildungskonzeptes für moderne Gesellschaften handelt.

Angelehnt an Habermas' Begriff der sozialen Integration soll unter *sozialer Kompetenz* zugleich auch die Seite des „sozialen Lernens" einbezogen werden, also die dialogische Fähigkeit, sich auf seine soziale Umwelt, auf sein Gegenüber einlassen und dabei auch Verantwortung für andere übernehmen zu können. Bezieht man diesen Punkt beispielsweise auf die enorme Leistung, die Jugendliche in der Adoleszenz erbringen müssen, nämlich einen (noch) gesellschaftlich aufrechterhaltenen Schutzraum des Kindesalters zu verlassen und in der Interaktion mit Gleichaltrigen und Erwachsenen eine eigene Meinung, eine eigene Haltung, einen eigenen Platz zu finden, dann wird deutlich, warum die Aneignung sozialer Kompetenzen als eine Bildungsleistung eigener Art verstanden werden soll. Ohne diese soziale Kompetenz ist ein selbstbestimmtes und eigenverantwortliches Leben in einem Gemeinwesen genauso wenig möglich wie ohne die Aneignung zumindest basaler kultureller und instrumenteller Kompetenzen.

6.4 Personale Kompetenzen

Schließlich bleibt als eine letzte Bildungskomponente das, was Jürgen Habermas als „Sozialisation" bezeichnet hat und hier als *„personale Kompetenz"* umschrieben werden soll. Damit ist die Fähigkeit gemeint, die man auch als „subjektives oder selbstreflexives Lernen" bezeichnen könnte, d.h. jene Kompetenz, mit sich selbst und seiner eigenen Entwicklung in ein kritisch-produktives Verhältnis zu treten, zu lernen, sich selbst wahrzunehmen und sich selbst wertzuschätzen, anzuerkennen. Es umspannt die Fähigkeit, mit sich selbst als Person und mit der großen Bandbreite der eigenen Emotionalität umgehen zu können – egal, ob es sich um Ärger, Wut, Frust, Freude oder Liebe handelt.

Auch die mit diesem nach innen gerichteten Weltbezug verbundenen Fähigkeiten, mit Hoffnungen oder Ängsten, mit lähmender Traurigkeit oder mit realitätsresistenten Hochgefühlen umzugehen, müssen erlernt werden und dürfen in ihrer Bedeutung für die eigene Lebensführung, für Beruf, Partnerschaft und Familie nicht unterschätzt werden. Vielfach werden diese Welt der Gefühle und Emotionen allzu schnell naturalisiert und als bloße Temperamente, als Triebe, Tugenden und Haltungen, als passiv erworbene Ausdrucksformen in das Reich des unzugänglichen menschlichen Natur, in das „So-Sein" verbannt, denen man mehr oder minder hilflos ausgesetzt ist.

6.5 Kompetenzprofile der Zukunft

Wenn Bildung in dem hier ausgeführten Sinne mehrdimensional ausgelegt, also ein erweiterter Bildungsbegriff zugrunde gelegt wird, dann müssen folgerichtig auch die Bildungsinstitutionen und Bildungsorte daraufhin befragt werden, welche Chancen und Möglichkeiten sie jeweils bieten, dass Kinder und Jugendliche sich diese Kompetenzbereiche aneignen können – und zwar sowohl auf der Ebene des Wissens als auch des Könnens. Die virtuelle Kompetenz der passiven Verfügbarkeit des Wissens reicht dabei ebenso wenig aus wie allein deren praktische Adaption, ohne sich dazu zugleich reflexiv und „wissend" ins Verhältnis setzen zu können.

Dabei ist das Zusammenspiel von sozialer und personaler Kompetenz eine entscheidende Voraussetzung für erfolgreiche Lern- und Bildungsprozesse, auch mit Blick auf alle anderen Bildungskomponenten. Zu vermuten ist sogar, dass diese Dimension – und gar nicht so sehr die kognitiven Grenzen – eine der zentralen Einflussebenen ist, die die unzureichenden Ergebnisse bei der PISA-Studie erklären kann. Das Problem bei PISA sind keineswegs und durchgängig nur die schlechten Lernergebnisse als solche, sondern sind ungleich genereller, zuallererst die Ermöglichung und das Zustandekommen von Lernprozessen vor allem bei Kindern und Jugendlichen aus bildungsfernen Schichten. Wenn Probleme der Schulmüdigkeit und des Schulschwänzens oder der Rückzug in die Innerlichkeit, der Apathie im Schulalltag so weit vorangeschritten sind, dass die generelle Bereitschaft gefährdet ist, sich auf Lernprozesse einzulassen, dann geht es eben auch ganz zentral um das, was man mit sozialer und personaler Kompetenz umschreiben könnte.

Genau das ist der gedankliche Schnittpunkt, an dem sich das entworfene Bildungskonzept mit den Ausführungen über die Bedeutung der Alltagsbildung trifft. Das Zusammenspiel von sozialer und personaler Kompetenz ist die substanzielle Voraussetzung dafür, gelernt zu haben, für sich und andere Verantwortung zu übernehmen, mit Blick auf sich und andere Fragen der Lebensführung und Lebensbewältigung als eine eigenständige Herausforderung zu begreifen und anzunehmen – und sich allein deshalb auf Lernprozesse einzulassen.

Dieses Ziel überhaupt als eine eigene Dimension des inter- und intragenerativen Lernens in modernen, hochkomplexen Gesellschaften anzuerkennen, die ebenfalls in öffentlicher Mitverantwortung geplant – ohne aber die Familie damit aus ihrer je eigenen Verantwortung zu entlassen –, vermittelt, erprobt und erlernt werden muss, scheint im Vergleich der vier Dimensionen immer noch am wenigsten selbstverständlich zu sein.

Die eigentliche Zukunftsherausforderung, die sich mit Blick auf diese vier Dimensionen deshalb stellt, ist die, diese in einem besser aufeinander abgestimmten, *erweiterten und kohärenten Bildungskonzept* zumindest gedanklich stärker zusammenzuführen, also auch in pädagogischen Settings die übliche Arbeitsteilung und Spezialisierung zu überwinden. Es kommt mithin künftig darauf an, diese vier Aufgaben als gleichwertig und gleichberechtigt anzuerkennen und sie auf gleicher Augenhöhe in die Bildungsprozesse von Kindern und Jugendlichen zu integrieren.

Folgt man einer solchen Sichtweise, dann liegt die Schlussfolgerung nahe, dass ein Nebeneinander bestehender Bildungsinstitutionen, abgegrenzt nach unterschiedlichen Zuständigkeitsbereichen, Diskursen und Professionen, nach getrennten Rechtssystemen, verschiedenen föderalen Ebenen und Ressortverantwortlichkeiten, für den Prozess des Aufwachsens nicht gerade förderlich ist, da die unverbundene und nicht aufeinander abgestimmte Koexistenz weder gewährleisten kann, dass die verschiedenen Kompetenzbereiche tatsächlich gleichermaßen zur Geltung kommen, noch, dass sich die Bildungsorte und Lernwelten in ihrer Wirkung wechselseitig verstärken.

7. Über die Trias von Bildung, Betreuung und Erziehung

Bislang wurde die Frage der Gestaltung der Zukunftsressource Bildung nur immanent, sozusagen aus dem eigenen Binnenblick heraus auf der diachronen Ebene des Zusammenspiels in unterschiedlichen Lebensphasen erörtert. Demgegenüber soll nachfolgend der Blick verstärkt auf die synchrone Seite der Vernetzung gerichtet werden, in der Bildung selbst zu einem Teilelement einer größeren Einheit wird, dem Zusammenspiel von Bildung, Betreuung und Erziehung. Dieses Beziehungsgefüge, dieses Ineinander der Trias von Bildung, Betreuung und Erziehung wurde jenseits der frühkindlichen Debatte, in der sie aber ebenfalls keine prominente Rolle spielte, vergleichsweise wenig ins Blickfeld gerückt.

Deutschland hat in Sachen Aufwachsen von Kindern und Jugendlichen, hat in der Ausgestaltung pädagogischer Zuständigkeiten in dieser Hinsicht eine Entwicklung hinter sich, die sich ebenfalls als eine Form Zergliederung des Aufwachsens im Nach- und Nebeneinander dieser drei Bereiche umschreiben lässt. Durch eine zunehmende Auffächerung, Spezialisierung und arbeitsteilige Anordnung wurden die Aufgabenbereiche der Bildung, der Betreuung und der Erziehung tendenziell auseinanderdividiert, unverbunden nebeneinander gestellt.

Die damit einhergehende Entkoppelung des inneren Zusammenhangs von Bildung, Betreuung und Erziehung scheint mir eine weitere wesentliche Quelle des Unbehagens in der Auseinandersetzung mit der hier anstehenden Thematik zu sein, die sich gut an der Phase der frühen Kindheit veranschaulichen lässt, in der sie auch eine besondere Relevanz besitzt. So steht zunächst die *Betreuung* in den ersten Lebensjahren im Vordergrund, wird dann – vor allem im Kindergarten – durch die Seite der *Erziehung* überlagert, um dann mit dem Beginn der Schule durch *Bildung* abgelöst zu werden.

Interessanterweise ist bislang selbst die Qualifikationslogik für das Personal in Deutschland auf diesen Dreischritt abgestimmt: Während die Betreuung in den ersten Lebensjahren, vor allem in der vorsprachlichen Phase, meist noch durch unausgebildete Personen, durch Tagesmütter und selbstverständlich durch Eltern, manchmal auch durch Kinderpflegerinnen geleistet wird, wird den Fachkräften für das Kindergartenalter, den Erzieherinnen, für die Erziehungsaufgaben ab dem dritten Lebensjahr immerhin eine Fachschulausbildung zuerkannt. Erst mit Schule und der beginnenden formalen Bildung kommen dann jedoch beim Personal die Weihen eines Hochschulstudiums zum Tragen. Selbstredend spiegelt sich diese Dreistufigkeit tendenziell auch in der Länge und dem Niveau der Ausbildung sowie in der monetären Entlohnung des Personals.

Anstelle dieser Partikularisierung wäre für eine integrative Neuformatierung dieser begrifflichen Trias zu plädieren, erweist sich doch deren innere Verwobenheit – im frühen Kindesalter – geradezu als eine entscheidende Gestaltungsressource und Bildungsvoraussetzung für gelingendes Aufwachsen. Ich will daher die drei Begriffe in ihren Potenzialen kurz ausleuchten, um dann nochmals ihre wechselseitige Interdependenz hervorzuheben.

(1) Betreuung: Betreuung ist ein vergleichsweise unbestimmter, alltagsnaher Begriff ohne wissenschaftliche Ambitionen. In diesem unaufgeladenen Sinne wird er in der Regel auch verwendet. Sofern man ihn jedoch etwas anders akzentuiert, geht er über eine zeitweilige Zuständigkeitsverlagerung des „Kinderhütens" von der Familie auf eine dritte Person weit hinaus. Angelehnt an den englischen Begriff des „Care" umfasst Betreuung demnach neben der physischen Versorgung, Ernährung und Pflege der Kinder zugleich auch deren soziale Unterstützung, schließt auch die emotionale Zuwendung sowie den Aufbau von Bindungen und persönlichen Beziehungen mit ein. Folgt man diesem Verständnis, dann wird rasch erkennbar – zumal im Lichte der in jüngerer Zeit wieder vehementer diskutierten Relevanz von Bindung in den ersten Lebensjahren (vgl. Ahnert 2002, 2007) –, dass Betreuung weit mehr ist als ein wenig voraussetzungsvolles, bewahrend-fürsorgliches Aufpassen auf kleine Kinder, dass es in seinen

gelungenen Formen eben auch viel mit Zuwendung, Beziehungsstabilität, Urvertrauen sowie zwischenmenschlicher Begegnung und mit Dialog zu tun hat. Auf diese Weise bekommt der Begriff eine unerwartet interessante Wendung, wird zu einem unverzichtbaren Fundament frühkindlichen Aufwachsens.

(2) Erziehung: Dem Begriff der Erziehung muss ebenfalls sein etwas zwiespältiger Beigeschmack genommen werden. Noch immer wird Erziehung außerhalb der Erziehungswissenschaft oft mit „schwarzer Pädagogik", mit Drill, Anpassung und Zurichtung sowie mit einer rückwärtsgewandten Hinwendung zu den Maximen einer Moral-Pädagogik des 19. Jahrhunderts in Verbindung gebracht. Der einstige Aufruf zu mehr „Mut in der Erziehung" konnte durchaus als eine Akzentverlagerung in diese Richtung verstanden werden. Sofern man Erziehung jedoch etwas anders akzentuiert, zeigt sich, dass es sich dabei – neben Bildung und Betreuung – um eine nach wie vor elementare und unverzichtbare Dimension im Aufwachsen von Kindern und Jugendlichen handelt.

Erziehung wäre dabei stärker unter dem Gesichtspunkt der Entwicklung und Ermöglichung einer eigenen Ich-Identität, einem wertbasierten Habitus, einer sich herausbildenden Orientierungskompetenz in unübersichtlich-optionalen Kontexten sowie der Entwicklung einer eigenen moralischen Urteilskraft betrachtet, wird so zu einem kontextabhängigen Prozess der Zivilisierung und der Fähigkeit, sich selbst in ein Verhältnis zur Welt zu setzen. Insbesondere die Herausbildung dessen, was von Pierre Bourdieu (2008) als „Habitus" umschrieben worden ist, kommt dem nahe, was man mit Erziehung umschreiben könnte: die impliziten, vorbewussten, mentalen wie verhaltensmäßigen Wegmarkierungen der eigenen Lebensführung. Und diese werden von Anfang generiert, formatiert, antrainiert.

Wie anders als durch Erziehung sollen Kinder etwa lernen, Entscheidungen begründet und selbst treffen zu können, sich für eine Alternative A oder B zu entscheiden, Ja oder Nein zu sagen zu können? Gelingende Erziehung in diesem Sinne vermittelt so etwas wie Hilfen, Regeln und Orientierungsmarken zur eigenen Lebensführung, ist eine Art implizite Gebrauchsanleitung für das eigene Handeln, ohne dass das eigene Wissen und Können, ohne dass die Möglichkeiten vernunftgeleiteten Handelns einfach beiseite gelegt werden müssen.

(3) Bildung: Wenn man Betreuung und Erziehung so, wie angedeutet, akzentuiert, umcodiert, dann kann man auch Bildung nicht mehr einfach in einem kognitiv-schulischen oder bildungsbürgerlichen Sinne verstehen. Vielmehr muss dieser Begriff dann ebenfalls inhaltlich konsequent neu formatiert werden. Infolgedessen muss er stärker von seinem Output als von seiner Intention her verstanden werden, muss er von den entwickelten Fähigkeiten und Fertigkeiten, dem vorhandenen Wissen, dem Können und den erlangten Kompetenzen aus gedacht werden.

Bildung wäre demzufolge, wie beschrieben, ein Prozess des Kompetenzerwerbs in den Bereichen der kulturellen, der sozialen, der subjektiven und der praktischen Bildung, wäre eine Form der umfassenden Weltaneignung mit „Kopf, Herz und Hand". Sie wäre nicht mehr länger an einen bestimmten Ort, etwa die Schule, nicht an das Nadelöhr eines offiziellen Fächerkanons oder an die Formen und Verfahren curricular gestalteten Unterrichts gebunden, die sich im Sinne eines Nürnberger Trichters vollzieht, mit dem gewünschte Ergebnisse und Effekte prognosesicher erzielt werden können. Bildung wäre vielmehr Resultat einer auf Anerkennung basierenden, aktiven Auseinandersetzung mit der Welt, mit anderen und mit sich selbst, wäre ein Akt der Koproduktion zwischen Eltern und Kindern, zwischen Lehrenden und Lernenden.

Auf der Basis einer solchen inhaltlichen Bestimmung der *Trias* aus Bildung, Betreuung und Erziehung wird zweierlei deutlich: zum einen, dass alle drei Dimensionen für das Aufwachsen von Kindern gleichermaßen wichtig sind, zum anderen, dass dieses Zusammenspiel von Bildung, Betreuung und Erziehung bereits in der Familie beginnt. Familie ist der erste und der zentrale Ort, an dem diese Trias in der Regel räumlich, inhaltlich und personell tatsächlich in einem nicht unterscheidbaren, nicht-arbeitsteiligen Sinne zum Tragen kommt.

Genau dies macht die Stärke der Familie aus, wird zu ihrem entscheidenden Vorzug beim Aufwachsen von Kindern. Wird

Bildung, Betreuung und Erziehung infolgedessen als eine Einheit gedacht, dann wird man kaum noch bestreiten können, dass Bildung tatsächlich von Anfang an beginnt. Das, was im späteren Verlauf des Aufwachsens und der Entwicklung folgt, ist im Grunde genommen nichts anderes als eine fortwährende Trennung, Entflechtung und Entkoppelung dieser drei Bereiche.

Das ist zum einem unabänderlich, weil es für Kinder zum Lernen und zum Erwachsenwerden dazugehört, die Welt außerhalb der Familie zu entdecken und somit diese Verflechtung aufzubrechen. Zugleich wird dieser Prozess aber dann problematisch, wenn in den öffentlichen Bildungssystemen die Brücken und Verbindungen zwischen diesen drei Bereichen zu früh unterbrochen werden. Man könnte dies geradezu als ein Differenzierungsmerkmal zwischen dem Kindes- und dem Jugendalter heranziehen: dass letztere zunehmend in der Lage sein sollten, diese drei Bereiche folgenlos auseinanderzuhalten, also Inhalte und Beziehungen zu trennen, während für Kinder dieses Zusammenspiel geradezu konstitutiv ist.

Im „wirklichen Leben" lässt sich indessen beobachten, dass mit Blick auf das Aufwachsen von Kindern die Aufgabe der Erziehung ganz überwiegend der Familie, die Bildung der Schule und die Betreuung der Kinder- und Jugendhilfe zugeschrieben wurde, ohne dass auch nur im Ansatz geklärt wäre, ob diese Aufteilung der Zuständigkeiten im Endeffekt nicht mehr Nach- als Vorteile mit sich bringt. Stattdessen wäre aus meiner Sicht der Gedanke zu favorisieren, dass ein Zusammenspiel von Bildung, Betreuung und Erziehung für den Prozess des Aufwachsens insbesondere im Kindesalter weitaus funktionaler ist, dass eine Trennung dieser Dimensionen weder den tatsächlichen Entwicklungsverläufen von Kindern, noch den realen Leistungen der jeweiligen Akteure – etwa der Familie – gerecht wird. Nicht zuletzt deshalb bedarf es eines besser aufeinander abgestimmten Zusammenspiels von Bildung, Betreuung und Erziehung, um so die Schwächen des heutigen Erziehungs-, Bildungs- und Betreuungswesens zu überwinden.

8. Bildung zwischen erster und zweiter Moderne – eine Zwischenbilanz

Manchmal befindet sich eine Gesellschaft unmittelbar inmitten grundlegenden Veränderungen – und merkt es gar nicht so sehr. Die Verbreitung von PCs, Handys oder Internet sind beispielsweise technische „Revolutionen" der jüngeren Vergangenheit, die das alltägliche Leben vieler Menschen und ganzer Kulturen fundamental beeinflussen und nachhaltig verändern, obgleich sie sich fast nebenbei in unser Leben eingenistet haben.

In ähnlicher Weise stellt sich mit Blick auf die hier anstehende Thematik die Frage: Stehen wir eventuell auch in Sachen Bildung vor einer grundlegenden Veränderung, gewissermaßen vor einer zweiten bildungspolitischen Revolution, ohne dies bereits so richtig zu realisieren? Einiges spricht dafür.

Begreift man die Verbreitung der Schule und die Einführung der Schulpflicht im 18. und 19. Jahrhundert, also die Herausbildung der „Sonderwelt Schule" und mit ihr die Verallgemeinerung und Ermöglichung einer formalen „Bildung für alle" als eine Art erste Bildungsrevolution und Veränderung, als eine grundlegende Errungenschaft der Industriegesellschaft in Sachen Bildung, dann zeigen sich einige verblüffende Gemeinsamkeiten, aber auch grundlegende Unterschiede zur heutigen Situation.

Eine Gemeinsamkeit besteht darin, dass die Diskussionen über die ungenutzten Potenziale von Bildung als eine Antwort auf die jeweiligen gesellschaftlichen Herausforderungen und Problemlagen ihrer Zeit gesehen werden können. Die Einführung der Schulpflicht war vor dem Hintergrund einer ländlich geprägten, feudalistischen Gesellschaftsstruktur als ein zukunftsweisender Akt zu sehen, der der nachwachsenden Generation, den Kindern und Jugendlichen ein Mindestmaß an Bildung ermöglichte und somit eine von den Feudalherren unabhängige Zukunft sicherte, die Demokratie und Aufklärung, die Individualisierung und Aufstieg, die Verwissenschaftlichung und zivilen Fortschritt erst ermöglichte.

Sie war aber zugleich auch ganz unübersehbar eine notwendige Voraussetzung, um im Prozess der sich ausbreitenden Industrialisierung Fortschritt, Effizienz und Wohlstand zu realisieren. Die Einführung der Schulpflicht und der Ausbau der Sonderwelt Schule kann somit, um mit Habermas (1981 b) zu sprechen, in erster Linie als eine „Steigerung der systemischen Effizienz" betrachtet werden, als eine Form der, wie Beck (1986) das nennen würde, „einfachen Modernisierung", die im Zeitalter der männlichen Industriearbeit und dem ausschließlichen Wahlrecht für Männer eher am Projekt der Industrialisierung, an technischer Entwicklung und Produktivität sowie an der patriarchalen Familienstruktur ausgerichtet war. Insoweit war sie eine typische Erscheinung des aufblühenden Industriezeitalters, sie war, wenn man so will, die zentrale *Bildungsfrage der einfachen oder ersten Moderne* (vgl. Beck 1986; Beck/Giddens/Lash 1996).

Betrachtet man unterdessen die heutige Bildungsdiskussion, so fällt auf, dass auch hier die Reaktion auf gesellschaftliche Problemlagen eine wesentliche Quelle der aktuellen Debatte ist. Fragen der Globalisierung, die in ihren Folgen auch die Notwendigkeit des lebenslangen Lernens unterstreicht, Fragen der steigenden Bedeutung des Rohstoffes „Bildung" in einem schwieriger gewordenen Wettbewerb im Weltmaßstab verschieben die Schwerpunkte und Gewichte dessen, wie künftig Bildung zu gestalten ist. Im Vergleich zu dem Universalisierungsbedarf von Literalität im Lichte des Industriezeitalters stehen heute andere Themen im Vordergrund, wie etwa die Frage nach der kollektiven Sicherung des Wohlstandes bei einem wachsenden Anteil der nicht-erwerbstätigen Bevölkerung, die Frage der besseren Vorbereitung der nachwachsenden Generation auf eine ungewisse Zukunft, die Frage der sozialen Spaltung aufgrund einer weitaus heterogeneren sozialen Ausgangslage oder die Frage nach den angemessenen Kompetenzen Heranwachsender in einer auf Dienstleistung ausgerichteten, kommunikationsbasierten Wissensgesellschaft.

War die Botschaft der ersten bildungspolitischen Revolution mithin die Einführung und Universalisierung der formalen Bildung durch die Herausbildung der Sonderwelt Schule („Bildung für alle"), wie das Jürgen Baumert genannt hat (Baumert 2003), so liegt die zentrale Herausforderung des aktuellen Zukunftsprojektes Bildung eher im Brüchigwerden der fraglos unterstellten Alltagsbildung als einer stillschweigenden Voraussetzung für das Funktionieren von formaler Bildung und Schule.

Heute geht es somit sehr viel mehr um die Grundlagen der Bildung, etwa um die inhaltliche Neubestimmung von Orten, Modalitäten und Inhalten der Bildung. Die Beantwortung der Fragen, *was, wann, wie und wo* gelernt wird, verdeutlicht, dass es verstärkt um die Innenseite, um die Neugestaltung der formalen, non-formalen und informellen Bildungsprozesse selbst geht. Das ist in diesem Ausmaß neu und erweist sich bei genauerem Hinsehen als eine viel weitergehende Aufgabe für die Gesellschaft als bislang vermutet.

Die damit verbundene, grundlegende Herausforderung der Rehabilitierung und Neuformatierung der Alltagsbildung könnte man infolgedessen als eine Art zweite bildungspolitische Revolution bzw. als die große bildungspolitische Herausforderung der Wissensgesellschaft, als die *Bildungsfrage der reflexiven oder zweiten Moderne* bezeichnen (vgl. Beck 1986).

Nicht die Errungenschaften der einfachen Modernisierung, das verallgemeinerte System der Schule, steht demnach zur Disposition, sondern die sie umrahmende, als naturwüchsig gegeben und dauerhaft zur Verfügung stehend angesehene Alltagsbildung ist dabei, zum Problem zu werden, ihre Selbstverständlichkeit und ihre lebensweltliche Eingebundenheit einzubüßen. Mit der „Modernisierung der Moderne" werden auch in Sachen Bildung, Betreuung und Erziehung die zuvor fraglosen Grundpfeiler der Moderne selbst zum Thema.

Im Horizont einer individualisierten und globalisierten Dienstleistungs- und Wissensgesellschaft erlangen damit die Bereiche und Prozesse der non-formalen und informellen Bildung an Relevanz, da sie nicht mehr trivial sind, nicht mehr einfach durch formale Bildung überlagert oder kompensiert werden können.

Infolgedessen gewinnen „weiche" Themen, lebensweltliche Vermittlungsformen und sekundäre Bildungsorte, wie Familie, Kindergarten oder Jugendhilfe, an erheblicher Bedeutung. Von hier aus wird Bildung in der Wissensgesellschaft des 21. Jahrhunderts, zugespitzt formuliert, in seinen Themen, Modalitäten und Orten lebensweltlicher, kommunikativer, weiblicher.

Nach dem Prozess der Einführung und Durchsetzung der Schulpflicht bzw. der Herausbildung der universalisierten Sonderwelt Schule geht es nunmehr, gewissermaßen umgekehrt, um die Formen primärer Bildung, um die Alltagsbildung selbst, um deren neue, verstärkende Rolle als (Mit-) Produzent sozialer Ungleichheit, um das Prekärwerden der bislang selbstverständlich vorausgesetzten Vermittlung dieser Alltagsbildung und um den Bedeutungszuwachs der bislang den zufälligen Prozessen der Alltagsbildung anheim gestellten Inhalte, Themen und Dimensionen der Bildung. Oder anders formuliert: Es geht um die Erosion der lebensweltlichen Voraussetzungen eines wichtiger werdenden Teils der Bildung.

Deshalb gilt es neu auszuloten, in welchem Verhältnis formale Bildung und Alltagsbildung künftig zueinander stehen, wie sich der Bildungsort Schule und die anderen Bildungsorte bzw. Lernwelten zueinander verhalten, wie schulische und nichtschulische Themen und Inhalten besser aufeinander abgestimmt werden, wie curriculares und erfahrungsbasiertes Lernen besser ineinander greifen können.

Dementsprechend erfolgreiche Bildungsprozesse lassen sich am besten im Modus der Ko-Produktion beschreiben. Reine Konsumentenmodelle taugen zur Beschreibung von Bildungsprozessen demgegenüber ebenso wenig wie eindimensionale (Selbst-)Produzentenmodelle. Das heißt: Arrangierte Bildungssettings müssen auf der einen Seite in Rechnung stellen, dass Lernende selbst konstitutiv am Bildungsgeschehen zu beteiligen sind, dass sie aber zugleich auf der anderen Seite auch gezielte Lernstimuli und gestaltete Lernumgebungen benötigen, wenn erfolgreiche Bildungsprozesse mit erhöhter Wahrscheinlichkeit zustande kommen sollen.

Dabei sollten öffentliche Bildungsangebote die Verwirklichung von zumindest vier Zielen im Auge behalten:

- Erstens, dass Kinder und Jugendliche als handelnde Akteure so kompetent werden, dass sie den kulturellen, sozialen, subjektiven und materiell-dinglichen Herausforderungen der Zukunft einigermaßen gewachsen sind;
- zweitens, dass herkunftsbedingte ungleiche Ausgangsbedingungen so weit wie möglich ausgeglichen werden;
- drittens, dass Bildungsprozesse besser und intelligenter im Lebenslauf aufeinander aufbauen und dabei konsequent individualisiert werden;
- und viertens, dass die je nachfolgende Generation dazu befähigt wird, an der demokratischen Gestaltung des bestehenden Gemeinwesens verantwortlich mitzuwirken.

Diese Ziele können nur erreicht werden, wenn Bildung nicht nur als einseitiger Akt einer mehr oder minder passiven Wissensvermittlung verstanden wird, sondern Kinder und Jugendliche zu Beteiligten, zu beobachtenden Teilnehmerinnen und Teilnehmern bzw. zu teilnehmenden Beobachterinnen und Beobachtern ihrer eigenen Bildungsprozesse werden und insoweit als Akteure des Geschehens aktiv einbezogen werden. Es bedarf somit der aktiven Mitwirkung der Lernenden, es bedarf aber auch der Impulse von außen, von dritter Seite, um derartige Bildungsprozesse anzustoßen und wahrscheinlich zu machen. Dazu müssen die Inhalte, die Lernmodalitäten und die Lerngegenstände biografisch anschlussfähig, auf die Individuen mit ihrer jeweiligen Ausgangslage und ihrer speziellen Bildungsbiografie zugeschnitten werden. Und hierzu bedarf es auch einer verbesserten Abstimmung zwischen den verschiedenen handelnden Akteuren an den unterschiedlichen Orten.

Dieser Horizont tut sich auf, wenn man Bildung konsequent aus der Akteursperspektive heraus betrachtet, d. h. wenn man Bildungsprozesse und Bildungsverläufe als Produkt eines aufeinander folgenden und zeitgleichen Zusammenspiels von unterschiedlichen Bildungsorten und -modalitäten im Lebenslauf von Kindern und Jugendlichen konzipiert. Erst dann geraten mehrere Orte und Modalitäten von Bildung, Betreuung und Erziehung – etwa Familie, Kindertagesbetreuung, Jugendhilfe oder Schule – im Neben-, In- und Nacheinander gleichermaßen in den Blick. Daher sind diese „Orte des Aufwachsens" verstärkt in den Blick zu nehmen.

9. Familie

Das Thema „Familie" hat in den letzten Jahren in der Politik und den Medien unverkennbar an Bedeutung gewonnen. Familienpolitik ist zu einem wichtigen und viel beachteten Themenfeld der Politik geworden, hat sein Nischendasein hinter sich gelassen. Auslöser dafür gibt es viele, angefangen von der häufig geäußerten Sorge mit Blick auf den demografischen Wandel und der damit einhergehenden „Überalterung" der Gesellschaft über die anhaltend niedrigen Geburtenzahlen – nicht nur, aber vor allem auch in Deutschland – bis hin zu den unbefriedigend gelösten Problemen der Balance von Beruf und Familie, dem punktuellen Erziehungsversagen der Familie oder der mangelnden politischen Unterstützung in Sachen Kinderbetreuung, um nur einige Punkte zu nennen.

Neu an dieser Entwicklung ist dabei vor allem die Entschiedenheit und Deutlichkeit, mit der das Thema in den Medien platziert wird; neu ist, dass alle politischen Parteien – und dort nicht mehr länger nur die Frauen – einen Modernisierungsbedarf in Sachen Familie reklamieren; neu ist, dass sich die „große Politik" für das weiche Thema „Familie" interessiert; neu ist, dass selbst hohe Repräsentanten der Wirtschaft sich häufiger und stärker als je zuvor in Sachen Familie zu Wort melden und deren gesamtstaatliche und wirtschaftspolitische Bedeutung herausstellen; und neu ist schließlich auch, dass seit den wenig schmeichelhaften PISA-Ergebnissen und dem Hinweis auf die weichenstellende Rolle der Familie in Sachen Bildung etwas unverkrampfter über das Zusammenwirken von privater und öffentlicher Bildung, Betreuung und Erziehung gesprochen wird.

Ein bisschen hat das intensive Reden über Familie in Deutschland etwas vom Pfeifen im Wald, wenn es einem etwas mulmig zumute zu werden droht. Oder anders formuliert: Es gibt kaum einen Anlass, der es nahelegen würde, allen Ernstes davon auszugehen, dass gegenwärtig in Sachen Familie in

Deutschland alles so richtig rund läuft, sprich: dass die Familie nur deshalb auf der Tagesordnung steht, weil sie ohne Wenn und Aber ein unerschütterliches, zukunftstaugliches Erfolgsmodell ist.

Zu lange lag das Credo einer guten Familienpolitik in der Überzeugung, der Familie insbesondere dadurch gerecht zu werden, dass man auf ihre Selbstregulationskraft hofft und deshalb möglichst wenig in das sich selbst stabilisierende System Familie eingreift. Dieses an die Prinzipien der freien Marktwirtschaft angelehnte Modell der (Familien-)Politik erweist sich immer mehr als ein ebenso fataler wie folgenreicher Irrtum. Lange, zu lange hat er Deutschland davon abgehalten, neu und erneut über Familie nachzudenken, sie in einem anderen Horizont zu sehen, gewissermaßen das „Private neu zu denken" (vgl. Jurczyk/Oechsle 2007) und daraus die politisch richtigen Schlüsse zu ziehen.

Damit soll keineswegs die Familie als eine besondere Form individueller Vergemeinschaftung infrage gestellt werden. Im Gegenteil: Auch im 21. Jahrhundert ist nicht im Entferntesten eine ernsthafte Alternative zur Lebensform Familie auch nur im Ansatz erkennbar. Es gibt keine Lebens- und Versorgungsgemeinschaft jenseits von Partnerschaft und Elternschaft, die sich in modernen Gegenwartsgesellschaften abzeichnet oder gar in nennenswertem Umfang etabliert hätte – auch nicht die Form „Versingelung", also des dauerhaften Alleinlebens von Personen. Noch immer lebt die große Mehrheit der Menschen unter 45 Jahren in Zwei-Generationen-Haushalten, während nur acht Prozent der unter 45-Jährigen alleine in einem Haushalt leben, davon überdurchschnittlich viele während der Ausbildung (vgl. Autorengruppe Bildungsberichterstattung 2008, S. 25 f.).

Familie ist und bleibt vorerst die einzige Beziehungskonstellation, in der es der Gattung Mensch einigermaßen erfolgreich gelingt, die komplizierten Prozesse des gemeinschaftlichen Zusammenlebens, der Paarbildung und der Fortpflanzung ebenso zu bewältigen wie der sozialen, emotionalen und materiell-dinglichen Selbstversorgung, Fragen der sozialen Sicherheit, der Verlässlichkeit und des basalen Bedarfsausgleichs ebenso zu realisieren wie der wechselseitigen Solidarität, Anerkennung und Anteilnahme, der emotionalen Zuwendung und des Vertrauens.

„Familie ist dort, wo Kinder sind", heißt inzwischen der alltägliche, politisch korrekte Sprachgebrauch, um unabhängig von der Institution Ehe und heterosexuellen Paargemeinschaften sämtliche Formen des privaten Zusammenlebens von Angehörigen unterschiedlicher Generationen zu umschreiben. „Zwei-Generationenhaushalte" nennen das nüchtern und unprätentiös die Statistiker, um damit alle familienähnlichen Formen des Zusammenlebens mit Kindern erfassen zu können.

Damit lassen sich auf der einen Seite sämtliche Lebensformen mit Kindern erfassen und so die Gemeinsamkeiten der Zwei-Generationen-Haushalte aufzeigen. Auf der anderen Seite müssen aber im Binnenvergleich auch die veränderten inneren Gewichtungen zwischen den unterschiedlichen Lebensformen sowie deren Gestaltwandel beachtet werden, liefern diese Veränderungen doch wichtige Anhaltspunkte für das Aufzeigen von Möglichkeiten und Grenzen des Aufwachsens diesseits und jenseits der Familie.

9.1 Die Familie zwischen Wunsch und Wirklichkeit

In den letzten Jahren ist auf politischer Ebene die Einsicht gewachsen, dass man Familien nicht wirklich hilft, indem man ihnen permanent ihre herausragende Stellung für den Zusammenhalt der Gesellschaft und für das Aufwachsen der Kinder bescheinigt – und ansonsten darauf vertraut, dass in puncto Familie alles gut geht, dass sich alles irgendwie von alleine regelt.

In Anlehnung an den legendären Satz von Konrad Adenauer aus den 50er-Jahren, „Kinder bekommen die Leute sowieso", lässt sich zugespitzt formulieren: Die politische Selbsttäuschung der letzten Jahrzehnte in Sachen Familie lag darin, davon auszugehen, dass die westdeutsche soziale Nachkriegsordnung sich ganz selbstverständlich an der Prämisse „Familien gründen junge Paare sowieso" ausgerichtet hat und man folgerichtig davon ausging, dass sich familienpolitische Fragen ohne die große Politik regeln lassen.

Dem ist aber nicht so. Nachdem zunächst wiederholt die Familienforschung darauf aufmerksam gemacht hat, dass sowohl die Haushaltsgröße bzw. die Zahl der Familien seit Jahren sinkt, als auch deren Stabilität stetig abnimmt, nachdem die Politik zögerlich darauf reagierte und so gut es eben ging, die Lage der Ehefrauen und Mütter rechtlich und – leidlich – auch materiell verbesserte, ist nunmehr in Deutschland in Sachen Familien- und Kinderpolitik eine neue Dynamik auf allen föderalen Ebenen und in allen politischen Lagern in Deutschland im Lichte des demografischen Wandels zu beobachten.

Der dahinter liegende politische Handlungsbedarf lässt sich an wenigen Zahlen ablesen:

– Lebten 1972 in der Bundesrepublik noch 55 Prozent der Bevölkerung in Haushalten mit mindestens einem Kind unter 18 Jahren, so zeigt der Mikrozensus 2006, dass dies 34 Jahre später nur noch bei 33,3 Prozent der Bevölkerung Deutschlands bzw. bei 34,1 Prozent im früheren Bundesgebiet der Fall ist. „Die durchschnittliche Haushaltsgröße sank seit den 50er-Jahren etwa um ein Viertel. Betrug sie in Westdeutschland 1955 noch 2,99 Personen je Haushalt, waren es 1972 nur noch 2,67 und im Jahr 2000 nur noch 2,17 Personen im Haushalt." (Engstler/Menning 2003, S. 33) Dies hängt sowohl mit der Zunahme älterer Menschen, aber auch mit der schrumpfenden Zahl an Familien zusammen.

– Zogen 1996 Familien in Westdeutschland durchschnittlich 1,69 minderjährige Kinder groß, so waren es 2006 mit 1,65 minderjährigen Kindern noch etwas weniger. In Ostdeutschland betreuten Familien 1996 durchschnittlich 1,55 minderjährige Kinder, 2006 waren es mit 1,43 minderjährigen Kindern ebenfalls deutlich weniger. Seit 1996 gibt es in Ostdeutschland somit immer weniger Familien, die gleichzeitig immer weniger Kinder erziehen (vgl. Krieger/Weinmann 2008, S. 34).

– Lag die Zahl der Scheidungen 1970 im Westen bei 76.500 pro Jahr, so stieg sie bis zum Jahr 2006 auf 191.000 in ganz Deutschland – mit einem Höhepunkt im Jahr 2003 mit 214.000 Scheidungen. Nimmt man die so genannte *spezielle Scheidungsziffer* als Grundlage, d. h. die Zahl der Ehescheidungen pro 10.000 bestehende Ehen, so zeigt sich eine kontinuierliche Zunahme. 1960 lag diese Ziffer im Westen Deutschlands bei 35,7, 1970 bei 50,9, 1980 bei 61,3 und 1990 bei 81. Im Jahr 2000 wurde dann für das gesamte Deutschland zum ersten Mal mit 101,3 die Grenze von 100 Scheidungen pro 10.000 bestehender Ehen überschritten. Zuletzt, im Jahr 2006, lag die spezielle Scheidungsziffer bei 103,9 (vgl. Gude 2008).

– Zeitgleich sinkt die Zahl der Eheschließungen seit Jahren kontinuierlich (vgl. Statistisches Bundesamt 2008). Konkret: Während im Jahr 1990 in ganz Deutschland noch gut 517.000 Ehen geschlossen wurden, traf dies im Jahr 2007 nur noch auf knapp 369.000 zu.

– Wurden in der BRD und DDR zusammen 1970 noch über eine Mio. Kinder pro Jahr geboren – 1964 wurde mit 1,36 Mio. Geburten pro Jahr ein Höchststand erreicht –, so lag die Zahl 2006 bundesweit nur noch bei 675.000 Geburten (vgl. Statistisches Bundesamt 2007). Das heißt: Kamen 1970 noch 13,4 Geborene auf 1.000 Einwohner, so lag dieser Wert 2006 nur noch bei 8,1. Und nach den Prognosen der amtlichen Statistik wird die Geburtenzahl in den nächsten Jahren und Jahrzehnten weiter sinken bis auf eine Größenordnung von unter 600.000 pro Jahr (vgl. auch Kap. 4.1).

Die schrumpfende Haushaltsgröße, die zurückgehende Zahl der Familien, die Abnahme der Kinderzahl pro Familie, der Rückgang verheirateter Paare mit Kindern, die nicht zu leugnende Instabilität ehelicher Partnerschaften, die abnehmende Zahl neu geschlossener Ehen sowie der jahrlange Rückgang der Geburten: Spätestens die Zusammenstellung dieser Befunde macht eine prekäre Entwicklung sichtbar, die das so gern gezeichnete Bild von der heilen und funktionsfähigen Familie etwas brüchiger werden lässt und den Schluss nahelegt, dass für die Verbesserung der Situation der Familie auch politisch etwas getan werden kann und muss.

In Anbetracht dieser Situation deuten sich einige Entwicklungen an: Auch wenn Ehe, Partnerschaft und Kinder in der Mehrzahl der Biografien von Erwachsenen nach wie vor der zentrale Lebensentwurf ist, lebt doch inzwischen ein größer werdender Teil der Bevölkerung ohne Kinder, sind eigene Kinder zumindest nicht mehr so selbstverständlicher Bestand-

teil der eigenen Lebensführung wie früher (vgl. Engstler/
Menning 2003, S. 25). Immerhin 36 Prozent der 35- bis 40-
jährigen und 26 Prozent der 45- bis 50-jährigen Männer haben
nach Berechnungen auf der Basis des sozioökonomischen Pa-
nels (noch) keine Kinder (vgl. Bertelsmann Stiftung 2008).
Das aber bedeutet: Partnerschaft und Elternschaft sind für einen größer werdenden Teil der jungen Menschen dabei, sich
zu entkoppeln, bilden nicht mehr automatisch einen inneren,
unaufhebbaren Zusammenhang.

Oder anders formuliert: Familie als Lebensform ist inzwischen von einer kulturellen *Selbstverständlichkeit* zu einer individuellen *Wahlmöglichkeit* geworden, deren Verwirklichung
von realisierter Erwerbstätigkeit, beruflichen Karrieremotiven,
eigener Zeitverwendung sowie zu erwartenden ökonomischen
Belastungen ebenso beeinflusst werden kann wie von verlän-
gerten Ausbildungszeiten, instabileren Partnerschaften und
den sich pluralisierenden Formen der Lebensführung. Daraus
folgt, dass in Deutschland mehr denn je gute Argumente und
Unterstützungsmöglichkeiten für die Lebensform Familie
notwendig sind, um ihre Attraktivität zu erhalten, nachdem
dieses Thema jahrzehntelang als politische Gestaltungsaufgabe unterschätzt worden ist. Das scheint die Familienpolitik inzwischen erkannt zu haben.

„Familie" als Begriff steht insoweit für mehr als die stabile
bürgerliche Ehe mit zwei, drei Kindern, steht für den zahlenmäßigen Anstieg prekärer Haushalte ebenso wie für die nach-
lassende Stabilität von Partnerschaften, steht für die wachsende Zahl nichtehelicher Lebensgemeinschaften und für die
rückläufige Kinderzahl pro Familie ebenso wie für die wachsende Zahl alleinerziehender Familien.

Insofern lässt sich Familie in diesem Sinne auch als eine Chiffre
verstehen für das allgemeine Unbehagen mit Blick auf die Potenziale und Grenzen einer modernen Lebensführung unter den
Bedingungen einer Gesellschaft, die den Menschen im Berufsleben Mobilität und Flexibilität abverlangt und ihnen im Privat-
leben zugleich Fragilität und Ungewissheit zumutet (vgl. Sennett 1998). Spätestens diese Veränderungen der Rahmenbedingungen stellen heute alle Beteiligten, die sich um die Lage und
Zukunft der Familie kümmern, vor neue Herausforderungen.

Die zentrale familienpolitische Frage ist daher, wie die politischen Rahmenbedingungen für Eltern und Familien in Anbetracht der unterschiedlichen Herausforderungen gestaltet werden müssen. Familie ist nicht immer und überall das uneingeschränkte Glück auf Erden, der ruhige Heimathafen, in den man sich jederzeit zurückziehen und in dem man sich ungestört ausruhen kann, wie dies vor allem im Lichte des männlichen Ernährermodells so gerne lange Zeit propagiert worden ist.

Hinzu kommt, dass nicht nur die in der Presse wiederholt dokumentierten tragischen Todesfälle von kleinsten Kindern in überforderten Familien andeuten, dass es nicht reicht, Familien einfach mit Geld zu unterstützen. Zugleich kann es aber auch nicht darum gehen, die Familie als Lebensform zu entwerten oder zu entmündigen. Vielmehr erweisen sich Familien nach wie vor als ein ebenso fundamentales wie intimes Netzwerk, das ohne erkennbare Alternative ist und das es in seinen verfassungsgemäßen Rechten ernst zu nehmen gilt. Familien sind aber auch dann und dort zu unterstützen, wo familiale Lebensumstände zur langfristigen Beeinträchtigung oder sogar zu einer Bedrohung von Leib und Seele einzelner Familienmitglieder werden – und sei es notfalls bis zu einer Intervention zum Schutz von Kindern.

9.2 Der ungeschriebene private Generationenvertrag

Früher war noch alles klar. Die Kinder wurden das, was ihre Eltern waren, wurden zu dem erzogen, was die Eltern selbst erfahren hatten und kannten. Bildung, Betreuung und Erziehung innerhalb der Familie war die Weitergabe der eigenen Lebensweise, des eigenen kulturellen Erbes, war die Vermittlung des eigenen Lebenshorizontes. Die Eltern und die Familie wiederum waren ihrerseits eingebunden in ihren „Stand", in ihr Milieu. Arbeiter und Proletarier, Groß- und Kleinbürgertum, Adel und Besitzende – die Welt war sortiert, verteilt und in ihren Grundrissen auch, alles in allem, als eigener Lebenshorizont akzeptiert.

Diese soziale Weltordnung und die damit einhergehende Ordnung der Weltbilder wurden aufrechterhalten und immer wieder stabilisiert durch die familialen Lebenswelten und die lebensweltgebundenen Öffentlichkeiten. Gestützt und getragen wurde der damit einhergehende Prozess der Erziehung und des Auf- und Hineinwachsens in die Gesellschaft durch das, was man (1) als *verwandtschaftsgebundenes Herkunftsmilieu*, (2) als *sozialräumliches Lokalmilieu* (Dorf, Stadtteil, Nachbarschaft, örtlicher Verein) sowie (3) als *wertgebundenes Sozialmilieu*, als Wert- und Gesinnungsgemeinschaften bezeichnen könnte (religiöse Vereinigungen, soziale Bewegungen oder politische Zusammenschlüsse). Die dort eingelagerten, dazugehörigen Ideologien, die darum rankenden Weltbilder waren somit auch die fraglos gegebenen Ressourcen und Quellen der Wertaneignung und der Wertübernahme bei der nachwachsenden Generation.

Wichtig und wirkungsvoll war in diesen Prozessen der Integration der nachwachsenden Generation zweierlei: zum einen, dass die Lebenslagen innerhalb, aber auch zwischen den Generationen noch kollektiv geprägt und zugleich an den Rändern sozial relativ klar schichtspezifisch abgegrenzt und vergleichsweise stabil waren, zum anderen, dass die Lebenswirklichkeit und die sich darum gruppierenden „Lebensphilosophien" und Weltbilder, die Orientierung und Halt gaben, aber auch stellvertretende Deutungsmuster des Weltverstehens zur Verfügung stellten, noch relativ eng beieinander lagen, gleichsam eine Einheit bildeten.

Die konkreten Utopien und Tagträume speisten sich im Wesentlichen aus den realen Lebensverhältnissen des eigenen Standes. Oder in einem Bild formuliert: Königskind zu werden, war ein nicht geträumter Traum des kleinen armen Mädchens, die so schöne Geschichte des „Aschenputtels" blieb ein Märchen.

Aufwachsen, Kindheit und Jugend waren so im Wesentlichen Altersphasen des Hineinwachsens in das Vorgegebene, zumindest Vorgezeichnete, waren das Einüben, das sich Arrangieren mit dem Herkunftsmilieu. Bildung, Betreuung und Erziehung geschah als eine Form der kollektiven sozialen Integration in den eigenen lebensweltlichen Kontext. Der Einzelne teilte das Schicksal seines Milieus, wurde darin hineingeboren, erwarb daraus seine Orientierungsmuster und Stabilisatoren für sein eigenes Leben. Im Bild: Man stieg in einen Zug ein – und zwar in das Abteil, das für einen vorgesehen war –, wurde befördert und musste sich zugleich schicksalhaft mit dem abfinden, was man dort vorfand.

Familie war hierfür die Scharnierstelle, war insofern nicht nur das Tor, sondern auch das Nadelöhr zur Außenwelt. Familie war Ermöglichung und Beschränkung zugleich. Insoweit verkörperte die Familie auch eine Schattenseite des Aufwachsens, wurde der Einzelne als Familienmitglied von diesem Milieu doch immer auch vorgeformt, eingebunden, eingeengt und kontrolliert. Und dies war, um keine falschen, verklärenden Romantisierungen aufkommen zu lassen, vielfach ein mühsamer Akt der persönlichen Anpassung, der eigenen Resignation und des Scheiterns, der lebenslangen Tristesse und Perspektivlosigkeit, der verbotenen Selbstentfaltung außerhalb der definierten Schranken dieser Milieus zwischen Schonraum und Kontrolle.

Dieser, für viele Generationen gültige Modus des Aufwachsens, der Erziehung und der sozialen Integration in der und durch die Familie droht an vielen Stellen zu erodieren, oder richtiger: hat sich an vielen Stellen schon aufgelöst. Geschrumpft ist der enge Zusammenhang zwischen eigener Lebensrealität und darum gelagerten Wertehorizonten, abgenommen hat die Kontinuität der Lebensformen und Lebensstile zwischen den Generationen, ermattet ist auch der enge Zusammenhang von Familie und Milieu.

Dies ist der Preis des Übergangs der Neuzeit in die Moderne, oder mit Ulrich Beck formuliert, von der ersten in die zweite Moderne (vgl. Beck 1986). Der unaufhaltsame und unumkehrbare Schub der Individualisierung, der ein zuvor nie gekanntes Ausmaß an persönlich gestaltbarer und planbarer Lebensführung eröffnet hat, hat zugleich zu einer Schwächung der kollektiven, gemeinschaftlichen Herkunftslage Familie geführt.

Das ist mit ein Grund, warum die Stabilitäten wertbezogener Verstrebungen in der Familie schwächer geworden sind, warum an die Stelle einigermaßen geschlossener ideologischer Weltanschauungen vielfach das getreten ist, was der Sozialphilosoph Jürgen Habermas „fragmentiertes Alltagsbewusstsein" nennt, also das unverbundene Nebeneinander unterschiedlicher Rollen und Muster der Lebensführung (vgl. Habermas 1981 b). Das ist mit ein Grund, warum aus einigermaßen geschlossenen Lebensentwürfen nach und nach „Patchwork-Biografien" geworden sind, in denen jeder Einzelne diesseits und jenseits der Familie seine Vergangenheit, Gegenwart und Zukunft selbst zur Passung und in einen inneren Zusammenhang bringen muss.

Dafür sitzt jeder Erwachsene heute, um das Bild mit der Zugfahrt zu vollenden, selbst am Steuer eines Autos und muss darauf achten, dass er nicht zu schnell fährt, nicht von der Straße abkommt, nicht von der Unachtsamkeit Dritter überrascht wird, nicht kollidiert. Oder anders formuliert: Die wegweisenden, vorgefertigten Schienen des kollektiven Personennahverkehrs als Stabilisatoren der eigenen Lebensführung wurden abgebaut, die damit verbundenen Sicherheiten, aber auch Einschränkungen sind den Familien und in den Familien abhanden gekommen. Das Wagnis einer selbst zu gestaltenden und zu verantwortenden Lebensführung wird zu einer deutlich wichtiger werdenden lebenspraktischen Herausforderung, wird zu einem lebenslangen Planungs- und Bildungsprojekt in eigener Sache.

Dass die Halt gebenden Geländer durch die eigene Herkunftsfamilie in vielen Lebenslagen nicht mehr weiterhelfen, bedeutet aber nicht, dass die Familie keine Funktion mehr hat. Im Gegenteil: Die Bedeutung der Familie für das Aufwachsen von Kindern und Jugendlichen kann auch und gerade nach PISA nicht deutlich genug betont werden. Im Horizont der PISA-Befunde und nach der Erholung vom ersten Schock über die schlechte Platzierung im internationalen Vergleich ist auch – zumindest am Rande – die Familie ins Blickfeld gerückt worden (vgl. Wissenschaftlicher Beirat für Familienfragen 2002). In nie zuvor öffentlich so deutlich sichtbarer Form hat PISA gezeigt, dass der Familie eine positive wie negative, jedenfalls eine zentrale Bedeutung im Bildungsprozess von Kindern zukommt (vgl. Baumert/Schümer 2001; Ehmke u. a. 2004).

Obgleich die Familie innerhalb der Debatten um PISA eher als eine erklärende Hintergrundsvariable denn als ein zentraler

Indikator für die Bildungsprozesse selbst verwendet worden ist – und nur in diesem Zusammenhang ihr Einfluss in den Vordergrund rückte –, mehren sich inzwischen die Stimmen, die die eigenständige Bedeutung der Familie als Bildungswelt betonen (zentral hierzu auch der 12. Kinder- und Jugendbericht; BMFSFJ 2005). Trotz, oder vielleicht richtiger: wegen der Pluralisierung der Familienformen zeigt sich der weichenstellende Einfluss der Familie heutzutage deutlicher. Dieser schlägt offenkundig stärker auf die Lebens- und Bildungschancen Heranwachsender durch, als dies anschließend durch Unterstützungssysteme und Bildungsinstitutionen gezielt ausgeglichen werden kann.

Die Zukunftschancen von Kindern hängen in erheblichem Maße von familiären Bindungs- und Bildungsprozessen ab, von der familiären Umgebung und von der Förderung in der und durch die Familie. Eines der am meisten beunruhigenden Ergebnisse der PISA-Studien ist, dass die Bildungs- und Lebenschancen von Kindern in Deutschland in zentraler Weise von der sozialen und familialen Herkunft abhängen – und dies mehr als in den meisten anderen Staaten. Wenn die eigene, unverschuldete Vergangenheit ohne nennenswerte Einflussmöglichkeit der Gegenwart die biografische Zukunft der Kinder vorherbestimmt, also gewissermaßen die Verheißungen des Lebens die Kinder immer noch schicksalhaft von Anfang an begleiten, dann muss dies in einer modernen, aufgeklärten Demokratie zutiefst beunruhigen.

9.3 Die Ambivalenzen des Bildungsortes Familie

In jüngerer Zeit wurde verstärkt die Frage nach der Rolle der Familie nicht nur als Ort des Aufwachsens, sondern als Akteur in Sachen Bildung ins Blickfeld gerückt. Dabei deutet sich mit Blick auf das ungeklärte Verhältnis von Familie und Bildung eine ambivalente Konstellation an: Auf der einen Seite erweist sich die Familie als Anlass einer sich verstärkenden, herkunftsbedingten sozialen Ungleichheit, also, wenn man so will, als Quelle der Bildungsbenachteiligung. Auf der anderen Seite wird im Anschluss an PISA allerdings zugleich auch auf ihre Bedeutung als eigenständige Bildungswelt, als Ausgangspunkt elementarer Bildungsprozesse hingewiesen (vgl. Wissenschaftlicher Beirat für Familienfragen 2002; Büchner/Krah 2005; Büchner/Brake 2006).

Beides ist richtig, beides sind Seiten der gleichen Medaille. Familie ist nicht nur eine – negative, störende – Einflussgröße in Sachen Bildung mit Blick auf die soziale Herkunft der Kinder. Die Bildungswelt Familie verweist vielmehr auf die unterschiedlichen Möglichkeiten und Anreize, auf die ungleich verteilten Ressourcen und Kompetenzen, die Kindern „vor Ort" im alltäglichen Familienleben zur Verfügung stehen. So weist beispielsweise der Wissenschaftliche Beirat für Familienfragen nachdrücklich darauf hin, welche Bedeutung der Familie als eigenständigem Bildungsort zukommt: „Das in Familien vermittelte und angeeignete Humanvermögen stellt die wichtigste Voraussetzung und wirksamste Grundlage der lebenslangen Bildungsprozesse dar." (Wissenschaftlicher Beirat für Familienfragen 2002, S. 11)

Obwohl diese Erkenntnis nicht wirklich neu ist, haben sowohl Forschung als auch Politik die systematische Analyse der Familie als „eigenständigem Ort des Bildungsgeschehens" lange vernachlässigt. Ein Grund dafür mag sein, dass das Thema „Familie als Bildungsort" ein vergleichsweise sperriger Forschungsgegenstand ist und infolgedessen wenig – zu wenig – empirisch gesichertes Wissen über Bildungsprozesse in den Familien vorliegt (vgl. Büchner/Brake 2006).

Dennoch dürfte kaum strittig sein, dass in der Familie für Kinder alles anfängt – auch in puncto Bildung. Allein dies bedingt die herausragende Bedeutung der Familie als einer zentralen Bildungswelt. Dabei vorhandene Unterschiede wirken sich bereits in den ersten Lebensjahren eines Kindes offenbar so stark aus, dass diese mit den gegenwärtigen Mitteln der Bildungs- und Sozialpolitik nicht problemlos wieder ausgeglichen werden können.

Warum ist das so? Worin liegt die Intensität dieses Bildungsortes begründet? Eine Antwort darauf ist, dass die Familie der erste, der am längsten anhaltende und am wenigsten thematisch selektive sowie zugleich der zeitintensivste Ort des Aufwachsens ist. Auf diese herausgehobene Rolle der Familie als Bildungswelt hat vor allem der 12. Kinder- und Jugendbericht hingewiesen. Er hat daneben aber noch auf einen weiteren, vielleicht entscheidenden Unterschied beim Bildungsgeschehen in der Familie hingewiesen, von dem bereits im ersten Teil dieses Buches die Rede war: der dort verankerten *Trias von Bildung, Betreuung und Erziehung* (vgl. BMFSFJ 2005, S. 338).

Diese Trias bildet den Kern des Interaktionsgeschehens in der Familie, ist geradezu kennzeichnend für diese Form der Beziehungsstruktur der Eltern-Kind-Gemeinschaften. Familien bilden von Geburt an ein Soziotop, in dem für Kinder dem Grunde nach alles zusammenfließt: Geborgenheit, Schutz, Versorgung, Zuwendung, Lernen, Kommunikation, Vertrauen, Freude, Lust, Schmerz, Weltaneignung, Ernährung und vieles mehr. Familie ist insoweit ein archetypischer Ort, an dem für Kinder in der Regel die unterschiedlichen Bestandteile eines gedeihlichen Aufwachsens zur Verfügung stehen, allerdings, wenn man so will, in einer spezifischen Form: in einer bis zur Unkenntlichkeit ineinander vermengten Form von Bildung, Betreuung und Erziehung.

Nicht zuletzt aufgrund der diffusen Vermengung dieser drei Dimensionen innerhalb der Familie und der damit einhergehenden Unterbelichtung der jeweiligen Einzeldimension, werden diesbezügliche Vorzüge und Mängel nicht so einfach sichtbar. Nachfolgend sollen daher die Defizite und Risiken beleuchtet werden. Zugespitzt formuliert: Die möglicherweise unterschätzten sozialen Risiken der heutigen Familie bestehen darin, dass diese sich mit drei potenziellen Unzulänglichkeiten konfrontiert sieht: (1) in der Betreuung, (2) in der Erziehung und (3) in der Bildung.

(1) Das Betreuungsdefizit der Familie: Man kann heute nicht mehr fraglos davon ausgehen, dass sich das Thema Betreuung für Familien in den eigenen vier Wänden umstandslos von alleine regelt. Zu viele Unklarheiten und Ungewissheiten kennzeichnen die damit verbundenen Herausforderungen (vgl. Bien/ Rauschenbach/Riedel 2007). Hierbei lassen sich inhaltliche und zeitliche Aspekte unterscheiden.

Auf der *inhaltlichen* Ebene wird zunächst der Umstand deutlich, dass Eltern – grundgesetzlich geschützt – das Recht und die Pflicht haben, ihre Kinder zu erziehen und zu betreuen, für sie zu sorgen, dass aber die dafür notwendigen Voraussetzungen – die subjektive Fähigkeiten ebenso wie die objektive Möglichkeiten – in einem naturalistischen Fehlschluss einfach unterstellt werden. Anders formuliert: Es wird stillschweigend davon ausgegangen, dass Eltern über diese Fähigkeiten irgendwie verfügen, sie zumindest irgendwann erworben haben.

Eine dabei durchaus denkbare Kluft zwischen notwendigen und vorhandenen Fähigkeiten bzw. Möglichkeiten wird erst gar nicht systematisch in Erwägung gezogen – nur in extremen Fällen der Kindeswohlgefährdung wird ein sogenanntes „staatliches Wächteramt" eingeräumt, wie es im Kinder- und Jugendhilfegesetz geregelt ist –, obgleich eine darauf bezogene Verhaltensunsicherheit tendenziell alle sozialen Schichten und Milieus bis in die Mitte der Gesellschaft hinein tangiert.

Sobald man die hiermit verbundenen Anforderungen, die sich zunächst als ein Bedarf an Betreuung und später an Erziehung äußern, in den ersten Lebensjahren etwa mit Bindung, Aufbau von Urvertrauen und mit erfolgreicher Beziehungsintensität gleichsetzt, wird deutlich, dass es dabei von Anfang an um weit mehr geht als um Betreuung im Sinne von Aufsicht und Verlässlichkeit.

Betreuung umfasst stattdessen soziale Dimensionen wie Versorgung, Ernährung, Pflege, aktive Zuwendung, Kommunikation und Unterstützung, also jene Dimensionen, die auch als Sorge, als „Care" umschrieben werden und die Eltern nicht allein aus ihrem „genetischen Pool" erbringen können bzw. bei denen man nicht einfach annehmen kann, dass die dafür benötigten Fertigkeiten und Fähigkeiten selbstverständlich hinreichend erworben und angeeignet werden.

Vor diesem Hintergrund verweist das Betreuungsdefizit auf das ungelöste, prekäre Ungleichgewicht, das innerhalb der Familie zwischen den gestiegenen inhaltlichen Anforderungen und den begrenzten Möglichkeiten intuitiver familialer Betreuung besteht.

Daneben existiert aber auch ein *zeitliches* Betreuungsdefizit. Im Lichte der notwendig wachsenden Berufstätigkeit von Frauen sind Familien immer weniger aus sich heraus in der Lage, den Betreuungsbedarf privat zu regeln, sei es durch die Eltern selbst, durch familieninterne Unterstützungssysteme wie etwa Großeltern oder durch Nachbarn, Freunde oder Bekannte (vgl. Bien/Rauschenbach/Riedel 2007).

Während der Handlungsbedarf in Sachen Kinderbetreuung jedoch bis zu Beginn der 90er-Jahre von den politischen Mehrheiten nicht zur Kenntnis genommen, klein geredet oder aber als Privatangelegenheit der Familie abgetan wurde, veränderte sich im letzten Jahrzehnt die Stimmungslage geradezu dramatisch. Nach und nach wurde neben der privaten Verantwortung verstärkt auch die *„öffentliche Verantwortung"* für das Aufwachsen von Kindern als eine gesamtgesellschaftliche Aufgabe und Herausforderung anerkannt (vgl. BMFSFJ 2002).

Auf diese Weise hat sich mit Blick auf die „Privatsache Kinderbetreuung" der öffentliche Druck gegenüber der Politik in den letzten 20 Jahren kontinuierlich erhöht. Von allen Seiten, zuletzt auch von Seiten der Wirtschaft, wurde dementsprechender Handlungsbedarf reklamiert, dem sich die Politik auf der Ebene von Bund, Ländern und Gemeinden auf Dauer nicht entziehen konnte. Die einseitige Anpassung des „flexiblen Menschen" an die moderne Arbeitswelt (vgl. Sennett 1998), seine fortwährende und uneingeschränkte Verfügbarkeit – in der jüngeren Generation noch verschärft durch die Zumutung einer erhöhten beruflich-existenziellen Unsicherheit – ist mit den Anforderungen an eine kindgerechte, private Betreuung im Kleinkindalter nur noch schwerlich in Einklang zu bringen.

Mit der Strategie einer ausschließlich familieninternen Umverteilung der Betreuungsaufgaben, etwa durch eine bessere Verteilung der Familienarbeit zwischen Müttern und Vätern oder durch eine weitergehende Verlagerung der Betreuung auf die oft noch jung gebliebenen Großeltern, ist diese neue Herausforderung – zumal in Anbetracht eines sich generell flexibilisierenden und prekärer werdenden Arbeitsmarktes – offenbar nicht zu lösen.

Dies zeigen auch die Befunde der Kinderbetreuungsstudie des Deutschen Jugendinstituts (vgl. Bien/Rauschenbach/Riedel 2007). Eine gezielte und nachhaltige Ergänzung der privaten Familienbetreuung durch öffentliche Kindertagesbetreuungsangebote hat sich daher praktisch als ein Zukunftsprojekt ohne ernsthafte Alternative erwiesen. Und so war es letztlich nur eine Frage der Zeit, wann die gesetzgebenden Instanzen in welcher Weise auf diese kinder- und familienpolitische Herausforderung reagieren würden (vgl. dazu Kap. 10).

Betreuungsdefizite innerhalb der Familie zeigen sich mithin in mehrfacher Hinsicht:

– In *zeitlicher* Hinsicht ist die Konkurrenz zwischen den Zeitrhythmen der Arbeitswelt und denen der Kinder bzw. des Familienalltags ohne zusätzliche Ressourcen und Unterstützungssysteme kaum synchronisierbar, zumal dann, wenn Erwerbstätigkeit beider Elternteile immer mehr zur Standardlebensform von Familien wird. Insofern ist eine verbesserte Balance von Familie und Beruf unerlässlich. Zeit für Familie wird so zu einer basalen Herausforderung, Zeitpolitik zu einer neuen Gestaltungsaufgabe der Politik.

– Daneben erweist sich die Betreuung aber auch in *sozialer* Hinsicht insoweit als defizitär, als sich eine geschlechtergerechte, partnerschaftliche Kinderbetreuung nur schwer realisieren lässt, stehen dieser doch nicht nur die Widrigkeiten des Arbeitslebens – bis hin zur Multilokalität von Familien, also dem (zeitweiligen) Leben an zwei Orten –, sondern auch eine insgesamt wenig ausgeprägte Realisierungsbereitschaft auf Seiten der Männer entgegen. Zudem erschweren die deutlich gestiegenen räumlichen Mobilitätserfordernisse auf Seiten der Erwachsenen, dass Großeltern oder andere Verwandte die Eltern in der privaten Betreuung im sozialen Nahraum bedarfsnah unterstützen können, da diese in wachsendem Maße nicht mehr dort wohnen, wo die Eltern mit ihren Kindern leben.

– Und in *sachlich-inhaltlicher* Hinsicht schließlich hat die „Pädagogisierung der Kindheit" dazu geführt, dass die Erwartungen an eine angemessene Form der Betreuung erheblich gestiegen sind. Das bloße Aufpassen bzw. das „Kinder hüten", wie es – gepaart mit der Sorge um Leib und Leben der Kinder – lange Zeit gesellschaftlicher Standard des Umgangs mit kleinen Kindern war, reichen heute als Qualitätsmerkmale einer altersgemäßen Betreuung von Kindern in den ersten Lebensjahren nicht mehr aus. Dazu hat sich neben der privatintuitiven Betreuung in der Familie eine viel zu große Heerschar an beruflich-fachlicher Betreuung entwickelt, die mit ihren Deutungen und Ansprüchen auch auf das Alltagsleben der Familie rückwirkt. Frühe Bildung, enge Bindung, intensive Kommunikation und aktivierende Beziehungsarbeit haben sich so zu wesentlichen, zusätzlichen Elementen einer modernen Betreuungsphilosophie in den ersten Lebensjahren der Kinder entwickelt. Betreuung als eine naturalisierte Vorform der Erziehung äußert sich in Anbetracht dieser Entwicklung immer deutlicher in ihrer Ambivalenz.

(2) Das Erziehungsdefizit der Familie: Etwas anders gelagert ist die Diagnose eines Erziehungsdefizits der Familie. Die modernen Gegenwartsgesellschaften des 21. Jahrhunderts haben sich längst zu „Multioptionsgesellschaften" entwickelt (vgl. Gross 1994). Handlungsalternativen, Lebensstile, habituelle Optionen als individuelle Wahlmöglichkeiten haben sich spürbar vermehrt. Dadurch eröffnen sie eine weitaus größere Menge an Chancen und Potenzialen, aber auch an Risiken und Gefahren. Dieser Wandel geht auch im Bereich von Elternschaft und Partnerschaft einher mit einem Verlust an habituellen Eindeutigkeiten, etwa mit Blick auf die innerfamiliale Erziehungsordnung, aber auch auf das Repertoire an stabilen, tradierten Mustern gebrauchsfähiger Erziehungspraktiken.

Oder anders formuliert: Mit der Vermehrung an Handlungsoptionen, der Erosion milieuspezifischer Lebensstile und Erziehungspraktiken, der Abschwächung intergenerativer Hierarchien sowie einer Demokratisierung von Eltern-Kind-Beziehungen – „vom Befehls- zum Verhandlungshaushalt" – geht zugleich ein Verlust an klaren Regeln, an rollenspezifischen Eindeutigkeiten, an verbindlichen Wertorientierungen, an standardisierten Lebensstilen einher, gehen letztlich auch erziehungsbezogene Sicherheiten verloren.

Eine Gesellschaft, die durch Prozesse der Pluralisierung und durch eine Fragmentierung des Alltagsbewusstseins gekennzeichnet ist, in der der Autonomie des Einzelnen eine erhöhte Bedeutung zukommt, muss als Preis dafür billigend in Kauf nehmen, dass in Sachen Erziehung vermeintliche Sicherheiten verloren gehen, sich scheinbar bewährte Praktiken als unzu-

reichend, dysfunktional erweisen und klare Orientierungsmaß-
stäbe verschwimmen.

Die in bestimmten sozialen Bezügen entstandenen und anerkannten Wertmaßstäbe können in anderen Kontexten genau in
die umgekehrte Richtung zielen. Erziehen als Naturrecht und
als tradierte Gewohnheitspraxis wird fragil, wird zunehmend
weniger selbstverständlich anerkannt, wird selbst immer stärker begründungsbedürftig. Diese neue Gemengelage erhöht
fast notgedrungen die Unsicherheit auf Seiten der Erziehen-
den: Wie soll ich erziehen? Was kann ich dürfen? Was muss
ich können? Was sollte ich wissen?

Infolge der so entstandenen Unsicherheiten ist es nicht ganz
unplausibel, dass Eltern eine steuernde, aktiv-gestaltende Erzie-
hungspraxis durch Abwarten, Zurückhaltung, gewissermaßen
durch eine passiv-verharrende Erziehung, oder vielleicht richtiger: durch eine Art ambivalente Nichterziehung ersetzen. Mehr
oder weniger hilflos werden von allen Seiten stattdessen große
Hoffnungen in zwei Alternativen gesetzt: in funktionierende
Formen der Selbsterziehung, der Selbstsozialisation und der
Selbstregulation junger Menschen einerseits sowie in einen
Ausbau der institutionellen Erziehung und der damit einhergehenden Stärkung der öffentlichen Verantwortung andererseits.

Eltern stehen heute mehr denn je vor einer Aufgabe, die über
ihre verfassungsrechtlich garantierten Rechte und Pflichten
zur Erziehung hinausweist: Sie müssen ihre Kinder so erziehen, oder besser: sie in ihren Prozessen des Erwachsenenwer-
dens so fördern und begleiten, dass diese erfolgreich in eine
komplexe Gesellschaft integriert werden und dass sie soziale
Beziehungen in unterschiedlichen Zusammenhängen aufbauen
können – und dies möglicherweise sogar mit dem Wissen auf
Seiten der Eltern um die beschränkte Gültigkeit ihrer gegenwärtigen Positionen. Vor diesem Hintergrund kann der Ausbau der öffentlichen Kindertagesbetreuung auch als eine partielle Verlagerung der Erziehungsverantwortung von den Eltern hin zu öffentlichen Einrichtungen verstanden werden.

Mit anderen Worten: Die in anderen Bereichen schon ausge-
reizte funktionale Differenzierung gesellschaftlicher Aufgaben, ist dieser Sichtweise zufolge nun auch bei dem bis vor

kurzem dominant privaten Bereich der Bildung, Betreuung und Erziehung der eigenen Kinder angekommen. Institutionelle Kinderbetreuung wird von hier aus zu einer selbstverständlichen Vervollständigung der naturrechtlich begründeten Erziehungsaufgabe der Eltern, wird zu einer öffentlich anerkannten Anreicherung und Ergänzung privater Erziehungsverantwortung. Ein Indiz, das in diese Richtung weist, ist dabei auch der in den letzten Jahren gewachsene Markt medialer Erziehungsratgeber, in besonders prominenter Form als „Super Nanny" (vgl. Wahl/Hees 2006).

(3) Das Bildungsdefizit der Familie: Schließlich lässt sich auch so etwas wie ein familiales Bildungsdefizit diagnostizieren. Hierbei gilt zunächst: In Sachen Bildung fängt in der Familie alles an. Die Startchancen, die sich Kindern für ihre Bildungsbiografien eröffnen, sind mit der Familie aufs Engste verknüpft – eine gewaltige Hypothek lastet daher auf den Eltern.

Dabei geht es nicht so sehr darum, dass Eltern eigentlich alles vermitteln können müssten und infolgedessen nur suboptimale Bildungsförderer ihrer eigenen Kinder sein können – angesichts der Fülle der Anforderungen müssen Familien an diesem Anspruch notgedrungen scheitern. Prekär wird dieser Umstand vielmehr dadurch, dass es bei dieser privaten Erziehung erwartungsgemäß erhebliche Unterschiede gibt: Manche Familien können ihre Kinder mit einem prall gefüllten Rucksack an symbolischem, kulturellem und ökonomischem Kapital, d. h., wenn man so will, mit einem Guthaben an Bildungsgütern auf die Reise schicken, während andere Eltern ihnen notgedrungen die ungetilgten Hypotheken und Schulden des eigenen Lebens mit auf den Weg geben müssen.

Zweifellos widmen sich viele Eltern bisweilen sehr bewusst der Aufgabe, ihren Kindern möglichst breite und reichhaltige Bildungsangebote zu bieten – schon allein deshalb, um dadurch zu erreichen, dass der eigene familiale Status gesichert oder nach Möglichkeit gar noch verbessert werden kann. Aber es gibt zugleich auch andere Familien, die dieses nur bedingt als ihre Aufgabe ansehen, denen diese vielleicht gar nicht so richtig klar ist oder denen einfach die notwendigen Ressourcen und Kompetenzen für eine solche Förderung fehlen.

Darüber hinaus wird aber inzwischen als vielleicht noch zentraleres Dilemma moderner Bildung eine zweite Seite dieser Medaille erkennbar: die Kluft zwischen notwendiger und realisierter Bildung innerhalb der Familie, d. h. die Summe dessen, was Kinder heute insgesamt gelernt haben sollten, um im Erwachsenenalter verantwortlich und eigenständig leben zu können, ihnen aber im Laufe des Aufwachsens nicht vermittelt wird. Die damit verbundenen Anforderungen haben sich so vermehrt, sind so unübersichtlich und vielschichtig geworden, dass Familien und gewöhnliche, alltägliche Lebenswelten damit im Prinzip ebenso überfordert sind, wie dies auch bei der Schule der Fall wäre, sofern sämtliche mit dem Aufwachsen verbundenen Anforderungen einfach an diese abgegeben würden.

Diese drohende Kluft zwischen objektiv notwendigen und subjektiv möglichen Bildungsperspektiven innerhalb der Familie betrifft dabei keineswegs nur Familien aus bildungsbenachteiligten Schichten. In der Gegenwartsgesellschaft sind die Anforderungen an alle Menschen so vielschichtig und ambitioniert geworden, dass die ungeplanten, naturwüchsigen, mehr oder weniger zufälligen Lernprozesse im Familienalltag Kinder möglicherweise nur noch bedingt darauf vorbereiten, ihr Leben in den unterschiedlichsten Facetten erfolgreich zu meistern. Selbst im Zusammenspiel mit den öffentlichen Bildungsinstanzen, etwa Kindergarten und Schule, gelingt es Familien offenbar nur mühsam – zumal von einem gelungenen Zusammenspiel zwischen dem privaten Elternhaus und den öffentlichen Bildungseinrichtungen bislang nicht wirklich die Rede sein kann –, die erwünschten lebensweltlichen „Bildungs"-Ergebnisse ihrer Kinder in aller Regel, auf breiter Ebene und ohne weitere Komplikationen zu erzielen.

Das Dilemma der heutigen Familie liegt somit in ihrer „grenzenlosen Macht" einerseits und in der gleichzeitigen Ungewissheit ihrer faktischen, grundlegenden Bildungsleistungen andererseits. Sie schwankt deshalb – und darin liegt die riskante Chance der Familie – zwischen den beiden Polen „alles ist möglich" und „nichts ist sicher", d. h. zwischen einer ideellen Überhöhung und einer funktionalen Entwertung der Familie. Die epochale Herausforderung in Sachen Bildung und Familie liegt folglich darin, einen Teil des Lernens von Kindern, diesseits und jenseits der Familie, gezielter von seinen naturwüchsigen Ursprüngen des analogen Lernens auf planbare Formen des digitalisierten Lernens umzustellen, um auf diese Weise sowohl das Zustandekommen von Lernprozessen als auch deren Erfolg wahrscheinlicher zu machen.

Um nicht missverstanden zu werden: Mit dem damit einhergehenden Plädoyer für eine behutsame Stärkung der öffentlichen Verantwortung für das Aufwachsen von Kindern geht es weder um die Abschaffung der Familie, noch darum, ihr die Verantwortung für das Aufwachsen von Kindern abzusprechen oder gar abzunehmen. Ziel müsste vielmehr sein, Familien so zu unterstützen und sie so in ein Bildungs-, Betreuungs- und Erziehungsnetzwerk einzubinden, dass diese in die Lage versetzt werden, auch unter den erheblich veränderten Bedingungen gegenwärtiger Gesellschaften ihrer grundlegenden Verantwortung für das Aufwachsen der Kinder gerecht zu werden, ohne der Belastung eines immer weniger erfüllbaren Anspruchs ausgesetzt zu sein, alles selbst können und erledigen zu müssen.

Es geht daher, wenn man so will, um die „Bemächtigung" von Familien, also deren verbesserte Befähigung zur Eigenverantwortung. Darin liegt die eigentliche Herausforderung für Staat und Gesellschaft, Familien nicht zu entlasten, sondern diese zu befähigen. Im Sinne der subsidiären Idee des Vorrangs der Familien müssen diese ihre generelle Zuständigkeit für das Aufwachsen von Kindern behalten und dennoch zugleich unterstützend befähigt werden, dieser Aufgabe auch gerecht werden zu können, und zwar sowohl im ökonomischen Sinne – insbesondere dann, wenn Kinder zu einem der größten Armutsrisiken unserer Zeit werden (vgl. Kap. 4.3) –, als auch im Sinne der konkreten Unterstützung bei den auch künftig anstehenden umfangreichen Bildungs-, Betreuungs- und Erziehungsaufgaben innerhalb der Familie. Es geht daher, wie es der Siebte Familienbericht formuliert hat, um einen verbesserten Mix aus Geld, Infrastruktur und Zeit (vgl. BMFSFJ 2006).

Ziel einer familienunterstützenden Politik muss es daher sein, Familien darauf vorzubereiten, dass sie das Recht und Pflicht zur Erziehung ihrer Kinder haben, dass sie aber zugleich auch in die Lage versetzt werden, der Aufgabe als zentrale Bildungswelt der Kinder und als ideeller Mittelpunkt der Kinder gerecht zu werden. Dazu gehören materielle Unterstützungen, dazu gehören familiennahe Dienstleistungen, Betreuungs- und Bildungsangebote, die es Eltern ermöglichen, trotz Kinder einer Erwerbstätigkeit nachzugehen. Und dazu gehören zukunftsweisende Arbeitszeitmodelle, die Eltern mehr Optionen eines kindgerechten Familienlebens eröffnen.

Dabei muss man Eltern aber überhaupt auch erst befähigen, diesem Recht und dieser Pflicht aufgrund ihrer Kompetenz auch tatsächlich nachzukommen, sprich: Eltern in Sachen Erziehungs- und Bildungsort vom „Wollen" zum „Können" zu bringen. Dies bedarf heutzutage weit mehr an gezielter Planung, sachlicher und fachlicher Unterstützung, an biografischer Vorbereitung und gesellschaftlicher Verlässlichkeit als je zuvor.

9.4 Familie im Zentrum – neue Orte lebensweltlicher Öffentlichkeit

In wachsenden Kreisen gewinnt ein Denken langsam die Oberhand, in dem die Familie als eine Lebensform anerkannt wird, die man am ehesten dadurch stärkt, dass man – erstens – ihre tatsächliche Lage pragmatisch zur Kenntnis nimmt, zugleich aber – zweitens – auch realisiert, dass ihre für ewig gehaltene Stabilität in einer hinreichend großen Zahl brüchig geworden ist und dass man ihr daher – drittens – vor allem durch den Auf- und Ausbau familienfreundlicher Infrastrukturangebote dient. Zu lange hat Deutschland – auch im internationalen Vergleich – zu einseitig auf die monetäre Unterstützung der Familien gesetzt, hat Familienpolitik zu sehr als Finanzpolitik gestaltet, ohne die familienpolitischen Möglichkeiten der alltagspraktischen Unterstützung durch Ausbau der Infrastrukturleistungen für Kinder, Jugendliche und Familien konsequent voranzutreiben.

Sieht man einmal von den familienergänzenden Leistungen der Kindertagesbetreuung ab, die aber auch erst seit Mitte der 90er-Jahre zielgerichtet und bedarfsorientiert ausgebaut wurde, so standen in der Bundesrepublik als familienunterstützende Angebote lange Zeit lediglich die ohnehin nur stiefmütterlich ausgebauten und punktuell in Anspruch genommenen Familienbildungsstätten zur Verfügung, in schwierigen Fällen im Rahmen der sogenannten „Hilfen zur Erziehung" ergänzt durch die sozialpädagogische Familienhilfe. Und aus der Tradition der Selbsthilfebewegung kamen punktuell noch die Familienselbsthilfeeinrichtungen („Familien helfen Familien") sowie die Mütterzentren hinzu.

Erst in den letzten Jahren hat darüber hinaus die Frage neuer Organisationsformen an der Schnittstelle zwischen Kinderbetreuung, Elternberatung und Familienbildung sowie der Familienhilfe an Bedeutung gewonnen, insbesondere unter Begriffen wie „Eltern-Kind-Zentren" oder „Familienzentren" (vgl. Diller/Heitkötter/Rauschenbach 2008).

Kerngedanke dieser weiterentwickelten Angebote ist die institutionelle Koppelung von Bildungs-, Betreuungs- und Erziehungsangeboten für Kinder mit Qualifizierungs-, Bildungs- und Begegnungsangeboten für Eltern. Solche Zentren können damit zugleich als Orte lebensweltlicher Öffentlichkeit für Familien mit kleinen Kindern fungieren, können jungen Familien ein ideelles wie reales Zentrum im Sozialraum außerhalb der eigenen vier Wände bieten. Und sie können Gleichbetroffene darüber hinaus zusammenführen, sie gegebenenfalls aus ihrer haushaltsbezogenen Isolation herausführen und dabei nebenbei auch noch zu einem Generalanbieter für familienbezogene Dienstleistungen werden.

Im Rahmen des Auf- und Ausbaus derartiger Familienzentren gehört aber auch die Stärkung der elterlichen Erziehungskompetenz zu den zentralen Aufgaben der öffentlichen Unterstützung von Familien. Die zentrale inhaltliche Herausforderung liegt dabei in der Frage der Elternqualifizierung und Elternkompetenz, also in der Ausweitung jener Angebote, die Eltern darauf vorbereiten und befähigen, ihren Bildungs-, Betreuungs- und Erziehungsaufgaben gerecht zu werden.

Dies könnte zu einer zentralen Aufgabe von Familienzentren werden, beinhalten diese doch am ehesten das Potenzial, die widersprüchlichen, durch den gesellschaftlichen Wandel provozierten familiären Herausforderungen abzufedern. Die flächendeckende Implementierung entsprechender Zentren könnte positive Effekte ganz genereller Art für Kinder und Familien nach sich ziehen, die weit über den Wirkungsbereich der eigentlichen Angebote der Zentren hinausreichen.

Die Angebote eltern- und kindfördernder Einrichtungen verbinden die Themen Familienförderung, Elternkompetenz und Förderung von Kindern, und sie beziehen im Rahmen der Elternbeteiligung diese zugleich verstärkt in das Alltagsgeschehen der Kindertageseinrichtungen mit ein. Somit verbessern diese nicht nur die zeitgleiche Realisierung anbieteridentischer Angebote für Eltern *und* Kinder, sondern sie ermöglichen vor allem eine gezieltere Verbindung von privater und öffentlicher Erziehung, Bildung und Betreuung.

Auf diese Weise würden erstmalig auch praktische Anschlussstellen für ein besser aufeinander abgestimmtes Bildungs-, Betreuungs- und Erziehungskonzept geschaffen, was nicht nur die Entwicklungsmöglichkeiten für Kinder erhöht, sondern zugleich auch zu einer sozialräumlichen Vernetzung junger Familien im Gemeinwesen beiträgt. Derartige Angebote könnten mithin ein Weg sein, die vielfach beschworene und geforderte Erziehungspartnerschaft zwischen Familie und öffentlichen Einrichtungen zu verbessern und die soziale Isolation junger Familien bzw. allein erziehender Mütter und Väter abzubauen.

Die bislang getrennte und isolierte Angebotsform – Familienerziehung hier, öffentliche Kinderbetreuung dort, Kindergarten hier, Familienbildungsstätte dort, Tageseinrichtungen hier, Tagespflege dort, um nur einige Beispiele zu nennen – ist mit Blick auf das Aufwachsen von Kindern und den daran beteiligten Akteuren längst nicht mehr der Weisheit letzter Schluss. Stattdessen bedarf es der Verstärkung eines integrativen Blicks und einer kohärenten Angebotsform in zweifacher Richtung: Auf der einen Seite muss Deutschland das Augenmerk deutlich stärker auf die Frage des Zusammenspiels und des Zusammenwirkens unterschiedlicher Akteure – allen voran von Familie und Kindertageseinrichtung – im Prozess des Aufwachsens richten. Auf der anderen Seite muss der Blick aber zugleich auch auf die innere Verwobenheit von Bildung, Betreuung und Erziehung gerichtet werden; auch in dieser Hinsicht wäre eine engere Zusammenarbeit von Familie und Kindertageseinrichtung von großem Vorteil, da für beide Seiten die jeweiligen Anschlussstellen deutlich einfacher würden.

In dieser Hinsicht ist die inhaltliche Ausgestaltung der Kooperationsbeziehungen der an Bildung, Betreuung und Erziehung beteiligten Akteure entscheidend. Der erweiterte Bildungsgedanke muss dabei genauso übergreifend über dem gesamten Angebot schweben wie die Fragen der persönlichen Entwicklung der Kinder, der individuellen Förderung und der Erziehung unter dezidierter Einbeziehung der Eltern.

Die bessere Integration der im Sozialraum vorhandenen unterschiedlichen, bislang nicht vernetzten Angebote und Dienste für Eltern und Kinder sowie der Mehrwert eines multifunktionalen Angebots für Familien, kann diese neuen Einrichtungsformen zu umfassenden und zentralen Zukunftsorten für Familien werden lassen. Die Verknüpfung der bislang oft getrennten, einzelnen Angebote kann mithin dazu führen, dass die Segmentierung und Partikularisierung bisheriger Angebote nach dem Motto „für jedes Problem ein eigenes institutionelles Angebot" überwunden wird.

Familienzentren könnten dabei auch eine ideelle Klammer bilden, um die Kooperation zwischen den beteiligten Einrichtungen und Akteuren zu erleichtern. Auf der Grundlage einer gemeinsamen „sinnstiftenden Idee" können sich diese Kooperationen dann zu einem Erfolgsmodell entwickeln, wenn eine wechselseitige Win-Win-Situation entsteht, also für alle Beteiligten eine Verbesserung zu erwarten ist.

10. Kindertagesbetreuung

Der erste öffentlich organisierte Bildungsort außerhalb der Familie, den in Deutschland inzwischen nahezu alle Kinder mehrere Jahre durchlaufen, sind die Kindertageseinrichtungen sowie in Teilen Angebote der Kindertagespflege. Dieser gesamte Bereich wird unter der Sammelbezeichnung „Kindertagesbetreuung" zusammengefasst, zum einen als „Tageseinrichtungen für Kinder", also Krippen, Kindergärten, altersgemischte Einrichtungen und Horte im Schulalter, zum anderen als „Kindertagespflege", die durch Tagespflegepersonen, sogenannte „Tagesmütter" erbracht wird.

Im Unterschied zu der weit verbreiteten öffentlichen Meinung wird die Kindertagesbetreuung ordnungspolitisch nicht der Bildung zugerechnet, basiert nicht etwa auf einem Schul- oder Bildungsgesetz und liegt auch nicht in der alleinigen Zuständigkeit der Länder. Vielmehr ist die Kindertagesbetreuung Teil der Sozialgesetzgebung, geregelt im Achten Sozialgesetzbuch (SGB VIII), dem Kinder- und Jugendhilfegesetz, und unterliegt der konkurrierenden Gesetzgebungskompetenz von Bund und Ländern. Infolgedessen gibt es auch ein bundesweit gültiges Kinder- und Jugendhilfegesetz, das u. a. für dieses Handlungsfeld zuständig ist.

Mit Blick auf die Planungs- und Ausführungsverantwortung fällt die Kindertagesbetreuung – im Unterschied zur Schule – in den Zuständigkeitsbereich der Kommunen bzw. der örtlichen Jugendämter. Finanziert wird die Kindertagesbetreuung gegenwärtig zu 47 Prozent aus kommunalen Mitteln und zu 31 Prozent aus Landesmitteln, ergänzt um Elternbeiträge und Mittel der freien Träger – und seit 2008 auch erstmalig mit Unterstützung des Bundes.

Schon dies deutet darauf hin, dass die Kindertagesbetreuung in Deutschland im Unterschied zur Schule deutlich anders aufgebaut ist. Die Verantwortung hierfür liegt auf der einen Seite im Zuständigkeitsbereich der Kinder- und Jugendhilfe und auf der anderen Seite bei den kommunalen Jugendämtern. Faktisch erbracht wird sie jedoch mehrheitlich mit weit über 60 Prozent von nicht-staatlichen Anbietern, den sogenannten „freien Trägern". Zu großen Teilen verbergen sich dahinter die konfessionellen Anbieter der katholischen und evangelischen Kirchen bzw. der Caritas und der Diakonie.

Zugleich handelt es sich bei der Kinderbetreuung um ein Angebot, das im Unterschied zur Schule freiwillig in Anspruch genommen werden kann, inzwischen allerdings für Kinder ab dem vollendeten dritten Lebensjahr rechtsverbindlich angeboten wird. Im Gegensatz zur kostenfreien Schule ist die Kindertagesbetreuung in den meisten Bundesländern vom Grundsatz her nach wie vor gebührenpflichtig – zu rund fünf Prozent beteiligen sich Eltern an den Gesamtkosten –, auch wenn einzelne Bundesländer verstärkt dazu übergehen, das letzte Kindergartenjahr gebührenfrei anzubieten.

Wie kaum ein anderer Bereich des Bildungs-, Sozial- und Erziehungswesens stand die Kindertagesbetreuung in den letzten Jahren im Blickpunkt der fachlichen, politischen und medialen Aufmerksamkeit. Dass dem so ist, war angesichts der historischen Entwicklung der öffentlichen Kindertagesbetreuung in Deutschland nicht unbedingt zu erwarten.

10.1 Die neue Selbstverständlichkeit der Kindertagesbetreuung

Seit jeher war die Betreuung der eigenen Kinder in Deutschland ganz selbstverständlich *Privatsache*. Kinder wuchsen in den ersten Lebensjahren vor allem in der sorgenden Zuständigkeit der Eltern – meist der Mütter – auf, bisweilen unterstützt durch Großeltern, ältere Geschwister, Verwandte sowie punktuell auch durch Freunde, Bekannte und Nachbarn. Das war alles in allem so selbstverständlich, dass die öffentliche Kindertagesbetreuung in der Bundesrepublik jahrzehntelang ein Nischendasein führte, ein politisch wenig beachtetes Angebot vorzugsweise für Minderheiten war. Meist war sie allenfalls eine mehr oder weniger hilfreiche punktuelle Unterstützung der privaten Erziehung, weit davon entfernt, ein eigenes ergänzendes Angebot, gar ein Ganztagsangebot oder ein dezidiertes, eigenständiges Bildungsangebot für alle Familien und Kinder zu sein.

Noch vor zwei Jahrzehnten, Ende der 1980er-Jahre, konnten Tietze und Roßbach mit Blick auf den *zeitlichen* Betreuungsumfang unter der Woche zeigen, dass – sofern die Mutter keiner Erwerbstätigkeit nachging – unter dreijährige Kinder im Schnitt zu 99 Prozent und drei- bis sechsjährige Kinder zu 88 Prozent im privaten Umfeld betreut wurden. Im Falle der mütterlichen Erwerbstätigkeit reduzierte sich diese private Zuständigkeit auf Anteile von immerhin noch 88 bzw. 75 Prozent (vgl. Tietze/Roßbach 1991, S. 567 f.). Mit anderen Worten: Auch im Falle der mütterlichen Erwerbstätigkeit wurde die Kinderbetreuung ganz überwiegend privat organisiert.

Demgegenüber war damals – wohlgemerkt: es geht um die Zeit Ende der 1980er-, nicht um die 1950er-Jahre – die *öffentliche* Kinderbetreuung in Westdeutschland allenfalls eine mehr oder minder hilfreiche punktuelle Ergänzung der privaten Erziehung. Unterteilt man das zeitliche Betreuungsvolumen an einem durchschnittlichen Wochentag Ende der 80er-Jahre in seine öffentlichen und seine privaten Anteile, dann lag der öffentliche Anteil bei den unter Dreijährigen damals bei Zeitanteilen zwischen zwei und sechs Prozent – je nach Erwerbsstatus der Mutter –, bei den Drei- bis unter Sechsjährigen immerhin zwischen 11 und 23 Prozent. Man kann mithin für die ehemalige Bundesrepublik bis Anfang der 1990er-Jahre mit Fug und Recht behaupten, dass die Kinderbetreuung zu dieser Zeit eindeutig Privatsache war.

Ganz anders in der DDR. Dort wurde ab den 1960er-Jahren die Kindertagesbetreuung konsequent ausgebaut. Für immerhin knapp 65 Prozent der Kinder im Kindergartenalter, den über Dreijährigen bis zur Einschulung, gab es 1970 bereits ein Platzangebot. Da zu dieser Zeit darüber hinaus auch ein Angebot für fast 24 Prozent der unter Dreijährigen zur Verfügung stand – ein Wert, den Westdeutschland bis zum Jahr 2008 gerade mal zur Hälfte erreicht hat –, zeichnete sich schon damals eine unterschiedliche Entwicklung der öffentlichen Kinderbetreuung und eine unterschiedliche Bedeutung für das Aufwachsen der Kinder in Ost und West ab, die sich bis vor kurzem in weiten Teilen gehalten hat: eine private

Kindheit im Westen und eine institutionelle Kindheit im Osten (vgl. Alt 2005).

Gemessen am Zustand der Kindertagesbetreuung in der ehemaligen Bundesrepublik, kann man inzwischen getrost feststellen: Im Vergleich zu früher befindet sich Westdeutschland in Sachen Kinderbetreuung seit nunmehr 15 Jahren in einem einschneidenden Umbruch. Mehr noch: Vermutlich gibt es keinen Bereich des Erziehungs- und Bildungswesens, der sich in den letzten 30 Jahren so nachhaltig verändert hat und sich in naher Zukunft noch so sehr verändern wird, wie die westdeutsche Kindertagesbetreuung. Dies lässt sich an zwei Aspekten festmachen.

(1) Die Entwicklungsdynamik des Ausbaus: Zunächst zeigt ein grober Blick auf die zahlenmäßige Entwicklung des Platzangebots im Kindergartenalter, dass in der Bundesrepublik bis 1970 für maximal jedes dritte Kind überhaupt ein Platz zur Verfügung stand (vgl. Abb. 10). Bis 1990 verdoppelte sich dieser Wert zwar auf ein rechnerisches Platzangebot von zuletzt knapp 70 Prozent. Dabei muss aber beachtet werden, dass es sich fast durchweg um Halbtagesplätze bzw. um unverbundene Vor- und Nachmittagsplätze handelte.

Nachdem im Rahmen der sich abzeichnenden Reform des Jugendhilfegesetzes gegen Ende der 80er-Jahre die Bemühungen, einen Rechtsanspruch auf einen Kindergartenplatz in der ehemaligen Bundesrepublik zu verankern, im Sommer 1989 zunächst an den Vorbehalten der Länder scheiterten – eine Zustimmung zum gesamten neuen Kinder- und Jugendhilfegesetz wurde von der Mehrheit des Bundesrates von der Nichteinführung eines Rechtsanspruchs abhängig gemacht –, schien die Frage des Ausbaus der Kindertagesbetreuung in Westdeutschland erst einmal auf die lange Bank geschoben.

Umso überraschter war die Fachöffentlichkeit, als bereits drei Jahre später, im Juli 1992, im Rahmen des Neuregelungsbedarfs des Schwangeren- und Familienhilfegesetzes das Thema erneut – und diesmal erfolgreich – auf die Tagesordnung gesetzt wurde. Der Rechtsanspruch auf einen Kindergartenplatz wurde als ein Schwerpunkt der sozialpolitischen Begleitmaßnahmen zur Neuregelung der strafrechtlichen Vorschriften des

Schwangerschaftsabbruchs eingeführt (vgl. Struck/Wiesner 1992, S. 453).

Abb. 10: Entwicklung des Versorgungsangebots (je 100 Kinder) für Kinder ab dem vollendeten dritten Lebensjahr bis zur Einschulung in Westdeutschland (1965-2008, in Prozent)*

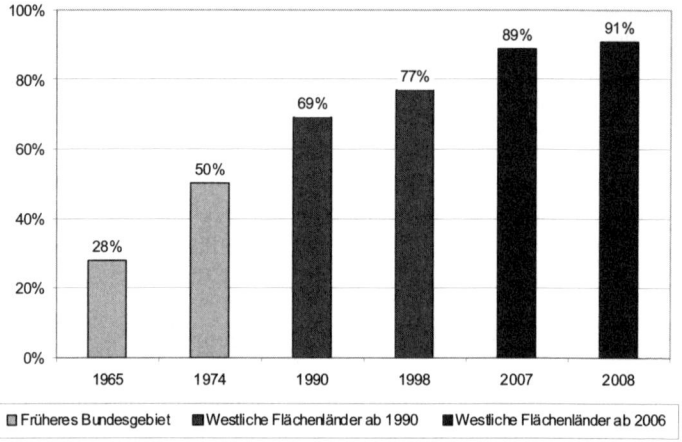

* Bis 2002: Verfügbare Plätze; ab 2006: Quote der Inanspruchnahme
Quelle: Statistisches Bundesamt, verschiedene Datenquellen; BMBF: Grund- und Strukturdaten

Der Beschluss, ab dem 01.01.1996 für Kinder ab dem vollendeten dritten Lebensjahr rechtsverbindlich einen Kindergartenplatz zu gewährleisten, fand nicht zuletzt aufgrund des großen Engagements der weiblichen Abgeordneten eine fraktionsübergreifende Mehrheit im Bundestag. Dass innerhalb einer so kurzen Zeit nach dem ersten Scheitern dennoch die Einführung eines Rechtsanspruchs möglich wurde, hatte damit zu tun, dass die inzwischen hinzu gekommenen Abgeordneten aus den neuen Bundesländern in der Frage der Kindertagesbetreuung eine sehr viel gelassenere Haltung hatten, und dass zugleich die Verabschiedung des Rechtsanspruchs ein politisches Zugeständnis und ein Kompromiss in den anhaltend kontroversen Debatten um die gesetzlichen Regelungen beim Schwangerschaftsabbruch war.

142

Obgleich es in der Folge bei der konkreten Umsetzung vor Ort einige Schwierigkeiten und zeitliche Verzögerungen gab, belegt die weitere Entwicklung des Platzangebots dennoch eindeutig, dass die gesetzliche Verankerung des Rechtsanspruchs auf einen Kindergartenplatz den nicht mehr aufzuhaltenden Durchbruch bei der Umsetzung eines öffentlichen Versorgungsanspruchs für Kinder im Kindergartenalter mit sich brachte (vgl. Abb. 10, S. 142). Dies zeigt sich in zweifacher Hinsicht.

Auf der einen Seite belegt ein vergleichender Blick auf die jeweilige Expansionsdynamik vor 1990 und nach 1990, dass im Westen nach 1990 ein deutlich stärkerer Zuwachs an Plätzen festzustellen ist als in der Zeit davor (vgl. Abb. 11). Während zwischen 1982 und 1990 die Zahl der Plätze im Kindergarten um insgesamt 217.000 zunahm, erhöhte sich das entsprechende Platzangebot zwischen 1990 und 1998, also in jenem Zeitraum, in dem der Rechtsanspruch beschlossen und umgesetzt wurde, um zusammen rund 600.000 Plätze. Damit stieg das Ausbautempo in der Zeit nach 1990 gegenüber den Zuwachsraten vor 1990 in einem vergleichbaren Zeitrahmen von acht Jahren fast um das Dreifache. Dies ist ein deutlicher Beleg für die Durchschlagskraft des eingeführten Rechtsanspruchs.

Abb. 11: Entwicklung der Zuwachsraten beim Platzangebot für Kindergartenkinder in Westdeutschland (1982-1998; früheres Bundesgebiet mit West-Berlin)

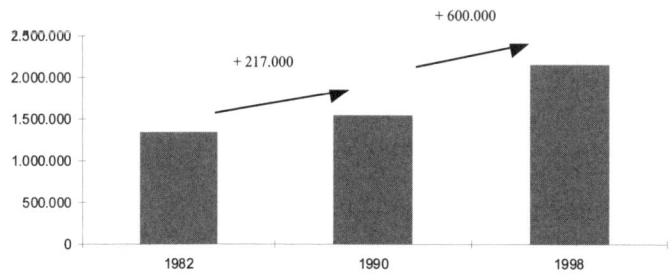

Quelle: Statistisches Bundesamt, Kinder- und Jugendhilfestatistik, eigene Berechnungen

Auf der anderen Seite zeigt ein Blick auf die Auswirkungen bei der altersspezifischen Inanspruchnahme der Kindergartenplätze seit den 90er-Jahren, dass der Ausbau seither vor allem den Kindern im Alter zwischen drei und vier Jahren zugute gekommen ist (vgl. Abb. 12). Während die Vier- und Fünfjährigen schon zu Beginn der 90er-Jahre zu rund 80 Prozent und damit zu großen Teilen einen Kindergarten besuchten, sich für diese Altersgruppe mithin seither nicht mehr so viel verändert hat, ist die stärkste Veränderung innerhalb von 12 Jahren mit einem Anstieg von einst rund 30 Prozent bis 1995 auf zuletzt 81 Prozent im Jahr 2008 bei den Dreijährigen zu beobachten.

Abb. 12: Kinder ab dem vollendeten dritten Lebensjahr bis zum Schuleintritt in westdeutschen Kindertageseinrichtungen nach ausgewählten Altersgruppen (ohne Berlin; 1991-2008; in Prozent)

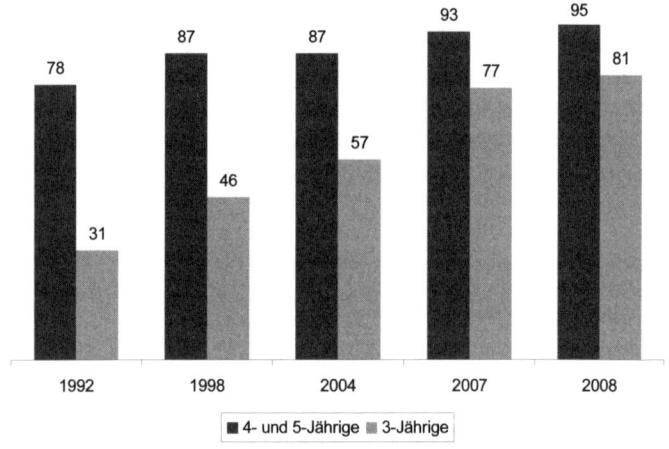

Quelle: Statistisches Bundesamt – bis 2004: Mikrozensus; ab 2006: Kinder- und Jugendhilfestatistik

Beide Befunde belegen die zusätzliche Dynamik in den 1990er-Jahren, die vor allem durch den Rechtsanspruch auf einen Kindergartenplatz ausgelöst worden ist. Auch wenn die weitere detailgetreue Rekonstruktion der Entwicklung hier nicht weiter verfolgt werden soll, da sich mit Blick auf das Kindergartenalter seither nicht mehr viel verändert hat, kann man unter Kapazitätsgesichtspunkten inzwischen bundesweit von einem zahlenmäßig ausreichenden Platzangebot für Kinder im Kindergartenalter, also von einer Vollversorgung ausgehen.

Vor diesem Hintergrund wird es fachlich und politisch von besonderem Interesse sein, ob bei dem gegenwärtigen Ausbau des Platzangebots für die unter Dreijährigen im Lichte des vereinbarten Rechtsanspruchs ab 2013 eine vergleichbare Dynamik erreicht wird (vgl. Rauschenbach/Schilling 2007).

(2) Kindertagesbetreuung als neue Selbstverständlichkeit: Zu diesem nunmehr seit Jahren anhaltenden Ausbau kam in einer atemberaubend kurzen Zeit ein Mentalitätswandel hinzu, wurde der Ausbau zum Teil von diesem befördert, wurde durch diesen aber auch selbst mit hervorgerufen. Infolgedessen geht es inzwischen nicht mehr um das *Ob*, sondern vor allem um das *Wie* einer ausgebauten öffentlichen Kinderbetreuung. Deshalb wird alles in allem auch nicht mehr ernsthaft öffentlich über Gefährdungen, Nachteile oder sonstige negative Einflüsse eines Kindergartens für Kinder ab dem vollendeten dritten Lebensjahr debattiert.

Gleichwohl haben sich entsprechende Vorbehalte, deren Ausläufer noch vor wenigen Jahren zu vernehmen waren, mit leichten Variationen in Teilen auf die Frage der institutionellen Betreuung von unter Dreijährigen verlagert. Zu dieser Thematik flackern in den Medien immer wieder öffentliche Auseinandersetzungen über das Pro und Contra institutioneller Kinderbetreuung in den ersten Lebensjahren auf.

Mit Blick auf den Kindergarten hat sich jedoch die Diskussionsrichtung in nur wenigen Jahren völlig verändert, interessanterweise fast in die umgekehrte Richtung. So wurde zuletzt – wenn auch mit abnehmender Intensität – wiederholt kontrovers darüber debattiert, ob für Kinder ab vier oder fünf Jahren nicht sogar eine Kindergarten*pflicht* – analog zur Schulpflicht – eingeführt werden sollte, um auf diese Weise sicherzustellen, dass tatsächlich *alle* Kinder vor ihrer Einschulung eine Kindertageseinrichtung besuchen.

Eine vergleichbare Ausweitung auf alle Kinder zeigt sich auch bei den verpflichtend eingeführten Sprachstandserhebungen für Vierjährige in den einzelnen Bundesländern sowie bei den in Gang gekommenen Bestrebungen einer generellen Vorverlagerung der Einschulung von unter Sechsjährigen (vgl. Autorengruppe Bildungsberichterstattung 2008, S. 58 ff.). Allein der Umstand, dass derartige Forderungen und Aktivitäten bundesweit zu beobachten sind, ist ein untrügliches Indiz dafür, dass in dieser Hinsicht gegenwärtig ein ebenso tief greifender wie folgenreicher Umdenkungsprozess stattfindet: von der einstigen öffentlichen Kindertagesbetreuung als ambivalentes fünftes (Not-)Rad am Wagen der Kleinkinderziehung zu einem künftig unerlässlichen frühen Bildungsangebot für ausnahmslos *alle* Kinder.

Wie aber, so ist zu fragen, lässt sich dieser Mentalitätswechsel erklären? Eine schlüssige Antwort darauf lässt sich nur geben, wenn man sich dabei die gewandelten gesellschaftlichen Rahmenbedingungen vergegenwärtigt.

Spätestens mit den steigenden Bildungserwartungen der Mädchen und Schülerinnen im Bildungssystem und mit der wachsenden Zahl gut ausgebildeter junger Frauen am Ende ihrer Schul- und Ausbildungszeit war absehbar, dass die Zuständigkeitsfrage mit Blick auf die Betreuung der eigenen Kinder und die Arrangements des Aufwachsens nicht mehr allein privat, nicht mehr nur zu Lasten der Frauen und Mütter und nicht mehr fast ausschließlich in den eigenen vier Wänden gelöst werden kann. Eine erheblich gestiegene Zahl hoch qualifizierter junger Frauen mit einer abgeschlossenen Berufsausbildung oder einem erfolgreich absolvierten Studium – mit der nahe liegenden Konsequenz einer zunehmenden Erwerbsorientierung – erhöhte den privaten wie öffentlichen Handlungsdruck in Sachen Kinderbetreuung.

Die dementsprechende Suche nach konsens- und mehrheitsfähigen Lösungen traf auf eine ebenso pragmatische wie stillschweigende Dreierkoalition: von Müttern, die nicht mehr nur zu Hause bleiben wollten, von Vätern, die den damit einhergehenden Erwartungen ihrer Partnerinnen hinsichtlich einer stärkeren innerfamilialen Beteiligung an der Kinderbetreuung nur bedingt nachkommen konnten oder wollten, sowie einem Beschäftigungssystem, das im Lichte des expandierenden Dienstleistungssektors ein deutlich wachsendes Interesse an

146

gut ausgebildeten weiblichen Arbeitskräften hatte und zugleich allen Arbeitskräften, auch den Vätern und Müttern, eine immer größere berufliche und zeitliche Flexibilität abverlangte (vgl. Sennett 1998).

In dieser Gemengelage sich überlagernder Interessen dürfte ein wesentlicher Beweggrund für die große und mehrheitliche Bereitschaft zu einem raschen und kräftigen Ausbau der institutionellen Kinderbetreuung sowie zur mentalen Veränderung – auch bei Männern und in der Politik – gelegen haben. Und mitgeholfen hat vermutlich auch manche Tochter einer männlichen Politikergeneration, für die Kindererziehung noch ganz selbstverständlich eine Angelegenheit vor allem der Mütter war.

Auf diese Weise hat sich der generelle Blick auf die „Privatsache Kinderbetreuung" bei einer Großzahl der Beteiligten fast unmerklich verändert, hat sich der öffentliche Druck auf die Politik in den letzten 20 Jahren kontinuierlich erhöht. Von allen Seiten, zuletzt auch deutlich von Seiten der Wirtschaft, wurde dementsprechender Handlungsbedarf reklamiert, dem sich die Politik auf der Ebene von Bund, Ländern und Gemeinden auf Dauer nicht entziehen konnte.

Elternschaft und Familie ist im Lichte der strukturellen Anpassungszwänge der globalisierten Arbeitswelt, ist in Anbetracht der eher wachsenden Erwartungen an die zeitliche Verfügbarkeit – vielfach verschärft durch die beruflichen Risiken und die Zwänge multilokaler Partnerschaften – ohne ein ausgebautes System der institutionellen Kinderbetreuung für die Mehrheit der Bevölkerung nicht mehr angemessen zu realisieren. Der Berufsalltag des 21. Jahrhunderts ist mit den Anforderungen an eine altersgerechte Betreuung von Kindern in den ersten Lebensjahren in einem privaten Rahmen jedenfalls nur noch mit erheblichem Aufwand in Einklang zu bringen. Und allein familienintern, gewissermaßen privat, ist dieser Balanceakt in vielen Fällen einfach nicht mehr zu bewältigen.

Die Muster moderner Lebensführung an der Schnittstelle von Beruf und Familie machen ein ergänzendes, öffentliches Netzwerk der Bildung, Betreuung und Erziehung erforderlich. Eine gezielte und nachhaltige Unterstützung der privaten Familienbetreuung durch öffentliche Kindertagesbetreuungsangebote hat sich in Anbetracht dessen auf der Ebene des öffentlichen Bewusstseins in gewisser Weise zu einem Zukunftsprojekt ohne wirkliche Alternative entwickelt. Zumindest zeichnen sich politisch keine ernsthaften anderen Antworten auf diese Herausforderung ab, sieht man von dem etwas halbherzigen Festhalten an dem historischen Vorbild des männlichen Ernährermodells oder an der nicht ganz neuen und finanziell ohnehin nicht realisierbaren Forderung nach einem Hausfrauenlohn ab. Und so war es letztlich nur eine Frage der Zeit, wann und in welcher Weise die gesetzgebenden Instanzen auf diese kinder- und familienpolitische Herausforderung reagieren würden.

Infolgedessen stehen heutzutage als zukunftsweisende Schlüsselthemen für eine neue *Kultur des Aufwachsens* auch ganz andere Fragen auf der Agenda als noch vor 20 Jahren: Wie lässt es sich am besten erreichen, dass alle Kinder vor der Einschulung eine entsprechende Einrichtung besuchen? In welchem täglichen Zeitumfang sollen die Bildungs-, Betreuungs- und Erziehungsangebote bereit gestellt werden? Wie müssen die Angebotsformen konzeptionell weiterentwickelt werden, damit sie die optimale Förderung von Kindern und die Einbindung bzw. Unterstützung von Eltern gleichermaßen erfüllen? Wie lässt sich die Erziehungspartnerschaft zwischen Eltern und Kindertageseinrichtungen grundlegend verbessern? Was und wie können öffentliche Bildungs-, Betreuungs- und Erziehungsangebote dazu beitragen, dass die unterschiedlichen ökonomischen, sozialen, kulturellen Ausgangslagen in den Familien und die ungleichen Startbedingungen für Kinder nicht von Anfang an zu einer bereits vorentscheidenden Weichenstellung ihres gesamten Lebens werden? Was bedeutet es für das Aufwachsen von Kindern, wenn zu Beginn des 21. Jahrhunderts die institutionelle Kindheit vor und neben der Schule immer mehr Zeit und Raum einnimmt?

Fragen dieser Art deuten an, dass es bei diesem Ausbauprojekt nicht einfach um eine x-beliebige, geringfügige zeitliche Ausweitung der öffentlichen Kinderbetreuung geht, sondern dass damit vielmehr so etwas wie eine Neuformatierung des Aufwachsens von Kindern sowie eine Neujustierung des Zusammenspiels von Familienkindheit und Kita-Kindheit, von privater und öffentlicher Verantwortung einhergeht.

Mehr noch: Öffentliche, institutionelle Kinderbetreuung wird dadurch – wie einst bei der Einführung der Schulpflicht – unwiderruflich zu einem selbstverständlichen und wesentlichen Bestandteil des Aufwachsens. Die frühe Kindheit, die Zeit vor der Schule, wird als letzte Bastion der privaten Erziehung in den eigenen vier Wänden infolgedessen zugleich auch zu einer öffentlichen Angelegenheit. Kindertageseinrichtungen – und das ist eine grundlegend neue Konstellation und eine veränderte Konfiguration der frühen Kindheit – sind auf dem besten Wege, mit Blick auf den zeitlichen Umfang und die biografische Bedeutung für das Aufwachsen von Kindern den Stellenwert der Grundschulen zu erreichen oder diesen gar zu übertreffen (vgl. Rauschenbach 2009b).

Vor allem die damit ausgelösten Eingriffe in die kindliche Lebensführung – immerhin wird dadurch nicht nur die institutionalisierte Kindheit zur „verbindlichen" Regel, sondern auch die öffentliche Bildungsbiografie der Kinder weiter nach vorne verlagert –, die damit einhergehenden Ungewissheiten, die damit verbundenen intendierten wie nichtintendierten Nebenwirkungen, kurz: diese weitere Formen der Vergesellschaftung von Kindheit bilden die Kulisse und die emotionale Gemütslage, auf die die damit verbundenen Kontroversen in Vergangenheit und Gegenwart zurückzuführen sind, auf der die Einwände und Bedenken wenn auch nicht ihre Richtigkeit, so aber doch ihren subjektiven Sinn und ihre Berechtigung erlangt haben.

10.2 Leistungspotenziale frühkindlicher Bildung, Betreuung und Erziehung

Wenngleich die Datenlage über Ungleichheiten im Zugang zur Kindertagesbetreuung immer noch als unzureichend bezeichnet werden muss (vgl. Rauschenbach/Züchner 2007), zeichnet sich durch verstärkte Forschungsanstrengungen mit Blick auf *die Wirkung* der Kindertagesbetreuung in den letzten Jahren dennoch ein Trend ab, der dieser unter dem Strich positive Effekte im Ausgleich von Bildungsbenachteiligung bescheinigt und ihr insoweit förderliche Wirkungen für sozial benachteiligte Kinder zuspricht (vgl. zusammenfassend Roßbach 2005).

Tietze, Roßbach, Granner (2005) konnten in einer Längsschnittstudie Auswirkungen einer gezielten Förderung – bei guter Qualität der Einrichtung – im Kindergartenalter auf die Entwicklung von Kindern belegen, die sich in einem höheren Sprachentwicklungsstand, mehr sozialer Kompetenz und einer erfolgreichen Bewältigung von Alltagssituationen äußerte. Roßbach weist in einer Zusammenschau verschiedener nationaler und internationaler Studien allerdings zugleich auf die widersprüchliche Befundlage hin, inwiefern insbesondere sozial benachteiligte Kinder von Kindertagesbetreuung durchgängig profitieren (vgl. Roßbach 2005, S. 151).

Demgegenüber betonen Schütz/Wößmann in ihren Auswertungen der TIMSS-Daten die deutlichen Hinweise auf die kompensatorischen Wirkungen der Kindergärten gegenüber den sozioökonomischen Einflüssen der Herkunftsfamilie: „Je länger der Vorschulzyklus, desto geringer ist also die Chancenungleichheit. Pro zusätzliches Jahr, um das die Dauer der vorschulischen Erziehung steigt, verringert sich die Stärke des familiären Einflusses um 1,3 Punkte." (Schütz/Wößmann 2005, S. 20)

Eine weitere Möglichkeit, die Bildungswirkung von Kindertageseinrichtungen zu prüfen, ist zu untersuchen, ob Kinder im Grundschulalter bei Kompetenztests besser abschneiden, wenn sie zuvor eine Kindertageseinrichtung besucht haben. Welche Auswirkungen hat also, so bleibt zu fragen, der Besuch einer Kindertageseinrichtung auf die Schulfähigkeit und Schulbiografie eines Kindes? Dies kann anhand der vorliegenden Studien nicht abschließend geprüft werden, da es sich nicht um Längsschnittstudien handelt, anhand derer die individuelle Entwicklung überprüfbar wäre. Dennoch legen Daten aus den internationalen Vergleichsstudien, der sogenannten Grundschulstudie „IGLU" aus den Jahren 2001 und 2006 sowie der PISA-Studie für 2003 nahe, dass Kinder, die gar nicht oder nur bis zu einem Jahr eine Kindertageseinrichtung besucht haben, bei den Tests schlechter abschneiden als jene

Kinder, bei denen dies länger als ein Jahr der Fall war (vgl. Rauschenbach/Prein 2008; Bos u. a. 2003, 2004).

In dieser Hinsicht sind Ergebnisse eindeutig: Frühkindliche Bildungsprozesse in Kindertageseinrichtungen spielen für die Vorbereitung der Kinder auf die Schule offenbar eine nicht zu unterschätzende Rolle. In beiden IGLU-Studien erreichen Kinder, die länger als ein Jahr eine vorschulische Einrichtung besucht hatten, in der vierten Klasse eine höhere Lesekompetenz als diejenigen Kinder, die nur kurz oder gar nicht in einer Kindertageseinrichtung waren (vgl. Bos u. a. 2007).

Mit den Ergebnissen der PISA-Studie 2000 deuten sich auch längerfristige Wirkungen an, da selbst bei den 15-Jährigen mit einem längeren Kindergartenbesuch in allen drei getesteten Kompetenzbereichen der PISA-Studie (Mathematik, Lesen und Naturwissenschaften) die durchschnittlich erreichte Punktezahl höher liegt als in den Vergleichsgruppen (PISA-Konsortium Deutschland 2004).

Mit einer zu starken Interpretation dieser Ergebnisse muss man allerdings vorsichtig sein. Der Besuch einer Kindertageseinrichtung ist mit Blick auf den Zeitpunkt und den Zeitumfang tendenziell abhängig vom Bildungs- und Migrationshintergrund der Eltern. Und dieser wirkt sich ebenfalls auf die schulischen Kompetenzen der Kinder aus. So zeigen vertiefende Analysen, dass die Lesekompetenz bei Kindern aus Familien, in denen zu Hause nur Deutsch gesprochen wird, höher ist als bei Kindern aus Familien, in denen dies nicht der Fall ist. Der Kompetenzvorsprung der Kinder mit längerem Besuch einer Kindertageseinrichtung ist somit zumindest zum Teil auf die Hintergrundvariablen Bildungsstand und Migrationshintergrund der Eltern und insofern nicht allein auf den Besuch einer Kindertageseinrichtung zurückzuführen.

Drei Ergebnisse bezüglich der Konsequenzen des Besuchs einer Kindertageseinrichtung auf die Schulfähigkeit eines Kindes lassen sich aus einer differenzierten Analyse der IGLU-Studie 2006 ableiten (vgl. Rauschenbach/Prein 2008):

– In Familien mit einem hohen Bildungsstand spielen Kindertageseinrichtungen als Bildungsangebote für das schulische Lernen eine geringere Rolle. Offensichtlich können diese Elternhäuser aus eigener Kraft und mit eigenen Mitteln problemlos auch Alternativangebote bereitstellen, die ihre Kinder genauso gut auf die Schule vorbereiten. Ungeklärt ist dabei allerdings, ob dies auch für andere Kompetenzen – etwa soziale oder personale Kompetenzen – gilt. Dass es bei den Messungen zur Lesekompetenz keine Unterschiede gibt, bedeutet noch lange nicht, dass der Besuch einer Kindertageseinrichtung für Kinder aus dieser Gruppe nutzlos wäre. Nur wurde diese Seite der kindlichen Entwicklung, etwa mit Blick auf Gemeinschaftserfahrungen, bislang nicht untersucht.

– Kinder, deren Eltern sowohl geringere Bildungsressourcen als auch einen Migrationshintergrund haben, profitieren hinsichtlich schulischer Leistungen im Lichte der bisherigen Studien bislang interessanterweise nur in geringerem Maße vom Besuch einer Kindertageseinrichtung. Inwieweit dies mit einer zu geringen Sprachförderung in den Einrichtungen zusammenhängt oder aber damit, dass sich Kinder aus Familien mit Migrationshintergrund in einzelnen Einrichtungen gehäuft finden und daher eher unter sich sind, sich mithin schon in Kindertageseinrichtungen Segregationseffekte beobachten lassen, lässt sich gegenwärtig nicht abschließend klären.

– Bei Kindern aus Familien mit geringeren Bildungsressourcen – aber ohne Migrationshintergrund – hat der längere Besuch einer Kindertageseinrichtung offensichtlich die positivsten Effekte. Diese bildungsbenachteiligten Kinder profitieren in erheblichem Maße von einem längeren Besuch einer Kindertageseinrichtung.

Somit lassen sich in der Tat frühkindliche Bildungseffekte nachweisen, auch wenn man hinsichtlich der davon profitierenden sozialen Gruppen differenzieren muss. Ganz unstrittig muss es jedoch eine gesellschaftliche Zukunftsaufgabe bleiben, möglichst vielen Kindern von Anfang an die bestmögliche Förderung zu gewähren. Die Gelegenheit zum Besuch einer Kindertageseinrichtung ist dabei ein wichtiger Teil einer umfassenden frühkindlichen Bildung, Betreuung und Erziehung.

Kindertageseinrichtungen gelingt es offenbar besser als anderen Bildungseinrichtungen, in soziokultureller Hinsicht weniger selektiv zu wirken. Während die Schule spätestens mit dem Ende der Grundschule soziale Selektionsprozesse gewissermaßen systembedingt hervorruft, ohne damit im Schnitt bessere Leistungen bei *allen* Kindern zu erreichen – der zentralen Begründung für ein leistungsdifferenzierendes Schulsystem –, wirken die Lernsettings der Kindertageseinrichtungen anscheinend sozialintegrativer.

Wie sich inzwischen andeutet, ist dies jedoch nicht deshalb so, weil die Kinder dort noch stärker unabhängig von ihrer Herkunft zusammen sind – zumindest gilt dies nicht ohne Weiteres für Kinder mit Migrationshintergrund (vgl. Autorengruppe Bildungsberichterstattung 2008, S. 53) –, sondern vermutlich vor allem deshalb, weil der Kindergarten nicht – wie die Schule – dem heimlichen Lehrplan der Konkurrenz und Auslese folgt. Oder anders formuliert: Schule ist immer auch das – vielleicht unvermeidbare – Einüben in individuell vergleichende Leistungsmessung, in Konkurrenz, in Differenz. Klassenarbeiten, Zeugnisse, Versetzung, Notengebung: Dies alles ist ein Ausdruck einer nicht auf Gleichheit, sondern auf Differenz ausgerichteten Wissensvermittlung.

Diese Dimensionen prägen bislang die Bildungsprozesse in den Kindertageseinrichtungen nicht. Merkmal und Maßstab einer kindgerechten Förderung in einer Kindertageseinrichtung ist vielmehr die individuelle Entwicklung, sind die individuellen Lernfortschritte. Diese konsequente *Individualisierung des kindlichen Lernens* in lebensweltlichen, spielerischen Erfahrungskontexten, ohne rigide und regelmäßige Leistungsüberprüfung, scheint eine wesentliche Quelle für das in der Vergangenheit unterschätzte und künftig doch verstärkt zu nutzende Leistungspotenzial der Kindertageseinrichtungen zu sein.

10.3 Bestandteile frühkindlichen Lernens

Im Grunde genommen gibt es für eine kluge Pädagogik nichts besseres als ein Lern- und Bildungsszenario, dem man dieses nicht sofort ansieht, dem es gelingt, spielerisch, offen, situativ und an den Eigeninteressen der Lernenden ausgerichtet den Erwerb von Wissen, Kenntnissen und Kompetenzen anzuregen. Dies oft nicht zufriedenstellend zu erreichen, ist das große Problem und Legitimationsdilemma der Schule.

Im Vergleich dazu könnten die große Chance und das wesentliche Plus für die Kindertageseinrichtungen mit Blick auf die Umsetzung eines Bildungsauftrags darin liegen, diese anderen Formen und Wege des Lernens und der kindlichen Entwicklung deutlich besser zu realisieren. Gleichwohl gilt auch in diesen Fällen, dass Kindertageseinrichtungen am Ende den Erfolg und die Ergebnisse dieser alternativen, dieser informellen Bildungsprozesse nachweisen müssen, soll die Stärke des eigenen Bildungskonzeptes nicht nur eine vollmundige Behauptung, soll sie mehr als ein frommer Wunsch sein.

Trotz, oder besser: gerade wegen dieser Unterschiede sind die Kindertageseinrichtungen mehr als andere pädagogische Instanzen gefordert, eine am Einzelfall ausgerichtete, also eine individuell optimale Förderung des einzelnen Kindes zu ermöglichen. Dazu ist konzeptionell keine Pädagogik von der Stange, kein personen*unabhängiges* und kontextfreies Lern- und Entwicklungskonzept gefragt, helfen nicht unbedingt curriculare Lehr- und Lernprogramme in Unterrichtsform sowie Formen des alltagsabgewandten, kognitiven Lernens weiter.

Grundlage eines modernen Bildungsverständnisses für Kinder im Kleinkindalter ist vielmehr ein individueller und situativer Zugang zum einzelnen Kind, bei dem folgende Punkte zu berücksichtigen sind:

– Zum ersten ist davon auszugehen, dass kindliche Bildungsprozesse immer auch durch die selbsttätige Auseinandersetzung des Kindes mit seiner Umwelt geprägt ist, dass Kinder sich die Welt gewissermaßen aktiv aneignen müssen und dass so jedes Kind selbst zu einem Handelnden und *Ko-Produzenten* in Sachen Bildung wird (vgl. Liegle 2002). Dass Kinder in diesem Prozess in spezifischer Weise auf den Kontakt und die Kommunikation mit anderen Menschen, mit Erwachsenen angewiesen sind, unterstreicht die Bedeutung pädagogisches Handelns und der Bereitstellung von bildungsstimulierenden Angeboten (vgl. Laewen 2002, S. 53). Während diese Prozesse des Lernens und Weltaneignung in der Frühpädagogik gerne mit dem Begriff der „Ko-Kon-

struktion" umschrieben werden, bevorzuge ich dafür in Anlehnung an die sozialwissenschaftliche Dienstleistungsdebat-
te den Begriff der „Ko-Produktion", da dieser Begriff einen
etwas stärkeren handlungsaktivierenden Impuls enthält und
zugleich Anschlüsse an die Dienstleistungstheorie eröffnet.

– Zum zweiten sind die sozialen, emotionalen und kognitiven
Vorerfahrungen von Kleinstkindern in der Mutter-Kind-
Beziehung und im familiären Schonraum in hohem Maße
personalisiert, meist nur in der Interaktion mit zwei, drei Be-
zugspersonen und in einfachen, überschaubaren Bezügen zustande gekommen. Demgegenüber ist bereits jede Krabbel-
gruppe und erst recht jede Kindertageseinrichtung für das
noch junge Kind eine hochgradige Herausforderung an kognitiver Komplexität, emotionaler Fremdheit und sozialer
Vielfalt. Dieser Wechsel der Interaktionssysteme muss mit
Blick auf das einzelne Kind ebenfalls bewältigt werden.

– Zum dritten liegt eine wichtige Voraussetzung erfolgreicher
frühkindlicher Bildung in der Fähigkeit, an den Erfahrungen,
an der Lebenswelt und den Alltagsgegebenheiten der Kinder
anzusetzen. Diesen Zugang zu den analogen, familiennahen
Formen der Weltaneignung haben sich die „situationsorien-
tierten Ansätze" stets zu nutze zu machen versucht, indem
sie Lerngelegenheiten an alltäglichen Situationen ausrichte-
ten und die frühkindliche Bildung so unmittelbar an den All-
tagsszenen und an den eigenen Erfahrungen der Kinder an-
setzen konnten. Mit diesen Formen des zwanglosen, impli-
ten Nebenherlernens, einer altersgerechten Form der *Alltagsbildung*, wird es zugleich wesentlich eher möglich, die z.T.
erheblichen herkunftsbedingten Unterschiede an sozialen,
emotionalen und kognitiven Vorerfahrungen aufzugreifen
und ihnen individuell entgegenzusteuern.

– Zum vierten müssen Kindertageseinrichtungen die sozio-
emotionale Ausgangslage im Sinne eines individuellen Ent-
wicklungsstandes des Kindes berücksichtigen. Dabei können
bereits bei der Einschulung, also am Ende der frühkindlichen
Phase, Entwicklungsunterschiede von bis zu zwei Jahren
auftreten, was eine enorme Differenz darstellt, die später mit
einer Altersspanne zwischen 14- und 20-Jährigen vergleichbar ist. Auch diese Unterschiede müssen individuell beachtet
werden und im Sinne des Wygotski'schen Lernkonzeptes der

„Zonen nächster Entwicklung" pro Kind zur Anwendung kommen. Das einzelne Kind muss infolgedessen mit den jeweiligen neuen Herausforderungen des Lernens so dosiert konfrontiert werden, dass die neuen Erfahrungen an das vorhandene Können und Wissen anschlussfähig bleiben und diese als neue Anforderungen auch kognitiv und praktisch bewältigt werden können. Dieses Vorgehen wird im Kern auch durch die Erkenntnisse der Hirnforschung unterstützt, die deutlich macht, dass es darauf ankommt, den Kindern die richtigen Angebote zur richtigen Zeit zu machen, also das Konzept der offenen und geschlossenen Zeitfenster zu beachten ist – und deshalb manches zu früh, anderes aber auch zu spät kommt –, dabei aber zugleich auch in puncto Zumutung die richtige Dosierung zu finden, gemäß dem Motto „nicht zu viel und nicht zu wenig" (vgl. Singer 2003).

- Ein fünfter Punkt ist schließlich die mehr oder minder große Gefahr der Erzeugung oder Stabilisierung einer Kluft zwischen dem „Setting Familie" und dem „Setting Kindertageseinrichtung". Immer wieder ist auf die zum Teil gravierenden, sich geradezu widersprechenden Interaktionsformen zwischen dem privaten und öffentlichen Erziehungssystem, zwischen den Eltern und Geschwistern auf der einen und dem Erziehungspersonal und den anderen Kindern in der Gruppe auf der andere Seite hingewiesen worden, sei es mit Blick auf Werte, Stile oder Ausdrucksformen, sei es mit Blick auf Problembewältigungsverhalten, Inhalte, Themen oder emotionale Intensitäten. Wenn es nicht gelingt, diese latente Zweiteilung der kindlichen Lernwelten, dieses „geteilte Sozialisationsfeld" im Ansatz zu überwinden, darf man sich nicht wundern, wenn trotz großer Anstrengungen der Kindertageseinrichtungen bei der Entwicklung des Kindes keine sichtbaren und nachhaltigen Erfolge zu verzeichnen sind.

In Anbetracht dieser Herausforderungen muss es ein Ziel der öffentlichen Kinderbetreuung sein, das Augenmerk darauf zu richten, dass Kinder bereits in frühen Jahren eigene Strategien entwickeln, das Lernen zu lernen – und zwar insbesondere deshalb, weil diese Kompetenz in diesem Alter keineswegs selbstverständlich vorhanden ist, sofern sich diese nicht bereits als sichtbares Produkt familialer Erziehungsarbeit herausgebildet hat.

Kindertageseinrichtungen könnten dabei ihr besonderes, weitaus stärker individualisierbares Bildungsangebot zunutze machen, indem sie verstärkt und gezielt auf die individuellen „Bildungs- und Lerngeschichten" der Kinder achten, diese unterstützen und sie zugleich dokumentieren (vgl. Leu u. a. 2007). Die Verstetigung derartiger Verfahren könnte überdies auch ein hilfreiches Instrument und eine Grundlage für einen abgestimmten Übergang in die Grundschule sein, da diese unmittelbar daran anknüpfen kann.

Schließlich liegt ein zentraler Nutzen der Bildungsleistungen öffentlicher Tageseinrichtungen im Kleinkindalter in der unendlich größeren Variabilität und Fähigkeit, Kindern ein kognitives, emotionales und soziales Anregungsmilieu für neue, andere, ergänzende Erfahrungen zu bieten, die Elternhäuser so im Schnitt nicht bieten können. In diesem Zugewinn an Bildungs- und Lernoptionen in öffentlichen Settings liegt für viele Kinder eine Entwicklungschance, die sie ansonsten im familiären Umfeld nicht hätten: etwas lernen zu können, das es zuhause nicht gibt, soziale Erfahrungen gemeinsam mit anderen Kindern zu machen, die zuhause nicht möglich sind, mit neuen Dingen erstmalig konfrontiert zu werden, denen sie ansonsten nie begegnet wären.

Kindertageseinrichtungen sind möglicherweise sehr viel grundlegender, als dies bislang wahrgenommen und öffentlich diskutiert worden ist, Orte des Aufwachsens, an denen und durch die Kinder so viele Dinge lernen und erleben können, die ihnen in den durchschnittlichen Alltagserfahrungen des eigenen Familienlebens ansonsten versagt bleiben, oder besser: zumindest nicht für alle Kinder und nicht in allen Bereichen des kindlichen Lernens selbstverständlich wären.

Kindertageseinrichtungen sind in diesem Sinne dabei, sich zu Orten zu entwickeln, die *allen* Kindern ein Soziotop in Sachen Bildung und Entwicklung bietet, das in einer unübersichtlicher gewordenen Gesellschaft, in einer Vollerwerbsgesellschaft und in einem instabiler gewordenen familiären Rahmen ansonsten nicht mehr selbstverständlich zur Verfügung steht. Die lange Zeit sprudelnden Quellen der milieu- und familiennahen Alltagsbildung sind in zumindest wachsendem Maße in der Gefahr zu versiegen, die alltäglichen Geländer der Lebensführung für Kinder wurden vielfach abgebaut.

Daher eröffnen gute und gut ausgestattete Kindertageseinrichtungen eine große Chance, indem sie nicht nur Eltern eine verbesserte Vereinbarkeit von Beruf und Familie ermöglichen, sondern indem sie zuallererst für Kinder eine herkunftsunabhängige Chance auf eine altersgerechte und gedeihliche Bildung und Erziehung sind.

10.4 Eckwerte einer künftigen Kindertagesbetreuung

Auch wenn sich in den letzten Jahren die Kindertagesbetreuung in Deutschland deutlich dynamisiert hat, ist das Ende ihrer quantitativen und qualitativen Weiterentwicklung noch lange nicht erreicht (vgl. auch Bundesjugendkuratorium 2008; Wissenschaftlicher Beirat für Familienfragen 2008). Fünf Impulse zur Verbesserung der Bildungsqualität lassen sich benennen.

(1) Akademisierung der Fachkraftausbildung: Im Horizont der Bildungsorientierung ist eine generelle Anhebung der Ausbildung der Fachkräfte für Kindertageseinrichtungen auf Hochschulniveau mittelfristig unabdingbar – und so, wie sich die Dinge gegenwärtig entwickeln, auch nicht mehr aufzuhalten. Es lässt sich auf Dauer nicht schlüssig begründen, auf der einen Seite von den künftigen Fachkräften zu erwarten, dass sie – ausgestattet mit hoher situativer und diagnostischer Kompetenz – Bildungsgelegenheiten und Bildungspotenziale von Kindern in wenig strukturierten Konstellationen erkennen und gezielt fördern, um ihnen dann auf der anderen Seite zugleich eine dementsprechende Ausbildung und gesellschaftliche Anerkennung vorzuenthalten.

Der bewusster formulierte und in Zukunft auch präziser zu erreichende Anspruch eines qualifizierten Bildungs-, Betreuungs- und Erziehungsangebots erfordert die Abkehr von einer eher an routinisierbaren Berufsvollzügen ausgerichteten, erfahrungsbasierten Fachschulausbildung für Erzieherinnen und Erzieher (vgl. Rauschenbach/Beher/Knauer 1996). Stattdessen zielt er auf ein wissenschaftsbasiertes sowie auf situative Kompetenz ausgerichtetes Qualifikationsprofil, ein Profil, bei dem die Fachkräfte nicht zu Wissenskonsumenten, sondern zu Ko-Produzenten des Wissens und zu „wissenschaftlich ausgebildeten Professionellen" werden.

Zudem wäre es gegenüber den künftigen Auszubildenden auch ein Etikettenschwindel, wenn ihnen immer mehr Kompetenzen und eine bessere Qualifikation abverlangt werden – sie in puncto Status, Bezahlung und Anerkennung jedoch auf dem gleichen Niveau wie bisher verharren müssen. Das hieße in der Konsequenz, den ohnehin wenig überzeugenden Abstand zu den anderen pädagogischen Ausbildungen, die allesamt auf Hochschulniveau angesiedelt sind, fortzuschreiben, obgleich die inhaltlichen Anforderungen und Erwartungen längst auf ein vergleichbares Niveau gestiegen sind.

Auch wenn der Eindruck vermutlich nicht ganz falsch ist, dass vor allem die Fachpraxis in Ausbildung und Beruf selbst vor dieser Konsequenz der Anhebung der Ausbildung immer noch zurückschreckt – vermutlich aufgrund der Befürchtung, selbst Einfluss, Status oder gar die eigene berufliche Zukunft einzubüßen –, ist es in mittelfristiger Sicht unumgänglich, diesen Schritt einer Akademisierung der frühkindlichen Bildung zu gehen, zumal damit zugleich ein Abbau der Kluft zu den Lehrkräften der Grundschulen und zu der großen Zahl an akademisch ausgebildeten Eltern verbunden wäre. Allerdings müssen dann zugleich auch den gegenwärtigen Fachkräften entsprechende Weiterqualifizierungsmöglichkeiten und Aufstiegschancen eröffnet werden.

Im Kern muss die Anhebung des Ausbildungsniveaus vor allem dazu beitragen, die bildungsbezogenen Kompetenzen der Fachkräfte zu stärken, die diagnostischen und fallverstehenden Kompetenzen ebenso systematisch auszuweiten wie das organisationsbezogene und elternbezogene Wissen und Können. Vor allem derartige Kompetenzen befähigen die entsprechend ausgebildeten Fachkräfte dazu, sich gezielt und intensiv auf die latenten Risikogruppen einzustellen und allen Kindern in den entscheidenden frühen Jahren jene Dinge nahezubringen, mit denen sie ansonsten in der Familie möglicherweise nicht konfrontiert werden.

(2) Ausbau des Angebots für unter Dreijährige: Um die Möglichkeiten einer frühen Förderung aller Kinder in absehbarer Zeit zu realisieren, muss der nunmehr eingeschlagene Weg eines Ausbaus der Kinderbetreuungsangebote für unter Dreijährige konsequent und vor allem mit noch größerer Energie fortgesetzt werden. Gemessen an dem anzunehmenden Versorgungsbedarf sowie an den Zielen des inzwischen in Kraft getretenen Kinderförderungsgesetzes (KiFöG) muss der Ausbau des Platzangebots zur Kindertagesbetreuung für unter Dreijährige im Westen der Republik erheblich beschleunigt werden, soll das gesetzte Ziel eines Rechtsanspruchs für Ein- und Zweijährige ab 2013 tatsächlich erreicht werden.

Während bei den Drei- bis Sechsjährigen inzwischen bundesweit durchgängig hohe Versorgungsquoten von deutlich über 90 Prozent zu verzeichnen sind, liegen in der Betreuung der unter Dreijährigen Wunsch und Wirklichkeit noch weit auseinander. Soll bis 2013 das angestrebte Volumen von bundesweit rund 750.000 Plätzen für unter Dreijährige erreicht werden – das würde 2013 einem Platzangebot für rund 38 Prozent der unter Dreijährigen entsprechen –, dann muss dazu in der noch verbleibenden Zeit ein steiler Weg zurückgelegt werden. Konkret: Pro Jahr müsste ein Ausbau von jeweils knapp 80.000 zusätzlichen Plätzen in Kindertageseinrichtungen und Kindertagespflege zusammen realisiert werden.

In Anbetracht der Tatsache, dass im Frühjahr 2008 gerade mal 364.000 Plätze für unter Dreijährige in Deutschland zur Verfügung standen – davon 204.000 in Westdeutschland –, dort die Platzzahl somit noch verdreifacht werden muss, ist das eine gewaltige Herausforderung. Umso dringlicher ist es, dass der beschlossene Weg des Ausbaus von Betreuungseinrichtungen für Kinder unter drei Jahren (U 3) in den Ländern und den Kommunen zügig umgesetzt wird, da bei weiteren Verzögerungen die neu zu schaffenden Plätze in immer größeren Mengen und immer kürzerer Zeit bewältigt werden müssen – oder aber das „Mindestziel" von 750.000 Plätzen bis 2013 immer mehr aus dem Visier gerät.

Dabei sind aber zwei Dinge noch gar nicht berücksichtigt. Zum einen muss beachtet werden, dass ab 2013 ein uneingeschränkter Rechtsanspruch für alle Kinder zwischen dem vollendeten ersten und dritten Lebensjahr auf ein Betreuungsangebot besteht, der durchaus zur Folge haben kann, dass die 2007 gesetzte Zielmarke von 750.000 Plätzen gar nicht ausreicht (zum Personal- und Platzbedarf vgl. Schilling/Rauschenbach 2009). Von daher ist in den nächsten Jahren die regional differenzierte Beobachtung der Bedarfsfrage von erheblicher Bedeutung, um eine auch lokal einigermaßen genaue Punktlandung zu erreichen, sprich: um nicht zu viel und nicht zu wenig Plätze zu planen.

Zum anderen muss auch die Frage der Verfügbarkeit einer entsprechend großen Zahl an ausgebildeten Fachkräften sehr viel deutlicher auf die Tagesordnung gesetzt werden, als dies bislang der Fall ist, wenn das gesamte Ausbauprojekt nicht schlicht am Mangel geeigneter Fachkräfte scheitern soll (vgl. auch Rauschenbach/Schilling 2009). Dementsprechende zusätzliche Aktivitäten sind jedoch bislang nicht zu erkennen.

(3) Ausbau der Kindertagespflege: Neben dem Ausbau der institutionellen Tagesbetreuung stehen für die Entwicklung eines abgestimmten, familienfreundlichen Systems der Bildung, Betreuung und Erziehung auch der Ausbau und die Weiterentwicklung der öffentlich geförderten Kindertagespflege auf dem Programm. Immerhin soll knapp ein Drittel der bis 2013 zur Verfügung stehenden Betreuungsplätze in Westdeutschland in Form von Tagespflege angeboten werden.

Um vor allem in den ersten Lebensjahren der Kinder eine attraktive Ergänzung und Alternative zu den Einrichtungen in nennenswertem Umfang zu schaffen, muss die Tagespflege aus der Grauzone eines billigen und unqualifizierten Angebots zwischen bloßer Betreuung und Versorgung herausgeführt und zu einem qualitativ verbesserten Angebot weiterentwickelt werden. Dies kann nur dann erfolgreich gelingen, wenn dieses Angebot auch den Tagespflegepersonen, den so genannten „Tagesmüttern", zumutbare finanzielle Einkünfte eröffnet und dadurch zugleich gezielt die Bildungsprozesse der Kinder unterstützt werden (vgl. dazu grundlegend Jurczyk u. a. 2004).

Insofern geht es in Sachen Tagespflege um mehrere Herausforderungen gleichzeitig: Zum einen müssen öffentlich verantwortete lokale Netzwerke für Tagesmütter aufgebaut werden, die diese durch qualifizierte Fach- und Praxisberatung unterstützen und auch wechselseitige Vertretung ermöglichen. Zum anderen besteht eine bislang unbefriedigend eingelöste zentrale Herausforderung für die Tagespflege in einer fachlich durchgängig verbesserten Qualifizierung des Tagespflegepersonals bis hin zum Ziel eines eigenen Berufsprofils. Nur so wird die Tagespflege jene Stabilität und Anerkennung erlangen, die sie auch nach dem erfolgten Ausbau der institutionellen Kinderbetreuung noch attraktiv macht.

Dies alles muss und wird zu einem Preisanstieg und zu einer Angleichung des Produktes „Tagespflege" an die institutionelle Kinderbetreuung führen, wird aber auch dazu beitragen, dass die Tagespflege ihr Image als unqualifizierte Notlösung, als ein notgedrungen akzeptiertes Angebot mangels anderer Alternativen abstreifen und auch in Zukunft zu einer wichtigen Wahlmöglichkeit insbesondere für Kinder in den ersten beiden Lebensjahren werden kann.

Wenn eingangs dieses Kapitels von der komplexer gewordenen Aufgabe der Bildung, Betreuung und Erziehung von Kindern die Rede war, wenn Eltern und Kinder über die verschiedenen Formen der Tagesbetreuung Unterstützung erfahren sollen, dann muss auch eine künftig auszubauende, öffentlich verantwortete Kindertagespflege über den „Standard" eines mehr oder weniger zufälligen, privat angesammelten Erfahrungsschatzes unausgebildeter Tagespflegepersonen hinausgelangen: kurzfristig im Sinne einer fachlich gründlichen Schulung und Weiterbildung von Tagesmüttern – und mittelfristig in Anlehnung an eine entsprechende Grundausbildung, etwa der Kinderpflegerin. Für Kinder in Tagespflege darf auf Dauer jedenfalls kein schlechteres Bildungs-, Betreuungs- und Erziehungsangebot zur Verfügung stehen als für Kinder in Tageseinrichtungen.

(4) Frühkindliche Bildung: Wenn im 12. Kinder- und Jugendbericht für die Kindertageseinrichtungen ein erweitertes Bildungskonzept vorgeschlagen wird, dann zielt dieses zum einen auf die „Trias von Bildung, Betreuung und Erziehung", wie sie im ersten Teil des Buches skizziert wurde, zum anderen aber auch auf die gezielte Inblicknahme einer „Bildung von Anfang an" (vgl. BMFSFJ 2003). Damit wird eine konse-

quente inhaltliche Erweiterung ebenso ins Blickfeld gerückt wie eine zeitliche Vorverlagerung der Bildungs- und Entwicklungsidee auf die ersten Lebensjahre.

Ein derart erweiterter Bildungsbegriff muss zu einem selbstverständlichen impliziten Bezugspunkt und Horizont des gesamten Bildungs-, Betreuungs- und Erziehungsangebots in Kindertageseinrichtungen werden, ohne dass der Kompetenzerwerb in den ersten Lebensjahren und insbesondere in Kindertageseinrichtungen sich unter der Hand damit zugleich in eine schulähnliche, unterrichtsnahe Form verwandelt.

Im Gegenteil: Nicht Schule und formale Bildung, sondern Lebenswelt und Alltagsbildung müssen zum Maßstab eines solchen Konzeptes werden. Im Unterschied zum curricular gestalteten schulischen Unterricht, der versucht, mit einem Mindestmaß an Aufwand ein Höchstmaß an Wirkung zu erzielen, sollten die Bildungs-, Betreuungs- und Erziehungsangebote in den Kindertageseinrichtungen sich die Vorzüge eines alltags- und familiennahen Bildungssettings auch in Zukunft zunutze zu machen. Damit wird nicht nur dem Umstand Rechnung getragen, dass die Auswahl, der Rhythmus und die Art des Lernens stark von den Kindern ausgehen, sondern dass dadurch auch ein wesentlich besseres Zusammenspiel von Bildung, Betreuung und Erziehung möglich wird, wie sich dies in der Bildungswelt Familie beobachten lässt (vgl. Kap. 9). Etwas zugespitzt formuliert: Das Lernen sollte in dieser Altersphase analog, nicht digitalisiert erfolgen.

Allerdings können sich Bildungsprozesse in Kindertageseinrichtungen nicht ausschließlich in Formen impliziten, situativen Lernens erschöpfen, sondern müssen zugleich immer auch mehr oder weniger gezielt mit einem intentionalen Lernkonzept arbeiten, so dass man Kindertageseinrichtungen am ehesten als „gestaltete Lernorte" umschreiben könnte. Oder anders formuliert: Die große Herausforderung eines zukunftsweisenden Bildungskonzeptes der Kindertageseinrichtungen liegt darin, einen Weg der Kompetenzentwicklung und der Weltaneignung zu finden, der Kindern ein möglichst lebensweltnahes, thematisch breites und wenig selektives, möglichst analoges Lernen ermöglicht. Der Ansatz, Lern- und Bildungsgeschichten bzw. Bildungs- und Lernprozesse in Kindertageseinrichtungen individuell zu beobachten, zu dokumentieren und damit auch fördern zu können, könnte dabei ein vielversprechender Ansatz sein, der in die skizzierte Richtung weist.

Die einfache Vorverlagerung der Einschulung auf das Alter von vier oder fünf Jahren bzw. die „Verschulung" des Kindergartens – oder auch seine bloße administrative Überführung in eine ausschließlich kultusministerielle Bürokratie – ist im Vergleich dazu kein sonderlich Erfolg versprechender Weg, da er zu früh und zu einseitig auf Spezialisierung und Curricularisierung, auf schulisches, digitalisiertes Lernen und kognitive Wissensvermittlung setzt und dabei die spielerischen Formen der Weltaneignung, die anderen Inhalte und Kompetenzbereiche sowie das informelle Lernen in lebensweltnahen Kontexten unterschätzt.

(5) Qualitätsentwicklung: Schließlich müssen bei der künftigen Weiterentwicklung des Systems der Kindertagesbetreuung auch Fragen der Qualitätssicherung, der Qualitätsentwicklung und der Evaluation zu integralen Bestandteilen eines qualitativ überzeugenden Konzeptes werden (vgl. BMFSFJ 2005, S. 188 ff.). Wenn, wie hier unterstellt, eine gute Kindertagesbetreuung systematische Auswirkungen auf die Entwicklungs- und Lebenschancen von Kindern haben soll und wenn inzwischen auch die anderen Institutionen des Bildungswesens dazu übergehen, sich selbst zu überprüfen, dann ist auch das System der frühkindlichen Bildung, Betreuung und Erziehung gefordert, sich regelmäßig der eigenen Qualität und deren Weiterentwicklung zu vergewissern.

Vor diesem Hintergrund ist es eine der spannendsten und wichtigsten Fragen, wie sich die Qualität pädagogischer Dienste angemessen prüfen, steuern und weiterentwickeln lässt. Zu lange wurde der Maxime vertraut „der Weg ist das Ziel", zu lange wurde gut gemacht mit gut gemeint gleichgesetzt, so dass die kritische und unabhängige Prüfung der tatsächlichen Leistungsfähigkeit einer Kindertageseinrichtung kein wirklicher Gegenstand der Betrachtung war. Wichtig ist dabei allerdings, dass eine Qualitäts*feststellung* auch dezidiert mit einem Konzept der Qualitäts*entwicklung* einhergeht, da nur so gewährleistet ist, dass ggf. nicht nur ein Entwicklungsbedarf diagnostiziert, sondern zugleich auch gezielt an der Beseitigung der Mängel gearbeitet wird.

Insbesondere im Lichte eines nunmehr seit Jahren anhaltenden Ausbaus der Kindertagesbetreuung in Deutschland ist die Gefahr nicht von der Hand zu weisen, dass vor lauter Ausbauanstrengungen die *qualitative* Seite aus dem Auge verloren wird. Neben zu vereinbarenden Mindeststandards, wie sie teilweise in Gesetzen und Verordnungen festgeschrieben werden, werden als Qualitätsstimuli gegenwärtig vor allem Bildungspläne, besser ausgebildete Fachkräfte, Qualitätsfeststellungsverfahren wie beispielsweise Gütesiegel oder auch Qualitätsentwicklungsverfahren ins Spiel gebracht.

Es wäre eine eigene Diskussion wert, welche dieser Parameter welche Wirkungen und Nebenwirkungen nach sich ziehen, also nicht nur gefühlte, sondern gemessene Effekte erzeugen. Dennoch ist unverkennbar, dass auch Kindertageseinrichtungen mittelfristig um eine wirkungsorientierte Ausrichtung ihres Bildungs-, Betreuungs- und Erziehungsangebots nicht umhin kommen, um auf diese Weise jene Schaltstellen und Konzepte zu identifizieren, die zu einer tatsächlichen Weiterentwicklung und Verbesserung der frühkindlichen Förderung beitragen.

Die interessante Frage wird dabei allerdings sein – und diese ist bislang noch gar nicht beantwortet –, auf welche Gütekriterien man sich dabei einigen kann: etwa auf die Elternzufriedenheit oder den Auslastungsgrad der Einrichtung, auf die sogenannte „Schulreife" und auf den allgemeinen „Bildungsstand" oder auf irgendwelche gemessenen Kompetenzen von Kindern? Allein die Beantwortung dieser Frage zieht eine Reihe von Konsequenzen und vermutlich auch Kontroversen nach sich, die noch keineswegs einvernehmlich geklärt sind.

11. Schule

Die Schule ist seit Jahrhunderten ganz unübersehbar der zentrale öffentliche Bildungsort für Kinder und Jugendliche im Prozess des Aufwachsens. Sie hat sich im Laufe ihrer Geschichte zu einer allgemeinverbindlichen, gewissermaßen universalisierten Bildungsinstanz entwickelt, um *allen* Kindern und Jugendlichen ein Mindestmaß an *„elementarer"* Bildung sowie – darüber hinaus – einigen eine *„höhere"* Bildung zu ermöglichen. Dieses Qualifizierungsmotiv entstand allerdings nicht allein aus humanitären, sondern auch aus ökonomischen Gründen, ging es im Zuge der Industrialisierung doch notwendigerweise auch um so etwas wie „die Fabrikation des zuverlässigen Menschen" (vgl. Treiber/Steinert 1980; Gedrath 2003).

Vor allem im 19. Jahrhundert konnte der Staat mit der Einführung der Schulpflicht eine „aufklärende" Wirkung entfalten, eröffnete die Schulbildung doch im Laufe der Zeit vielen einfachen, „ungebildeten" Menschen die Chance einer Alphabetisierung bzw. Grundbildung und damit zugleich auch des Zugewinns an Unabhängigkeit und Eigenständigkeit. Die Durchsetzung der Schulpflicht mit der verpflichtenden Möglichkeit einer schulischen Bildung für alle hatte insoweit auch einen *emanzipatorischen* Charakter, war, wenn man so will, für große Bevölkerungsschichten so etwas wie der Beginn des *Ausgangs aus der selbstverschuldeten Unmündigkeit* (vgl. auch Kap. 5.1).

Bildung und Schule wurden im 19. Jahrhundert – bei aller Instrumentalisierung durch die Regierungen – immer auch getragen von den pädagogischen Ideen Herbarts oder Pestalozzis, den preußischen Reformen und den Ideen der französischen Revolution im Sinne eines zivilisatorischen Aktes der Bemündigung und der Entfaltung autonomer Bürgerrechte (vgl. Diederich 1975, S. 86; Schmitz 1980).

All diese wichtigen Errungenschaften und auch die späteren Entwicklungsschübe der Schule sollen hier nicht eigenes verfolgt werden. Davon war bereits ansatzweise im ersten Teil des Buches die Rede. Mehr noch: Es soll die Schule in ihrer Gesamtheit und Breite auch gar nicht eigens ausgebreitet werden. Dazu gibt es eine unüberschaubar angewachsene Fülle an Literatur, die hier nicht aufbereitet werden kann und soll (vgl. etwa zuletzt Cortina u.a. 2008; Autorengruppe Bildungsberichterstattung 2008). Dies alles läuft gewissermaßen als stiller Begleiter nebenher mit (vgl. auch Rauschenbach/Otto 2008), da Schule für dieses Buch ohnehin als so etwas wie eine ständig vorhandene, implizite Kontrastfolie für die anderen Seiten und Orte der Bildung fungiert.

Im Folgenden geht es vielmehr zunächst typologisch um das Bildungssetting der Schule, um so insbesondere für die Frage zu sensibilisieren, inwieweit sich die in der Schule vorherrschenden Prozesse der Bildung von dem Bildungsverständnis anderer Bildungsorte und Lernwelten unterscheiden. Im Anschluss daran gilt es das Zukunftspotenzial auszuloten, das gegenwärtig insbesondere mit den Konzepten der Ganztagsschule – nicht unbedingt mit ihrer Realität – in Verbindung gebracht wird.

11.1 Herausforderungen der Schule

Um den Blick für die eher schulabgewandten Potenziale von Bildung zu schärfen, sollen zunächst sechs typologische Dilemmata schulischer Bildung benannt werden, da so am deutlichsten erkennbar wird, wo möglicherweise die bislang zu wenig beachteten oder ungenutzten Reserven eines erweiterten Bildungskonzeptes liegen könnten. Dabei geht es nicht etwa um die Hierarchisierung von Bildung 1. und 2. Grades, sondern vor allem um die Neubewertung der schlummernden Möglichkeiten einer erweiterten Bildung (vgl. auch v. Hentig 1993).

(1) Das Dilemma der kognitiven Engführung: Die Schule hat gegenüber den anderen Lebensbereichen der Heranwachsenden unstrittig eine wissens- und faktenorientierte, kognitive Ausrichtung. In dieser Spezialisierung liegt ihre Stärke und al-

ternativlose Aufgabe, da analytische Wissensaneignung und kognitionsabhängige Horizonterweiterung ansonsten weder von alleine, durch selbstentdeckendes Lernen, gute Stimmung, emotionale Wärme oder einen bedarfsstimulierten Eventcharakter von Lernsettings noch durch ein faktenabstinentes Fabulieren über „Gott und die Welt" erreicht werden kann. Mit anderen Worten: Wissensaneignung, die Entwicklung kognitiver Kompetenzen und die „Anstrengung des Begriffs" müssen sein, um in einer hochkomplexen Gesellschaft die individuellen Fähigkeiten zu trainieren und auszubilden, die für einen kollektiven Fortbestand und eine Weiterentwicklung der Gesellschaft notwendig sind.

Allerdings: Kognition und Kompetenz, Kognition und Emotion, Kognition und Kommunikation müssen keine Gegensätze sein, müssen sich nicht wechselseitig ausschließen. Nicht selten kann man an erfolgreichen Biografien im Nachhinein ablesen, dass entscheidende Lernimpulse und Entwicklungsschübe mit erheblichen Rückwirkungen auf das fakten- und kognitionsorientierte Lernen auch von schulexternen Faktoren beeinflusst werden, von einer Begeisterung für eine Sache, ein Thema oder eine Person, von emotionalen Stimuli durch Eltern, Verwandte, Geschwister, Freunde, einem Verein und vielem mehr.

Es geht in dieser Hinsicht mithin um die systematische Erweiterung von Lerninhalten und Lernbereichen, von Lernformen und Lernmodalitäten jenseits der eingespielten Routinen kognitiv-schulischer Bildung. Dieser Gedanke ist zwar keineswegs neu, behält aber nach wie vor seine Gültigkeit. Schon Pestalozzi hat vor 200 Jahren auf das Ineinander der „Bildung mit Kopf, Herz und Hand" hingewiesen. Dabei geht es weniger um den Fortbestand der musisch-ästhetischen Fächer, das vielleicht auch, sondern vor allem um eine entsprechende Haltung den Kindern gegenüber: dass diese nicht nur als lernende, kognitive Wesen, also partikularisiert in ihrer Rolle als Schülerin oder Schüler, sondern als „ganze Personen" eingebunden werden.

Die Folge wäre, dass sich, genau umgekehrt, Schule auf Seiten der Kinder die Identifikation mit einer Sache oder einer Person, also die emotionale Seite einer Thematik und einer

Lehrer-Schüler-Beziehung zunutze macht und dadurch zu einem integralen Bestandteil des Bildungsprozesse werden lässt. Kinder, die als Person soziale Anerkennung und emotionale Wertschätzung erfahren, die sich für etwas begeistern dürfen, und deren Lebenswelten nicht aus den Lernwelten Schule ausgeklammert werden, sind die besseren Lernenden. Gepaart mit den anderen Kompetenzdimensionen, also der praktischen, der sozialen und der Persönlichkeitsbildung neben der kognitiv-kulturellen Bildung trägt dies zu einer umfassenderen Förderung und Kompetenzentwicklung bei. In der reformpädagogischen Sprache heißt das: nicht das Kind muss schulfähig werden, sondern die Schule muss kindgerecht werden.

(2) Das Dilemma der Selektion: Das deutsche Schulwesen mit seiner Ausrichtung auf überprüfbare Einzelleistungen erzeugt und fördert zwangsläufig *Prozesse der Selektion* und der Auslese. Kinder werden so unterscheidbar, werden darin eingeübt, sich in Bildungsfragen selbstzentriert, tendenziell egoistisch zu verhalten, weil sie als Einzelkämpfer behandelt, geprüft und zensiert werden. Und dabei werden sie zugleich permanent – wie Fußballprofis in der Bundesliga – über Jahre hinweg von Woche zu Woche mit Rankings ihres eigenen Wissens, Könnens und Versagens im Schüler- und Schulnotenvergleich konfrontiert, sowohl als Mannschaft als auch im Einzelwettbewerb.

Mag sein, dass es dazu, alles in allem, keine wirklichen Alternativen gibt. Zumindest fehlen aber brauchbare Mechanismen des Ausgleichs, fehlen wirksame „Gegengifte" zur Kompensation von damit erzeugten oder verstärkten Unterschieden, zumal dann, wenn diese – wie PISA wiederholt gezeigt hat – eher herkunftsbedingt als bildungsbedingt sind. Und wie gute oder schlechte Platzierungen in einem Dauerleistungsvergleich wirken können, kann man anschaulich jedes Wochenende im Sport studieren, wenn das Abstiegsgespenst, also die Versagensangst, eine Mannschaft zusätzlich lähmt, während die aktuelle Tabellenführung einer Mannschaft zusätzliches Selbstbewusstsein, „Flügel" verleiht.

Diese gesamte Thematik der Selektion, der Betonung von individuellen Unterschieden und Disparitäten, samt den damit einhergehenden Folgen unterschiedlicher Chancen, eine weiterführende Schule besuchen zu können oder einen Ausbildungs- bzw. Studienplatz zu erhalten, stellt sich demgegenüber in den Lernwelten vor und neben der Schule, also etwa in der Familie, im Kindergarten, in der Jugendarbeit oder in den Gleichaltrigengruppen weitaus offener, weniger eindeutig dar. Und es wäre eine ganz eigene Diskussion wert, ob der damit nahe liegende Vorwurf, dass aufgrund der dadurch fehlenden externen Leistungsanreize auch keine befriedigenden Lernleistungen erbracht werden, wirklich ernsthaft aufrecht zu erhalten ist.

Bei der anderen Seite der Bildung ist der „geheime Lehrplan" nicht auf permanente, eindeutige Platzierungen und Vergleiche ausgerichtet, eher auf individuelle Lerngeschichten, auf indirekte Stimuli zur Kompetenzaneignung, die im günstigsten Fall in das Motiv, es selbst zu wollen, münden. Im Lichte dieser Problematik geht es mithin auch um eine pädagogisch sinnvolle, organisatorische Balance zwischen wettbewerblicher Selektion und individueller Förderung, geht es um eine paradigmatische Neuausrichtung der Bildungsanstrengungen von einer vor allem defizitorientierten Auslese zu einer ressourcenstabilisierenden Individualförderung.

Und vergessen werden darf dabei auch nicht, dass hauptsächlich dieser Selektionszwang oft zu einer völligen Verschiebung der Ausrichtung des schulischen Lernens vom Inhalt auf die Note führt. Nicht zuletzt die PISA-Studien haben deutlich gemacht, dass der Zusammenhang zwischen den bei PISA gemessenen Kompetenzen und den schulischen Noten bei weitem nicht so eng ist, wie das in der Bildungspolitik oft unterstellt wird. In Anbetracht der notenbasierten Selektionsregeln mit Blick auf den Besuch eines Gymnasiums, die Wiederholung einer Klasse, das Abwählen von Fächern, die Wahl von Leistungskursen oder das Erreichen eines bestimmten Notendurchschnitts beim Abgang von der Schule, verhalten sich viele Schülerinnen und Schüler auch so: Im Mittelpunkt von Schule und Unterricht steht dann nicht mehr die Aneignung des Stoffes, der Kompetenzerwerb, sondern die Note, das Zertifikat.

Auch wenn PISA bislang lediglich eine spezifische Auswahl an Kompetenzen in den Blick genommen hat, die gemessen an einer breiten Lebenskompetenz viel zu eng, viel zu unterrichtsnah, viel zu kognitiv ausgerichtet sind, ist dennoch die damit vorgenommene Akzentverlagerung auf die Frage der Kompetenzen, also den Output, unter dem Strich wesentlich bildungsgerechter als der enge Blick auf Noten und Zertifikate.

(3) Der mangelnde Lebensweltbezug: Vermutlich gibt es für einen Großteil der Kinder und Jugendlichen keinen Ort, der stärker von ihrer eigenen primären Lebenswelt, von ihrem privaten sozialen Nahraum abgekoppelt ist als die Schule. Das heißt allerdings nicht, dass Schule nicht lebensweltlich geprägt wäre. Im Gegenteil: Schule selbst entwickelt sich aufgrund ihrer Dauer und ihrer altersspezifischen Dominanz ganz massiv zu einer Lebenswelt eigener Art, getrennt und tendenziell abgekoppelt von dem familialen Umfeld und der sozialen Umgebung der Kinder und Jugendlichen. Sie neigt mithin dazu, zu einer „Welt zweiter Ordnung", zu einem realen „Second Life", zu einer Art Welt in der Welt zu werden.

Just diese mangelnde Rückbindung in die vorgelagerte primäre Lebenswelt der Heranwachsenden ist unterdessen im schulischen Umfeld eine bislang viel zu wenig genutzte Quelle kindlicher Bildungs- und Lernprozesse, eine Quelle, die demgegenüber etwa in Kindertageseinrichtungen oder in der Jugendarbeit eine wesentlich stärkere Rolle spielt und die auch wichtige Impulse für ein anderes Bildungsverständnis liefern könnte.

Die moderne Schule, weniger die frühere Dorf- oder Stadtteilschule, hat sich in ihren durchschnittlichen Spielarten seit jeher schwer getan, das lebensweltliche Element in ein pragmatisches Lern- und Bildungskonzept zu integrieren, etwa die *Beziehungen* zu den und zwischen den Kindern gleichgewichtig neben die *Inhalte* zu stellen und die Lern- und Bildungsprozesse nicht von den lebensweltlichen Alltagserfahrungen abzukoppeln bzw. auf deren abstrakte, gereinigte Form zu reduzieren.

Deshalb wäre es für ein erweitertes Bildungskonzept undenkbar, die unterbelichteten Lebensweltbezüge in den Lern- und Bildungsprozessen von Kindern und Jugendlichen nicht gezielt zu verstärken, zumal in der Wiederaneignung und Zusammenführung von Lernwelten und Lebenswelten ein entscheidender Ansatzpunkt für die Gewinnung eines neuen inhaltlichen Profils und einer neuen Qualität künftiger Lern- und Bildungsprozesse liegen könnte.

(4) Der mangelnde praktische Nutzwert schulischer Inhalte: Schwer tut sich das schulische Lehren und Lernen oft auch mit Blick auf eine praktische Verwertbarkeit im gegenwärtigen wie im späteren Leben – zumindest ist diese für die Kinder oft nicht leicht erkennbar. So ist in der heutigen Zeit immer weniger selbstverständlich – wenngleich dies bislang kein Thema ist, das die Öffentlichkeit wirklich beschäftigt –, warum in der Schule eigentlich Fächer wie Physik, Chemie oder Geographie, also klassische Fächer eines prosperierenden Industriezeitalters gelehrt und gelernt werden – womit gar nichts gegen deren Sinn gesagt werden soll –, während zugleich die Beschäftigung mit Themenfeldern wie Medizin, Psychologie, Politik, Recht, Ökonomie oder Pädagogik so gut wie gar nicht oder allenfalls am Rande vorkommt (vgl. auch Richter 1999, S. 98).

Der praktische Nutzwert der Schulfächer wirkt insofern bisweilen immer noch so, als wäre er relativ einseitig an einer technikbasierten, warenproduzierenden Industriegesellschaft ausgerichtet, traditionell ergänzt um die „schönen Künste". Bisweilen mag Schule sogar so wirken, als würde sie nicht längst auf eine globalisierte, wissensbasierte Dienstleistungsgesellschaft vorbereiten und handle es sich bei den genannten Themen um Gebiete, bei denen man immer noch stillschweigend davon ausgehen kann, dass man diesbezüglich mit folgenloser Ignoranz, viel Gottvertrauen und einem fröhlichen Dilettantismus einigermaßen ungeschoren durchs Leben kommt.

Hinter der in der Schule fest verankerten Fächerauswahl kommt ein Missverhältnis zum Ausdruck, wie es – etwas allgemeiner formuliert – in vielen Bereichen der Bildung immer noch zu finden ist: eine mehr oder minder einseitige und starke Ausrichtung auf jene Fächer, die das Verhältnis des *Menschen zur Natur*, also gleichsam die Naturbeherrschung in den Mittelpunkt rücken – zum Teil verstärkt durch das Verhältnis *Mensch – Maschine* –, während die Fächer, die sich mit dem Verhältnis *Mensch – Mensch*, also den Lebenswissenschaften im weiteren Sinne beschäftigen, bislang kaum als reguläre und allgemeinverbindliche Gegenstände öffentlich organisierter Bildung anzutreffen sind. Nur am Rande: Damit im Kindergarten nicht genau das Gegenteil passiert, werden dort inzwischen die naturwissenschaftlichen und technischen Themen verstärkt.

Hinter dem Themenprofil der Schule verbirgt sich eine in ihrer Akzentuierung zunehmend problematisch werdende einseitige Betonung der industriellen gegenüber den dienstleistungsorientierten, der „harten" gegenüber den „weichen", den männerdominierten, arbeitsweltbezogenen gegenüber den frauenspezifischen, familienweltbezogenen Themen. Auch darin liegt ein Stück Enttäuschung mit Blick auf die etablierten Strukturen der formalen Bildung und der Projektion einer Hoffnung auf mehr Lebensweltnähe der anderen Seiten der Bildung. Diesbezüglich wäre ein Ausgleich über die einzelnen Bildungsakteure hinweg sicherlich von Vorteil.

(5) Das Dilemma der fehlenden Ernsthaftigkeit: Das schwierigste, gleichwohl fast wichtigste Dilemma schulischen Lernens liegt unterdessen in der latenten Künstlichkeit von Schule, d. h. in der Reduzierung des Lernens auf das „Als-Ob-Lernen", auf eine Art Vorratslernen und die damit einhergehende fehlende Ernsthaftigkeit mit Blick auf die direkten und unmittelbaren Folgen schulischen Lernens.

Schule ist im regulären „Massenbetrieb" – trotz der Traditionen eines Johann Heinrich Pestalozzi, August Hermann Francke oder John Dewey in Amerika –, ist in der eigenen Serienproduktion zu einem Ort der handlungsentlasteten Simulation, der erfahrungsgereinigten Trockenübung und des Tuns ohne spürbaren Handlungsdruck geworden. Auch wenn das Medienzeitalter ganz andere Möglichkeiten der Anschauung eröffnet, ist Handeln im schulischen Alltag doch in aller Regel selbstreferentiell, auf sich selbst gerichtet. Das eigene Tun, auch das Nicht-Tun, hat keine unmittelbaren Folgen – zumindest nicht für Dritte, für Andere –, sieht man von den bisweilen sehr realen Wirkungen anhand von Noten und Zeugnissen für die Betroffenen selbst ab, mit denen gewissermaßen vom Ende her so etwas wie eine prognostische Wirklichkeit geschaffen wird.

Aufgrund dieser Ausgangslage hat sich Schule, um dies in einem Bild zu formulieren, zu so etwas wie einer unendlich langen sportlichen Dauertrainingseinheit entwickelt, bei der der tatsächliche Wettkampf selbst – der Anlass für das umfangreiche Trainingsprogramm – in so weite Ferne gerückt ist, dass es wenig erstaunt, wenn Kinder auf dem Weg des Erwachsenwerdens diese Konstellation langsam durchschauen, erlahmen und währenddessen zeitweilig die notwendige Intensität und Ausdauer vermissen lassen oder aber gänzlich die Geduld verlieren.

Diese Resignation bzw. diese nüchterne Einsicht in die Aussichtslosigkeit des Unterfangens liegt insbesondere dann nahe, wenn Kinder in diesem Setting ständig die Rückmeldung erhalten, dass sie aufgrund der anhaltend schlechten Trainingszwischenergebnisse keine realistische Chance haben, an den späteren großen Wettkämpfen wirklich teilzunehmen, da sie die Qualifikationsnormen aller Voraussicht nach ohnehin nicht erfüllen werden. Zudem bleibt für viele Betroffene zu allem Überfluss auch bis zum Schluss unklar, ob sich der enorme Trainingsaufwand für sie überhaupt jemals konkret auszahlt. Vielfach können sie einfach noch nicht wissen bzw. einschätzen, an welchem Wettspiel sie später einmal teilnehmen werden – deshalb sind Schulfachwahlen hoch riskant und werden ohnehin meist rein strategisch unter Kosten-Nutzen-Gesichtspunkten getroffen –, auch wenn sie sich später im „richtigen Leben" dann als möglicherweise falsch herausstellen.

Dieser Mangel an konkret absehbarer Nützlichkeit und Relevanz, dieses Manko an erkennbaren zeitsynchronen Verwendungsmöglichkeiten und einer damit verbundenen Ernsthaftigkeit, kurz: die relative Folgenlosigkeit von Erfolgen und Misserfolgen des Lernens jenseits der schulischen Mauern, sofern es nicht das angedrohte Scheitern an schulnotenrelevanten Qualifikationen ist, erhöht nicht gerade die Motivation, die Intensität und die innere Anteilnahme der Lernenden, steigert nicht unbedingt die Produktivität schulischen Lernens und den Ertrag, gemessen an der investierten Energie.

Zumindest erscheint es demgegenüber vergleichsweise nahe liegend, dass man Vieles erst dann als für sich relevant anerkennt und einigermaßen effektiv lernt, wenn man ihm persönlich einen „Sinn" abgewinnen kann, wenn man eine Sache unmittelbar braucht, wenn man es selbst möchte. Immer dann, wenn Schülerinnen und Schüler für sich selbst einen Wert, ein Eigeninteresse bei einer Sache, einem Thema oder einem Fach entdecken, das an ihre aktuelle Lebenswelt, an ihre bereits entwickelten Interessen, vorhandenen Neigungen oder an ihre eigenen Zukunftsvorstellungen anschlussfähig ist, erhöht sich schlagartig die hierauf bezogene Wissbegierde und die Wahrscheinlichkeit von Leistungssteigerungen und Lernerfolgen. Lernen unter Ernstbedingungen erlangt von daher wieder eine wachsende Bedeutung im Nachdenken über ein erweitertes Bildungskonzept.

(6) Die fehlende Verantwortungsübernahme: Ein letztes Defizit schulischer Bildung, das in diesem Rahmen von erheblicher Bedeutung ist, sind die fehlenden bzw. zu geringen Möglichkeiten der Verantwortungsübernahme in schulischen Kontexten. Heranwachsenden eröffnen sich oft kaum Gelegenheiten, schon gar nicht systematisch, zur sozialen Verantwortungsübernahme im schulischen Rahmen. Aber auch dies ist eine wichtige Seite der Bildungsprozesse bei Kindern und Jugendlichen.

Wie bereits angemerkt, sind schulische Lernsituationen gemeinhin durch eine relativ starke Handlungsentlastung und Nützlichkeitsferne gekennzeichnet. So ist das, was Heranwachsende in der Schule tun, jenseits von Schule wenig folgenreich. Statt realen Kompetenzen stehen dort Zensuren und Zertifikate im Mittelpunkt. Nicht etwas können, sondern gute Noten haben, lautet daher der heimliche Lehrplan.

Diese Nützlichkeitsferne offenbart sich ebenfalls in puncto Verantwortungsübernahme. Verantwortung für sich, für eine Sache oder gar für andere zu übernehmen, zu wissen, dass das, was man tut, unmittelbar auch für andere eine Bedeutung haben kann, zu erleben, dass man selbst mit seinem Handeln Bestandteil einer lebensweltlich geteilten Sozialwelt und nicht nur Mitglied einer Art artifiziellen Welt ist, dass man bei anderen Freude oder Entsetzen, Zustimmung oder Ablehnung, Anerkennung oder Skepsis auslöst: dies alles ist im Raum Schule wenig bis gar nicht vorhanden. Mit anderen Worten: Kindern und Jugendlichen fehlt in der Regel diese soziale

Verantwortungsübernahme – in Amerika vielfach unter dem Stichwort „Service Learning" propagiert (vgl. Sliwka/Frank 2004) – als ein eigenständiger Erfahrungsbereich im Kontext der Schule, fehlt diese Seite der Bildung als eine fremde, neu zu erkundende Welt im Sozialraum Schule. Und es fehlen infolgedessen auch die damit zusammenhängenden Möglichkeiten der Anerkennung, der sozialen Bestätigung, die für Bildungsprozesse ebenfalls oft ein wichtiger Stimulus sind.

Deshalb ist es für Heranwachsende oft viel anregender und aufregender, etwa innerhalb der Jugendarbeit selbst Verantwortung für eine Gruppe, ein Zeltlager, eine Kinderfreizeit oder ein Event zu übernehmen, jedenfalls verantwortlich mit zu solchen konkreten Aktivitäten beizutragen, in denen ihr eigener, konkreter Anteil gefragt ist.

Auf diese Herausforderung hat die herkömmliche Halbtagesschule bislang fast keine, jedenfalls keine standardmäßige, weit verbreitete Antwort. Schülercafes, schulinternes Eventmanagement oder Schülerfirmen können diesbezüglich ebenso attraktive Alternativen sein, die andeuten, in welche Richtung sich Schule verändern könnte, wie Projekte zum sozialen Lernen, Patenschaften oder verbindliche Sozialpraktika.

Jedenfalls ist es ein gravierender Mangel der auf Schule reduzierten Bildung, dass junge Menschen zum Teil bis in das frühe Erwachsenenalter keinerlei Gelegenheiten erhalten oder keine Veranlassung sehen – auch nicht im privaten, familialen Umfeld –, Verantwortung für Dritte zu übernehmen, also ein folgenabhängiges Gefühl zum eigenen Handeln zu erhalten und auf diese Weise die eigene Nützlichkeit zu erfahren (vgl. auch von Hentig 2007), obgleich sie diese dann im Erwachsenenleben, im Alltag, im Beruf gegenüber Mitarbeitern, Kunden, Patienten, aber auch in der Familie gegenüber Partnern oder Kindern übernehmen sollen.

Auch wenn die hier aufgeführten Punkte nicht beanspruchen, die empirische Situation der bundesdeutschen Schulen angemessen zu beschreiben, lassen sie dennoch sichtbar werden, in welchen Richtungen ein kohärentes Bildungskonzept verstärkt werden müsste. Eine attraktive Option dafür könnte im schulischen Raum das Konzept der Ganztagsschule sein.

11.2 Ganztagsschule als Zukunftschance

In Anbetracht der genannten strukturellen Mängel und Dilemmata der Schule herkömmlicher Art könnte sich der bundesweite Auf- und Ausbau der *Ganztagsschule* für alle Akteure als die zentrale bildungspolitische Hoffnung schlechthin erweisen, um aus einem Teil dieser Ambivalenzen herauszukommen. Dabei muss dann aber der Grundsatz gelten: Nicht ein Mehr an Schule darf das Ziel von Ganztagsschule sein, sondern mehr Bildung.

Mit der Ganztagsschule besteht in Deutschland erstmalig ernsthaft die Möglichkeit, die herkömmliche Unterrichtsschule und die tradierte Halbtagesschule nicht nur zeitlich auszuweiten, sondern vor allem auch um andere Bildungsinhalte und andere Formen des Lernens zu ergänzen. Zugleich eröffnet sich dadurch die Option, andere, nicht-kognitive Elemente der Bildung in den außerunterrichtlichen Teilen des Ganztags zu stärken und die im Kindesalter starke Verwobenheit von Bildung, Betreuung und Erziehung deutlicher im Kontext der Schule zu verankern. Und nachhaltig verbessert werden können auf diesem Wege auch die Kooperationen und die Bildungspartnerschaften der unterschiedlichen Akteure – Familie, Schule und Jugendhilfe – im Prozess des Aufwachsens (vgl. BMFSFJ 2005).

Dazu benötigt das Projekt Ganztagsschule allerdings einige konzeptionelle Grundpfeiler:

– erstens ein formen- und inhaltserweiterndes Bildungsangebot an Ganztagsschulen, also keinen Ganztagsunterricht, keine G8-Variante;
– zweitens ein Konzept, das nicht aus einem auf Anstrengung ausgerichteten Vormittagsunterricht und einem auf Erholung zielenden Nachmittagsprogramm, einem „Wellnessprogramm light" für Kinder besteht, sondern beide Teile in seinen jeweiligen Bildungspotenzialen zum Tragen bringt;
– und drittens keine Trennung in eine Halbtagsschule für leistungsfähige sowie eine Ganztagsschule für bildungsbenachteiligte Jugendliche, für die Schule somit nur noch stärker zu einem Ort der Bestrafung für mangelnde Bildungsfähigkeit würde.

Führt die Ganztagsschule stattdessen tatsächlich zu einer neuen Allianz der am Bildungsprojekt des Aufwachsens beteiligten Akteure, dann besitzt das „Projekt Ganztagsschule" zweifelsohne das große Potenzial, für Deutschland zu dem zentralen Bildungsprojekt der ersten Jahrzehnte dieses Jahrhunderts zu werden.

Für ein kluges Konzept der Ganztagsschule bedeutet dies, zu klären, wie das Lernen dort so organisiert werden kann, dass die Schülerinnen und Schüler in allen genannten Kompetenzbereichen gleichermaßen Lern- und Bildungserfahrungen machen können. Plakativ ausgedrückt: Es ist zu wenig, wenn sich die Schule allein auf die kulturellen Kompetenzen konzentriert, also etwa auf Lese- oder Mathematikkompetenz, und die Jugendlichen zugleich nicht in die Lage versetzt werden, aufgrund mangelnder personaler oder sozialer Kompetenzen mit sich selbst, mit ihren Gefühlen und ihrer Aggressivität klar zu kommen, wenn sie nicht einmal ein Minimum an Konzentrationsfähigkeit, Empathie, Frustrationstoleranz und Selbstdisziplinierung aufbringen, um dem Unterricht folgen oder um später erfolgreich in eine Ausbildung oder einen Beruf einsteigen zu können. Es ist zu wenig, wenn Schule einfach den vorgegebenen Fächerkanon umzusetzen versucht, die Heranwachsenden aber gleichzeitig massive Mängel bei den praktisch-instrumentellen Kompetenzen haben, ihnen mit Blick auf eine berufliche Zukunft lebenspraktische Fähigkeiten fehlen, die Vorbereitung auf elementare Anforderungen der Lebensführung ihnen gewissermaßen vorenthalten werden, ohne dass die Vermittlung an anderer Stelle gewährleistet wäre.

Auch die in den Bereich der instrumentellen, sozialen und personalen Kompetenzen fallenden Fähigkeiten müssen somit Ganztagsschulen gezielt im Blick behalten und in ihr Konzept von Anfang an mit einbeziehen. Vor allem in diesen, in der Halbtagsschule bislang unterentwickelten Kompetenzbereichen läge ein enormes Potenzial von Ganztagsschulen, können sie Jugendlichen auf diese Weise doch im Lichte der zeitlichen Ausdehnung auf den Ganztag neue Impulse geben. Dadurch sind für Kinder und Jugendliche ggf. alternative Ersterfahrungen möglich, die für sie zu einem Schlüsselerlebnis werden können, in dem sie neben dem Unterricht, neben der

Benotung in den Schulfächern soziale Anerkennung und Bestätigung erfahren, vielleicht erstmalig auch in einem öffentlichen Raum erleben, dass sie gebraucht werden, sich für etwas begeistern dürfen, etwas persönlich können, was sie auszeichnet, was ihnen Sicherheit gibt.

Es geht mithin darum, Kinder und Jugendliche auch an neue Themen und Inhalte heranzuführen, ihnen andersartige Bildungserfahrungen zu eröffnen und sie zugleich in lebensweltnahe Ernstsituationen einzubinden, in denen sie auch so etwas wie die Übernahme sozialer Verantwortung lernen können. Und genau in diesen Punkten kann die Ganztagsschule von der Kinder- und Jugendhilfe und der Jugendarbeit einiges lernen, kann sie von deren Traditionen und Stärken profitieren, wenngleich sich Jugendarbeit aber auch von sich aus deutlicher und entschiedener in diese neuen Herausforderungen einbringen müsste.

Interessant und für die gesamte bundesdeutsche Bildungslandschaft im Lichte der Anforderungen am Beginn des 21. Jahrhunderts folgenreich wird die Frage der angemessenen Gestaltung der ganztägigen Bildung von Kindern und Jugendlichen dann, wenn sich das Projekt Ganztagsschule konsequent mit drei Fragen auseinandersetzt und sich an deren Beantwortung ausrichtet:

(1) Was benötigen Kinder durchschnittlich im Laufe ihrer Bildungsbiografie an zu vermittelnden Lerngegenständen und Bildungsinhalten?

(2) Was sind die angemessenen Orte, Formen und Modalitäten des Lernens und der Bildung, mittels derer sich Heranwachsende jedweder Herkunft die entsprechenden Inhalte am besten aneignen können?

(3) Wie lässt sich das Zusammenspiel unterschiedlicher Akteure und Anbieter von Bildungsinhalten – gleich welcher Art – so organisieren, dass die denkbar beste Wirkung für alle Kinder und Jugendlichen bei möglichst geringen Nebenwirkungen erreicht wird?

Die Antwort auf diese drei Fragen könnte eine Ganztagsschule sein, die

- ein Bildungsangebot aus einer Hand, jedoch nicht unbedingt an einem Ort ist;
- die Idee des umfassenden Lernens mit allen Sinnen, mit „Kopf, Herz und Hand" verfolgt;
- zum Inbegriff eines erweiterten Bildungskonzeptes wird – und dabei nicht nur auf die Themenfelder einer industrieförmigen, güterproduzierenden Gesellschaft ausgerichtet ist, sondern auf das gesamte Ineinander von Kultur, Gesellschaft, Natur, Umwelt und Mensch;
- einen Großteil des Bildungsgeschehens in sich vereint – aber nicht als eigene, künstliche Lernwelt, sondern als ein Sozialraum im Zusammenspiel unterschiedlichster Lern- und Lebenswelten im Rahmen einer kommunalen Bildungslandschaft.

Auch wenn die Wirklichkeit des Auf- und Ausbaus der Ganztagsschulen in Deutschland noch ein Stück weit von diesen Ansprüchen entfernt ist (vgl. Holtappels u.a. 2007), ändert dies doch nichts an der Tatsache, dass in dieser veränderten Schulwirklichkeit ein Chance liegt, die Stärken der Schule mit den Stärken der anderen Bildungsakteure, der Kinder- und Jugendhilfe und der anderen außerschulischen Bildungsarbeit zu verbinden.

Allerdings dürfen beim Thema Ganztagsschule auch die nichtintendierten Nebenwirkungen nicht aus dem Blick geraten, zumindest dann, wenn sie nicht aktiv aufgegriffen werden. Drei Punkte gilt es in diesem Zusammenhang zu beachten.

(a) Wenn sich andere Bildungsakteure, etwa die kommunale Jugendhilfe oder die verbandliche Jugendarbeit auf eine Kooperation mit der Schule einlassen, dann besteht die generelle Gefahr der Ausbreitung des schulischen Habitus und des schulischen Eigensinns auch auf diese Bereiche, da die Schule, ihre Ausstattung, ihre Kultur, ihre Tradition, kurz: ihre Stellung in der Zusammenarbeit so dominant ist, dass allein schon aufgrund dessen die Gefahr der „Kolonialisierung" besteht.

Vor dem Hintergrund des skizzierten Bildungsverständnisses und auf der Grundlage eines eigenen Profils der Kinder- und Jugendhilfe, das sie gegenüber Politik und Schule auch deutlich zu machen versucht, kommt es darauf an, dass sie ihre eigenen Zugänge realisieren und ihren Eigensinn bewahren kann, eröffnet sich doch nur so die Option, die eigenen Stärken einzubringen. Eine „verschulte" Kinder- und Jugendhilfe würde unterdessen ihren Eigensinn verlieren und ihre eigene Rolle in diesem Prozess aufs Spiel setzen.

(b) Allerdings wirft – als Alternative – eine Positionierung der Kinder- und Jugendhilfe außerhalb des Ganztagsschulbetriebs ebenfalls Probleme auf: So würde die andere Seite der Bildung tendenziell in ein „Nischendasein" abgedrängt. Insbesondere für die Kinder- und Jugendarbeit – von dem dann grundlegend gefährdeten Hort ganz zu Schweigen – würde sich ein doppeltes, nämlich ein zeitliches und ein inhaltliches Konkurrenzproblem ergeben.

Wenn sich Kinder in einem wachsenden Maße den Tag über nur noch in der Schule aufhalten bzw. Zeit für schulische Verpflichtungen und Angebote aufwenden, wird sich unweigerlich das tageszeitliche Aktivitätsmuster von Kindern und Jugendlichen ändern. Bei der Bedeutung, die Gleichaltrigengruppen, Freunde und informelle Treffen für Kinder und Jugendliche spielen, könnte das dann noch zur Verfügung stehende „Zeitfenster" für außerschulische Freizeit- und Bildungsangebote immer kleiner werden.

So stünde etwa die Kinder- und Jugendarbeit in der Gefahr, nur noch in der schulfreien Zeit am Abend, am Wochenende oder in den Ferien Kinder und Jugendliche zu erreichen. Sie wäre auf diese Weise unmittelbar damit konfrontiert, dass die Zahl der Kinder und Jugendlichen, die diese Angebote noch wahrnehmen können oder wollen, weiter zurückgeht und Jugendarbeit so zu einer jugendpolitisch irrelevanten Nische zu werden droht.

(c) Genauso gravierend könnte aber auch das inhaltliche Konkurrenzproblem werden. Wenn vielfältigste Angebotsformen – etwa am Nachmittag – innerhalb der offenen Ganztagsschule in den Schulalltag integriert werden und sich diese Aktivitäten von Sport über kulturelle Angebote bis zur Ökologie, Musik oder anderen attraktiven Jugendangeboten erstrecken, dann eröffnet sich für die anderen außerschulischen Lernorte ganz unwillkürlich ein massives inhaltliches Problem, sind

dies doch allesamt Themen und Bereiche, in denen die Sportvereine, Musikschulen, die Jugendarbeit oder auch die Hortbetreuung seit jeher ein eigenes, schulunabhängiges Profil hatten.

Wenn unterdessen im Rahmen der Schule neigungsabhängige
Interessen mehr oder weniger verpflichtend wahrgenommen
werden, müssen darüber hinaus gehende, inhaltsgleiche Angebote in den Bereichen Sport, Musik, Kultur etc. ihren Mehrwert schon sehr deutlich machen, wenn sie bei Kindern und
Jugendlichen noch außerhalb des Ganztagsangebots auf Resonanz stoßen wollen.

Insgesamt, und darin liegt das bislang ungenutzte Potenzial
des Bildungsraums Schule, könnte das Zukunftsprojekt Ganztagsschule nicht nur die Engführungen einer kognitiv ausgerichteten Unterrichtsschule überwinden, sondern auch die lange Zeit unversöhnlich nebeneinander stehenden Akteure Schule und Jugendhilfe mit Blick auf ihre gemeinsame Aufgabe,
den Prozess des Aufwachsens von Kindern und Jugendlichen
zu begleiten und zu befördern, in neuer Weise zu neuen Formen der Zusammenarbeit stimulieren.

12. Jugendarbeit

Vermutlich gibt es in Deutschland unter den Älteren nur wenige, die nicht irgendwann einmal in ihrer Kinder- und Jugendzeit wenigstens zeitweilig, mehr oder weniger begeistert, in ein Haus der offenen Tür, eine Jugendfreizeitstätte, einen Jugendverband, einen Sportverein, eine kirchliche Jugendgruppe, die Jugendfeuerwehr, die Pfadfinder oder welchen Bereich der Jugendarbeit auch immer besucht haben. Jugendarbeit hat bei vielen in der Kindheit und Jugend eine gewisse Rolle gespielt, war bei dem einen oder anderen vielleicht sogar eine wichtige Station auf dem Weg des Erwachsenwerdens.

In biografischen Interviews ließ sich wahrscheinlich unschwer eine große Bandbreite unterschiedlicher Wirkungen der Jugendarbeit aufzeigen: von einer eher randständigen über eine episodenhafte bis hin zu einer lebenslaufprägenden Bedeutung der Jugendarbeit. Und vermutlich können sich aufgrund der damit verbundenen Intensität viele noch lebhaft an so manche der dort gemachten Ersterfahrungen, an bleibende Eindrücke und Schlüsselerlebnisse erinnern. Allein diese biografische Relevanz sollte hellhörig machen beim Nachdenken über die Bedeutung und die prägende Kraft der Jugendarbeit für das Aufwachsen von Kindern und Jugendlichen und den damit verbundenen Bildungsprozessen.

Auch wenn es dazu kein systematisiertes Wissen, keine verfügbares empirisches Datenmaterial gibt, so dürfte dennoch so mancher Politiker, mancher Unternehmer und Manager, mancher Profisportler, Musiker oder Künstler und auch mancher Wissenschaftler wesentliche, wenn nicht sogar entscheidende Impulse und Anregungen für seine spätere Berufstätigkeit fernab der Schule, in Gleichaltrigengruppen oder in der Jugendarbeit erhalten haben.

Allein durch Schule, allein durch Unterricht, allein durch das schulische Fächerangebot, allein durch den fachlichen Kompetenzhorizont, wie er durch PISA gesteckt wird, würden wir diese Vielfalt an menschlicher Kreativität und Schaffenskraft sicherlich nicht hervorbringen. Ohne diese anderen Lernwelten, ohne die nicht oder nur schwach geplante Alltagsbildung des täglichen Lebens würden wir viele individuelle, lebenswichtige Fähigkeiten und berufsrelevante Kompetenzen nicht hervorbringen. Ohne diese anderen Orte der Bildung, die keine unmittelbare Affinität zur Schule aufweisen bzw. bei der die schulischen Möglichkeiten der Förderung vermutlich auch rasch an ihre Grenzen stoßen würden, würde vieles nicht entstehen.

Zu diesen anderen Orten der Bildung hat in den letzten 100 Jahren unbestreitbar auch die Jugendarbeit gehört. Allerdings mag man einwenden, dass dies zwar für die Vergangenheit gegolten haben mag, dass die Jugendarbeit aber ihre beste Zeit wohl schon hinter sich hat. Für viele war sie vor der Phase der vollmobilen und flexiblen Konsumgesellschaft, also insbesondere in der ersten Hälfte des letzten Jahrhunderts, buchstäblich noch so etwas wie das „Tor zur Welt".

Noch ohne große private Möglichkeiten des Reisens, der Mobilität und des Konsums, konnten junge Menschen in der Jugendarbeit erste Erfahrungen außerhalb des Elternhauses in einem definierten Schonraum machen, das erste Mal auf Reisen gehen ohne die Eltern, spannende Erlebnisse, Abenteuer und wichtige Gemeinschaftserfahrungen mit Gleichgesinnten machen – heute nennt man das „Erlebnispädagogik" –, nächtelange Debatten führen über Musik, Filme, Politik, über Gott und die Welt und vieles andere.

Diese Perspektiven und Horizonte verkörperte Jugendarbeit als ein anderer Bildungsort, als ein Ort zur Entfaltung einer sozialen Kompetenz, zur eigenen Persönlichkeitsentwicklung, zur Herausbildung einer eigenen Identität und zur Entstehung habitueller Orientierungen. Ungeachtet dieser biografischen Relevanz scheint aber nichtsdestotrotz die Frage ungeklärt zu sein, welche Rolle die Jugendarbeit in der Gegenwart und Zukunft zu spielen in der Lage ist.

12.1 Jugendarbeit – ein Potenzial ohne Konturen

Mit Blick auf das Themenspektrum und die Facetten ihrer Angebote ist die Kinder- und Jugendarbeit von einer Breite und Vielfalt gekennzeichnet, die ihresgleichen sucht: von einer konfessionell-weltanschaulichen über eine politische, kulturelle oder ökologische Ausrichtung bis hin zu allen Varianten sach- und fachbezogener Angebote, etwa im Sport, im Rettungswesen oder im Naturschutz, von interkulturellen Begegnungen über Workshops, Meditation, Ferienlager oder Reisen bis zu politischen Aktionen, Events und Musikveranstaltungen. In der Summe wird hier mit Blick auf die Jugendarbeit eine Vielfalt erkennbar, die fast schon damit zu kämpfen hat, überhaupt noch typische Gemeinsamkeiten beschreiben zu können.

Diese, für Außenstehende verwirrende Vielfalt findet ihren Niederschlag auch im Kinder- und Jugendhilfegesetz, wenn dort in puncto Kinder- und Jugendarbeit in § 11, Abs. 3 von „allgemeiner, politischer, sozialer, gesundheitlicher, kultureller, naturkundlicher und technischer Bildung", von „Sport, Spiel und Geselligkeit", von „arbeitswelt-, schul- und familienbezogener Jugendarbeit" sowie von „internationaler Jugendarbeit" die Rede ist. Offenkundig hat hier auch der Gesetzgeber in Anbetracht der Vielfalt vor einer sortierenden Zusammenfassung kapituliert.

Mit anderen Worten: Jugendarbeit umfasst in diesem Sinne fast alles, was junge Menschen wollen oder brauchen, fast alles, was nicht-kommerzielle Akteure für Kinder und Jugendliche anbieten, fast alles, was meist nicht in der Schule vorkommt, kurz: nahezu alles, was sich als außerschulisches Themenspektrum für Kinder und Jugendliche anbietet.

Dabei lag der altersmäßige Schwerpunkt zwar traditionell auf dem Jugendalter, also etwa auf der Altersgruppe der 12- bis 21-Jährigen, hat sich in den letzten Jahren – analog zur Beobachtung einer „Entstrukturierung der Jugendphase" seitens der Jugendforschung – aber an der unteren und oberen Grenze deutlich ausgeweitet und seine klaren Alterskonturen eingebüßt. Unübersehbar zu beobachten ist dabei eine altersmäßige Akzentverschiebung im Sinne einer Vorverlagerung auf die jüngeren Altersjahrgänge (vgl. Thole 2000; BMFSFJ 2005).

Das ist auch der Grund, warum inzwischen häufiger von der *Kinder- und* Jugendarbeit dort die Rede, wo es früher einfach nur um Jugendarbeit ging. Vereinfacht könnte man vielleicht sagen, dass sich die Kinder- und Jugendarbeit altersmäßig in den letzten Jahren latent der Altersphase des Schulalters von Kindern und Jugendlichen angenähert hat, ihr Horizont also, wenn man so will, vom Schuleintritt bis zum Ausbildungsende reicht.

Auch hinsichtlich der *Angebotsformen* dürften die meisten Journalisten oder Kommunalpolitiker keine sehr klare Vorstellung davon haben, was denn nun die grundlegenden Koordinaten der heutigen Kinder- und Jugendarbeit sind: Projektangebote, Einzelveranstaltungen, Kurse, Workshops, Events, Ferienfreizeiten, Zeltlager, internationale Begegnungen, wöchentliche Übungsstunden, Kulturveranstaltungen, Discos und Konzerte, offene Angebote als Treff und zur persönlichen Freizeitgestaltung oder doch nach wie vor die gute, alte Gruppenstunde?

Schnell wird deutlich, dass die Kinder- und Jugendarbeit, etwa im Vergleich zu den Kindergärten oder der Schule eine unsortierte und unüberschaubare Vielfalt an Formen und Facetten bietet, die es schwieriger macht, diese zu fassen, sich rasch darüber zu verständigen, was mit Jugendarbeit eigentlich gemeint ist. Am Beispiel Sport: Wo endet hier der bloße Mannschaftssport oder das Einzeltraining? Wo endet die freizeitorientierte, körperbezogene Betätigung von Kindern und Jugendlichen, also das auf Abschalten und Ausgleich zielende Gegenprogramm zur Schule? Und wo beginnt dann die Jugendarbeit im engeren Sinne, das pädagogisch-konzeptionelle, das organisierte, über Sport, Spiel und Spaß hinausgehende Bildungsangebot?

Derartige Fragen und Beispiele zeigen, dass es für die Jugendarbeit nicht einfacher geworden ist, sich zu vermitteln, ihren Eigensinn, ihre besonderen Stärken und ihr Leistungsvermögen, ihr Bildungspotenzial so darzustellen, dass sie auch in der heutigen Zeit, unter zum Teil deutlich veränderten Rahmenbedingungen, jenes Maß an öffentlicher Anerkennung und Wertschätzung erfährt, das notwendig ist, um für Kinder und Jugendliche – aber auch für Eltern – so attraktiv zu sein, dass die Angebote auf breiter Ebene nachgefragt werden.

Darüber hinaus kommt erschwerend hinzu, dass die Kinder-
und Jugendarbeit – vereinfacht gesprochen – aus zwei unterschiedlichen, zum Teil nicht-kompatiblen, jedenfalls grundlegend unterschiedlichen Formaten besteht: auf der einen Seite
aus einer überwiegend ehrenamtlich organisierten, finanz-
schwachen Jugendarbeit mit hohen Anteilen der Selbstorgani-
sation in der Regie von freien Trägern, überwiegend von „Jugendverbänden" (vgl. Böhnisch/Gängler/Rauschenbach 1991),
auf der anderen Seite aus fast ausschließlich beruflich organisierter Jugendarbeit durch Fachkräfte in Häusern der offenen
Tür, Jugendcafés, Jugendfreizeitstätten oder Jugendbildungs-
einrichtungen, lange Zeit meist unter dem Dach der Kommu-
ne, jedenfalls auf der Basis einer kommunalen Finanzierung,
inzwischen aber ebenfalls mehrheitlich „outgesourct" an freie
Träger.

Es ist hier nicht der Ort und der Anlass über die möglichen
Konsequenzen dieser beiden, sich doch erheblich unterschei-
denden Formen der Jugendarbeit nachzudenken, die Folgen
und Nebenwirkungen der damit einhergehenden Differenzen
zu vertiefen (vgl. dazu BMFSFJ 2005, S. 233 ff.). Aber es ist
schon wichtig, im Auge zu behalten, dass auf der einen Seite
die Möglichkeiten der Selbstbeteiligung und der Partizipation
bei Jugendverbänden weitaus größerer sind als bei allen anderen Gesellungsformen in diesem Alter, und dass zugleich auf
der anderen Seite die Potenziale dieser auf freiwilligem Engagement basierenden Jugendarbeit etwa mit Blick auf die Kooperation mit Schulen im Rahmen eines Ganztagsschulkon-
zeptes deutlich begrenzter sind als die der beruflich organisierten Jugendarbeit.

12.2 Jugendarbeit – Ambivalenzen zwischen Nachfrage und Ausstattung

Wo steht die Jugendarbeit in der heutigen Zeit mit Blick auf
ihre empirisch identifizierbaren Eckwerte? Die Beantwortung
dieser Frage soll hier auf drei Aspekte beschränkt werden,
zum einen auf die Nutzung durch die jungen Menschen, zum
anderen auf die finanzielle Ausstattung und schließlich mit
Blick auf Personalentwicklung.

(1) Verfolgt man einigermaßen unvoreingenommen die immer wieder propagierten Einschätzungen zur *Inanspruchnahme* von Jugendarbeit, dann fühlt man sich bisweilen ein wenig an die nachträglichen Verlautbarungen bei politischen Demonstrationen erinnert. Während laut Polizeibericht beispielsweise 6.000 Teilnehmende geschätzt wurden, nahmen nach Angaben der Veranstalter über 20.000 Demonstranten teil; und der Zeitungsleser bleibt etwas ratlos zurück. Übertragen auf die Jugendarbeit heißt das: Während Politik und Öffentlichkeit gerne das Bild von den „unbemannten Jugendfreizeitstätten" pflegen und das hohe Lied der Wirkungslosigkeit gut gemeinter Jugendarbeit anstimmen, erwecken die Protagonisten der Jugendarbeit scheinbar unbeirrt den entgegengesetzten Eindruck, ganz so, als könne sich dem Charme und dem Reiz der Jugendarbeit kaum jemand entziehen.

Wie sieht unterdessen die Nutzung der Angebote der Kinder- und Jugendarbeit jenseits dieser gefühlten Meinung auf der Basis gemessener Wirklichkeit aus (vgl. auch Rauschenbach 1991)? Auch wenn es schwierig ist, verschiedene Datensätze miteinander zu vergleichen, weil z. T. anders gefragt und gemessen wurde, können die Ergebnisse dennoch Anhaltspunkte für eine evidenzbasierte Größenordnung liefern, wenn es um die Reichweite der gesamten Jugendarbeit geht:

– So kann der Freiwilligensurvey von 2004 immerhin nachzeichnen, wie aktiv Jugendliche in einem organisierten Umfeld sind (nicht zu verwechseln mit dem ehrenamtlichen Engagement). Demnach nutzen 76 Prozent der 14- bis 24-Jährigen regelmäßig Angebote in Vereinen, Gruppen und Initiativen (vgl. Gensicke/Picot/Geiss 2006). Zum Glück sind das aber nicht alles Einrichtungen der Jugendarbeit – sonst müssten diese wegen Überfüllung sofort schließen.

– So belegt die erste PISA-Studie für das Jahr 2000, dass immerhin 63 Prozent der befragten 15-Jährigen angeben, in Vereinen aktiv oder Mitglied zu sein.

– So hat der Jugendsurvey des Deutschen Jugendinstituts festgestellt, dass 2003 rund 60 Prozent der 16- bis 20-Jährigen Mitglied in irgendeinem Verein waren (vgl. Gaiser/de Rijke 2008). Jenseits der Sportvereine, die bekanntermaßen Orte hoher Aktivität von vor allem männlichen Jugendlichen sind, waren immerhin noch 33 Prozent der Jugendlichen Mitglied in anderen Vereinen (vgl. auch Wahler/Tully/Preiß 2004). 78 Prozent der 14- bis 25-Jährigen geben an, „oft" oder „gelegentlich" für soziale, politische Ziele oder andere Menschen aktiv zu sein (41 Prozent „oft") (vgl. Picot/Geiss 2007).

– So stellte des Weiteren die Shell-Jugendstudie aus dem Jahre 2002 fest, dass 40 Prozent der 14- bis 25-Jährigen in Vereinen (insbesondere Sport und Musik), 15 Prozent in Kirchengemeinden und 19 Prozent in Jugendorganisationen aktiv waren. Lediglich ein Viertel der Jugendlichen gab an, in keinem der Bereiche aktiv gewesen zu sein. Diese Werte sind auch in der Befragung von 2006 weitgehend stabil geblieben – bis auf eine Ausnahme: Bei den Jugendorganisationen ist dieser Wert von 19 auf 12 Prozent zurückgegangen (vgl. Deutsche Shell 2002, 2006; zusammenfassend Picot/Geiss 2007).

– Und so bilanziert schließlich Richard Münchmeier und sein Team im Anschluss an deren Reichweitenstudie in der evangelischen Jugendarbeit, dass ihrer Einschätzung nach rund 30 Prozent eines Altersjahrganges im Laufe des Lebens einmal Angebote der Kinder- und Jugendarbeit genutzt haben, wohlgemerkt ohne den Sport (vgl. Fauser/Fischer/Münchmeier 2006).

Das so gezeichnete empirische Bild ist keineswegs einheitlich, variiert je nach Altersgrenze, nach Enge oder Weite der einbezogenen Vereinsformen, Aktivitäten und Orte. Leider fehlt bis heute ein verbandsunabhängiges, repräsentatives Jugendbeteiligungsbarometer, das regelmäßig, etwa alle zwei Jahre, aufgeschlüsselt nach Alter, Geschlecht, nationaler Herkunft, Region und Organisationstyp zuverlässig Auskunft gibt, wie viele junge Menschen entsprechende Angebote in Anspruch nehmen.

Vorerst kann man mithin davon ausgehen, dass in etwa 20 bis 30 Prozent der Kinder und Jugendlichen Angebote der Jugendorganisationen und Jugendgruppen im engeren Sinne und ohne das Zugpferd Sport im Laufe ihrer Biografie zeitweilig nutzen. Das ist viel und wenig zugleich: wenig, gemessen an der Anzahl der Kinder, die durch die Schule erreicht werden, viel, gemessen an dem Umstand, dass es sich um ein freiwilliges Angebot in Konkurrenz zu vielen anderen, auch kommerziellen Freizeitmöglichkeiten handelt. Zumindest gibt es vorerst keine eindeutigen Hinweise, dass die Jugendarbeit dabei wäre, in die Bedeutungslosigkeit zu versinken; aber es gibt zugleich auch keinerlei Hinweise auf einen nachhaltigen Bedeutungszuwachs.

(2) Die öffentlich zur Verfügung gestellten *Finanzmittel* werden gerne als Gradmesser für die politische Wertschätzung eines gemeinnützigen Bereichs benutzt. In diesem Zusammenhang wird immer wieder darauf hingewiesen, dass in Anbetracht prekärer öffentlicher Haushalte insbesondere die Jugendarbeit vor einer ausgesprochen schwierigen, unbefriedigenden Situation im Zuge der Verteilung offenkundig zu knapper Mittel steht. Wie sieht unterdessen die Lage für die Kinder- und Jugendarbeit tatsächlich aus? Werden die Ausgaben für die Jugendarbeit wirklich messbar zurückgefahren?

Das Ausgabenvolumen für Leistungen und Strukturen der gesamten Kinder- und Jugendhilfe in Deutschland beläuft sich für 2007, dem gegenwärtig aktuellsten Datenjahr, in der Summe auf ca. 22,8 Mrd. Euro. Hiervon entfallen etwas mehr als sechs Prozent auf die Jugendarbeit, knapp 26 Prozent auf die Hilfen zur Erziehung und rund 57 Prozent auf den Bereich der Kindertageseinrichtungen. Damit steht die Jugendarbeit zwar immerhin noch an dritter Stelle der budgetstärksten Bereiche der Kinder- und Jugendhilfe, allerdings mit einem ausgesprochen respektablen Abstand zu den beiden anderen Bereichen.

Betrachtet man hingegen die bundesweite Entwicklung der finanziellen Aufwendungen für die Jugendarbeit als Einzelposten im zeitlichen Verlauf, so zeigt sich, dass die Gesamtausgaben für Jugendarbeit zwischen 1995 und 2007 zwar nominal von 1,30 auf 1,45 Mrd. Euro gestiegen sind, dies aber inflationsbereinigt einem Rückgang bei den durchschnittlichen Pro-Kopf-Ausgaben für die 12- bis 21-Jährigen im besagten Zeitraum entspricht.

Diese Entwicklung unterscheidet sich deutlich von den anderen großen Bereichen der Kinder- und Jugendhilfe. So steht diesem achtprozentigen Ausgabenrückgang für die Jugendarbeit eine Zunahme der Ausgaben für die Kinder- und Jugendhilfe insgesamt pro unter 27-Jährigen in Höhe von 23 Prozent gegenüber. Dabei ist nominal das Volumen der finanziellen Aufwendungen für die gesamte Kinder- und Jugendhilfe im gleichen Zeitraum, also zwischen 1995 und 2007, von 17,0 Mrd. auf 22,8 Mrd. Euro und damit um knapp 34 Prozent gestiegen.

Dieses beträchtliche Wachstum ist, wie man sich leicht denken kann, allerdings auf andere Leistungsbereiche zurückzuführen. So haben sich die Ausgaben für die Hilfen zur Erziehung im selben Zeitraum im Westen Deutschlands fast verdoppelt – und im Osten Deutschlands sogar mehr als verdoppelt –, und auch die Kindertageseinrichtungen haben ihr Platzangebot erheblich ausgeweitet und infolgedessen auch ihr Finanzvolumen deutlich erhöht.

Auch wenn unter dem Strich bis 2007 in der Jugendarbeit mit Blick auf die öffentlichen Mittel noch kein dramatischer Einbruch zu verzeichnen ist, so verliert diese im Vergleich zu anderen Bereichen der Kinder- und Jugendhilfe dennoch an Bedeutung, da die Mittel für die letzteren deutlich gestiegen und diese zugleich auch jenseits der Finanzmittel stärker ins Blickfeld der Öffentlichkeit gerückt sind – allerdings keineswegs nur mit positiven Vorzeichen.

(3) Dass der gefühlte Bedeutungsverlust für die Kinder- und Jugendarbeit unter dem Strich deutlicher ausfällt, als sich dies in den erwähnten Finanzdaten widerspiegelt, hat aber auch noch einen anderen Grund. Blieb in den letzten Jahren innerhalb der Jugendarbeit die Zahl der Einrichtungen relativ stabil, so ist in jüngerer Zeit dennoch ein massiver *Personalabbau* zu verzeichnen (vgl. Abb. 13, S. 192).

Umgerechnet auf Vollzeitstellen hat sich die Zahl der sogenannten „Vollzeitäquivalente" in der Jugendarbeit bundesweit zwischen 1998 und 2006 von knapp 33.300 auf zuletzt 19.800 Stellen und damit um 40 Prozent reduziert (vgl. Pothmann 2008). Das ist schon ein gewaltiger Abbau, der seine Spuren hinterlässt. Wie aber kann dieses Abbauvolumen erklärt werden, wenn zugleich die Mittelausgaben für die Kinder- und Jugendarbeit gar nicht so stark gesunken sind?

Abb. 13: Einrichtungen, Beschäftigte, Vollzeitäquivalente (umgerechnete Vollzeitstellen) und öffentlichen Ausgaben für die Kinder- und Jugendarbeit (Deutschland; 1998-2006)

	Angaben absolut			Angaben pro 10.000 der 12- bis 21-Jährigen		
	Einrichtungen	Beschäftigte	Vollzeitäquivalente	Einrichtungen	Beschäftigte	Vollzeitäquivalente
1998	17.920	44.560	33.292	196	49	37
2002	17.372	39.137	27.541	183	41	29
2006	17.966	33.631	19.814	197	37	22

Quelle: Statistisches Bundesamt: Statistiken der Kinder- und Jugendhilfe – Einrichtungen und tätige Personen, versch. Jahrgänge

Es spricht einiges dafür, dass vor allem jene Stellen gestrichen worden sind, die zwar personell der Kinder- und Jugendarbeit zugerechnet werden, jedoch aus anderen Haushaltstöpfen und Finanzierungsquellen bezahlt wurden, die nicht dem Finanzetat der Jugendarbeit zugerechnet werden, etwa aus Mitteln der Bundesagentur für Arbeit. Dies könnte mit ein Grund dafür sein, dass die östlichen Flächenländer deutlich stärker von dem Personalabbau betroffen sind als die alten Bundesländer.

Insgesamt deuten diese Daten zur Nachfrage und Ausstattung der Kinder- und Jugendarbeit in ihrer Summe aber darauf hin, dass deren Lage in den letzten Jahren nicht gerade von Erfolg gekrönt ist, dass sie zumindest bei den Kindern und Jugendlichen und der Politik kein Selbstläufer mehr ist. Mehr als früher steht die Frage im Raum: Was bringt die Kinder- und Jugendarbeit? Was haben die Kinder und Jugendlichen davon? Warum soll weiterhin eine flächendeckende Kinder- und Jugendarbeit subventioniert werden?

12.3 Zum Leistungsvermögen der Jugendarbeit

Wenn es stimmt, dass Jugendarbeit im Rückblick für den einen oder anderen nicht nur eine schöne Zeit, sondern auch ein wichtiger Impulsgeber, ein Ort der eigenen Persönlichkeits- und Kompetenzentwicklung sowie eine wichtige Quelle der

Orientierung und Inspiration war, dann heißt das, dass Jugendarbeit mehr und anderes ist als eine bloße Alternative zu Video oder Internet, zur Kneipe oder einfach zum Rumhängen. Jugendarbeit – hier zunächst einmal als Synonym für organisierte, nicht-kommerzielle außerschulische Angebote im Schulalter verstanden – bietet ganz offenkundig mehr als nur Freizeit und Unterhaltung. Jugendarbeit spielt, oder vorsichtiger: kann zumindest eine wichtige bildungsrelevante Rolle im Prozess des Erwachsenwerdens spielen.

Obgleich die Jugendarbeit im Horizont des sozialen Wandels unübersehbar an sozialer Bedeutung für Kinder und Jugendliche zu verlieren droht, vermeintlich immer austauschbarer und als integraler Bestandteil des Aufwachsens immer weniger selbstverständlich wird, scheint sie zugleich lebenslagen- und lebensaltersspezifisch als ergänzendes Bildungsprojekt, als komplementäres Lernfeld, als die „andere Seite von Bildung" für das Aufwachsen von Kindern und Jugendlichen unter den Ungewissheiten der globalisierten Gegenwartsgesellschaft, strukturell eher wichtiger zu werden (vgl. Sting/Sturzenhecker 2005).

Zugespitzt formuliert: Die Jugendarbeit wird unter den heutigen Rahmenbedingungen vielleicht nicht mehr so uneingeschränkt nachgefragt und wertgeschätzt, dafür gewinnt sie jedoch als ein ergänzendes Projekt im Prozess des Aufwachsens umso mehr an Relevanz. Somit wird ihre Bedeutung paradoxerweise bei abnehmender Inanspruchnahme im Grunde genommen wichtiger.

Im Kontext dieser ambivalenten Entwicklung fallen in jüngerer Zeit zwei Dinge auf.

(1) Zum einen hat es den Anschein, dass die Jugendarbeit von der Bildungspolitik seit einiger Zeit neu oder erneut als ein wichtiges Ergänzungsfeld neben der Schule und jenseits des schulischen Lernens entdeckt wird. Jugendarbeit wird diesbezüglich – etwas unverhofft und auch einigermaßen unvorbereitet – im Kontext der Ganztagsschulen erneut zu einer gefragten Adresse in Sachen schulischer Kooperationspartnerschaft (Deinet 2001).

Ungleich weniger eindeutig lässt sich in diesem Zusammenhang jedoch die Frage beantworten, wofür die Jugendarbeit in diesem Kontext eigentlich angefragt und gebraucht wird. Der Ausbau der schulischen Ganztagesangebote ist mit der Vorstellung gestartet, durch die Verzahnung von Unterricht und außerschulischen Bildungs- und Freizeitangeboten, mehr individuelle Förderung *aller* Schülerinnen und Schüler, eine Öffnung der Schule für außerschulische Kooperationspartner sowie die Umgestaltung der Schule als Lern- und Lebensort, kurz: eine neue Lehr- und Lernkultur im Ganztag zu ermöglichen (vgl. auch Coelen/Otto 2008).

Eine bislang zweimal durchgeführte bundesweite Befragung an mehr als 370 Ganztagsschulen mit insgesamt über 50.000 befragten Personen (vgl. Holtappels u. a. 2007) offenbart in dieser Hinsicht durchaus noch Optimierungsbedarf. Wenn man vermeiden will, dass Ganztagsschulen am Ende zwar zu mehr *Schule*, aber nicht zu mehr *Bildung, Betreuung und Erziehung* führen, dass Kinder zwar länger in der Schule verweilen, aber nicht besser und individueller gefördert werden, nicht mit anderen Inhalten, Angeboten und Lernformen in Berührung kommen, dann könnte insbesondere die Jugendarbeit mit ihren anderen Zugangswegen, ihren Themen und Arbeitsformen, mit ihren zusätzlichen Kompetenzdimensionen sowie ihrer stärkeren Beteilungskultur erkennbarer in das Projekt Ganztagsschule eingebunden werden.

(2) Zum anderen deutet sich aber auch an, dass sich in den letzten Jahren die Jugendarbeit selbst stärker ihrer bildungsbezogenen Wurzeln erinnert und Bildung als ein konzeptionelles Fundament der eigenen Arbeit „wiederentdeckt". Das war keineswegs immer so. Auch wenn sich die Jugendarbeit in der Praxis nach wie vor vermutlich kaum über „Bildung" als ihrer Zentralkategorie definieren würde, spricht doch vieles dafür, dass Bildung seit jeher eine zumindest implizite Dimension und Funktion von Jugendarbeit war. Nur war sich die Jugendarbeit nicht immer ihrer eigenen Bildungsbedeutung für die Kinder und Jugendlichen bewusst.

Wenngleich die Kinder- und Jugendarbeit sicherlich nicht auf Bildungsarbeit reduziert werden kann, so ist die besondere Form der Bildung in der und durch die Jugendarbeit bislang zu wenig in die aktuelle Bildungsdiskussion eingeflossen. Es muss zwar nicht alles, was in der Jugendarbeit geschieht –

Freizeitgestaltung, Spiel, Begegnung, Partizipation, Erlebnis, Besinnung –, in das Raster von Bildungsangeboten gepresst werden, sei es die mobile Jugendarbeit auf Spielplätzen, die Teeny-Disco oder der offene Cafébetrieb im Jugendzentrum, sei es das Fußballmatch oder der Kinobesuch mit der Jugendgruppe, sei es das Zeltlager, der Computerkurs oder die Unterstützung bei der Suche nach einem Ausbildungs- oder Arbeitsplatz. Würde dies alles nur noch unter dem Aspekt von Bildung diskutiert, stünde die Jugendarbeit in der Gefahr, ebenfalls wichtige identitätsstiftende Merkmale ihrer Arbeit preiszugeben. Gleichwohl kann die Jugendarbeit in puncto Bildung ganz eindeutig einen eigenen und wichtigen Beitrag in die Debatte einbringen (vgl. Cloos u. a. 2007).

Versucht man die verschiedenen *konzeptionellen* Überlegungen innerhalb der Jugendarbeit zu Fragen der Bildung zu systematisieren, so lassen sich in den letzten Jahrzehnten einige wichtige Positionen identifizieren, in denen Bildungsprozesse eine zentrale Rolle gespielt haben:

Beispielsweise hatten die konzeptionellen Entwürfe der Jugendarbeit in den 60er-Jahren daran angesetzt, diese vor allem als Unterstützung zur „Selbstinitiation" zu begreifen, also Elemente der Partizipation und der Selbstbestimmung zu fördern und auf diese Weise Handlungsformen zu entwickeln, die Heranwachsenden den Prozess zur Findung eigener Wertorientierungen und Lebensformen ermöglichen.

– So ging es zum Beispiel der so genannten „subjektorientierten Jugendarbeit" stets um eine Bildung zum Subjekt, also um Persönlichkeitsbildung über Prozesse der sozialen Anerkennung, der Selbstreflexion, des Selbstbewusstseins und der Selbstbestimmung.
– So richtete sich das einstige Konzept der „emanzipatorischen Jugendarbeit" – eine fast vergessene Kategorie einer ehemals fortschrittlichen Jugendarbeit – an dem Ziel der „Erweiterung der Erfahrungsfähigkeit und der Bildung von Autonomie" aus. Konzeptionell ging es darum, „Bedürfnisse anzusprechen und Potenziale von Spontaneität, Sinnlichkeit, Sensibilität und Wünschen zu entfalten, und so den Jugendlichen neue Erfahrungsmöglichkeiten zu geben", damit diese neue

Wahrnehmungsweisen, Eigenschaften und Vorstellungen selbständig entwickeln können.

All diesen Ansätzen und Traditionen ist eines gemein: Sie enthalten als eine Form von Jugendarbeit einerseits direkt oder indirekt eine personenbezogene Bildungskomponente, in ihnen unterscheiden sich jedoch andererseits die dort stattfindenden Bildungsprozesse vergleichsweise stark von den schulischen. Der verbindende Kern der konzeptionellen Entwürfe und der damit verbundenen Formen der Alltagspraxis scheint unterdessen darin zu liegen, dass die Bildungsprozesse in der Jugendarbeit nicht so portioniert sind wie Schulfächer, nicht im curricular vorgegebenen 45-Minuten-Takt und nicht mittels Lehrbüchern verabreicht werden, nicht durch Lehrplänen vorstrukturiert und auch nicht mithilfe von Tests abgeprüft werden.

Bildungsprozesse in der Jugendarbeit sind zuallererst dadurch gekennzeichnet, dass es sich um ungleich offenere, weniger vorbestimmte Lernsettings handelt, dass den Jugendlichen bei ihrem „Kampf um Anerkennung" (vgl. Honneth 2007) eine weitaus größere Vielfalt an Arenen und Formen geboten und stärker an ihren Erfahrungen, Befindlichkeiten und Interessen selbst angesetzt wird, dass Themen, Aneignungs- und Vermittlungsformen stärker in die Lebenswelt und Lebenspraxis der Jugendlichen eingebunden sind und dass sie auf diese Weise sehr viel stärker zu Ko-Produzenten ihrer eigenen Bildungsbiografie werden, kurz: dass gewissermaßen das Leben und die Alltagsthemen selbst das Drehbuch schreiben und nicht etwa vorgegebene Lehrpläne.

In der Summe geht es dabei sehr viel mehr um personale, praktische und soziale Bildung, um erfahrungsbasierte Lernprozesse, geht es mehr um vielfältige Formen und Themen der „Alltagsbildung" als um die kognitiv ausgerichtete Wissensvermittlung der formalen Bildung. Dabei steht weniger das „Beibringen" und „Belehren" im Vordergrund, als vielmehr das selbstentdeckende Lernen, das partizipative und eigenständige Entwickeln der Jugendlichen, das Lernen unter den Realbedingungen des Alltags und das konkrete, aktivierende Tun, beispielsweise durch konkrete Übernahme von sozialer Verantwortung.

So sehr die Realität auch an solchen konzeptionellen Ansprüchen scheitern kann: Kernelemente der Bildung in der Jugendarbeit sind vor allem Prozesse der Aneignung, der Anerkennung, der Selbstentfaltung, der Selbstbestimmung, der anderen, alternativen Erfahrungen, vergleichsweise frei von Zwängen – da Jugendarbeit stets ein freiwilliges Angebot ist. Mit anderen Worten: Es geht um Beteiligung, Mitwirkung und selbst gestaltete Bildungsprozesse. Damit sind zugleich wesentliche strukturelle Unterschiede zur unterrichtsnahen Bildung im Pflichtsystem Schule markiert, so offen, fortschrittlich, kreativ, demokratisch diese im Einzelfall auch sein mögen.

Darüber hinaus verweisen diese Formen des Lernens auch auf die Werteentwicklung von Kindern und Jugendlichen, oder etwas neutraler formuliert: auf das Potenzial zur Entwicklung von Standpunkten, Haltungen und moralischer Urteilskraft. Denn diese Formen der beteiligten Aneignung von Themen und Inhalten, der zugemuteten Selbstentscheidung und des partizipativen Lernens verlangen zwangsläufig auch so etwas wie eine Antwort, eine eigene Stellungnahme zu den darin liegenden Zumutungen.

Diese Annahme macht deutlich, dass Werteerziehung im Sinne einer bloßen Vermittlung und Weitergabe von Normen und Werten so lange wirkungslos bleibt, bleiben muss, wie sie die aktive Rolle, also die ko-produzierende Rolle der Jugendlichen nicht ernst nimmt, diese vielmehr zu mehr oder weniger passiven Konsumenten vorgefertigter Werte und Normen macht.

Moralisches Urteilen, erst recht moralisches Handeln, bildet und erschöpft sich unter den Bedingungen kontingenter, pluraler und entgrenzter Multioptionsgesellschaften mithin sicher nicht in Modellen der formalen Bildung und der lehrenden Vermittlung, sondern in der diskursiven Aneignung von Inhalten. Eine gute Jugendarbeit kann damit im Idealfall auch zu so etwas wie ein Laboratorium einer „just community" (vgl. Kohlberg 2006), einer gerechten Gemeinschaft, zu so etwas wie einem Soziotop gelingenden Lebens werden. Und das wäre eine enorme wichtige und nützliche Bildungsleistung.

Jugendarbeit dürfte aber vor allem deshalb für eine zukunfts-
orientierte Bildungspolitik von Interesse sein, da biografisch
die nicht-schulische, die informelle Seite von Bildungsprozessen nicht beliebig ignoriert werden kann. Der sozialpädagogische Aufforderungscharakter mit Blick auf die aktuellen Mo-
dernisierungsrisiken liegt für die Jugendarbeit primär darin,
Lernprozesse im Umgang mit Pluralität, Komplexität und Ungewissheit einerseits sowie mit sich selbst und seiner Mitwelt
andererseits erfolgreich anzustoßen – was sich bei, wie gesehen, gleichzeitig prekärer werdenden Personalressourcen für
die Jugendarbeit zweifellos als ein schwieriges Unterfangen
erweisen dürfte.

Jugendarbeit hat traditionell ein eigenes, durch Informalität,
Zufälligkeit und Selbstgesellung gekennzeichnetes Bildungsverständnis. Dass mit einer derartigen Konzeption von Bildung sehr viel mehr die gesamte Person – und nicht etwa eine
Rolle oder gar vorgefertigte Themen – im Mittelpunkt des
Bildungsgeschehens steht, liegt auf der Hand. Durchschnittli-
ches schulisches Lernen ist demgegenüber notgedrungen etwas weiter weg von Formen des selbstorganisierten Lernens
von Kindern und Jugendlichen. Lernen findet dort so gut wie
nicht in Eigenregie und Eigenverantwortung statt. Aber genau
darin liegen die unschätzbaren Vorteile des freiwilligen Angebots alternativer Lernorte und Lernmodalitäten in der Jugendarbeit.

In der Wiederverschränkung von Lern- und Lebenswelten, in
der Zusammenführung von Lernen und verantwortlichem
Handeln, dem Lernen mit Ernst- und Echtcharakter – wie etwa
im freiwilligen Engagement im Jugendverband oder im selbst
organisierten Miteinander von Gleichaltrigen – liegen Potenziale für Bildungsprozesse, die auch für formalisierte Bildungsinstitutionen von Interesse sind, von diesen aber kaum
simuliert werden können. Damit trägt Jugendarbeit – zumindest von ihrem Anspruch und ihrem Eigensinn her – dazu bei,
dass vor allem die personalen und sozialen Kompetenzen der
Jugendlichen gefördert werden.

12.4 Bildungsleistungen der Kinder- und Jugendarbeit

Bis vor wenigen Jahren hat sich die Diskussion über Kinder- und Jugendarbeit als Bildungsarbeit eher in einem Stadium der guten Hoffnung, der ungeprüft unterstellten Wirkungen und der beeindruckenden Einzelfälle bewegt. Meist erschöpfte sich die Antwort auf die Frage der Nachweisbarkeit der durch Jugendarbeit erworbenen Kompetenzen in einem Verweis auf ihre unterstellte Bedeutung. Mittlerweile hat sich die Lage etwas verbessert, wissen wir zumindest ein wenig mehr über die erworbenen Fähigkeiten und Fertigkeiten, über die Bildungsleistungen der Kinder- und Jugendarbeit.

Im Folgenden sollen daher wenigstens ein paar zentrale Ergebnisse einer empirischen Studie über den Kompetenzerwerb von Jugendlichen im freiwilligen Engagement vorgestellt werden, die in einem Kooperationsprojekt zwischen der TU Dortmund und dem Deutschen Jugendinstitut durchgeführt wurde (vgl. Düx u. a. 2008).

Die Kernfrage der Studie lautete: Was lernen Jugendliche durch ein freiwilliges Engagement in ehrenamtlichen Settings? Um Antworten auf diese Frage zu erhalten, wurden zwei Erhebungen durchgeführt. Zum einen wurden im Rahmen einer qualitativen Erhebung 74 engagierte Jugendliche im Alter zwischen 15 und 22 Jahren sowie 13 ehemals engagierte Erwachsene zu ihren (Lern-)Erfahrungen in drei unterschiedlichen Settings des freiwilligen Engagements leitfadengestützt interviewt – in Jugendverbänden, in Initiativen und in der politischen Interessenvertretung bzw. Schülervertretung.

Zum anderen wurden in einer standardisierten, telefonischen Erhebung über 2.000 Personen im Alter zwischen 25 und 40 Jahren befragt, von denen 1.500 im Jugendalter mindestens ein Jahr ehrenamtlich aktiv waren, während dies bei den anderen 550 Befragten nicht der Fall war. Befragt wurden sie vor allem zu Umfang, Ausmaß und Qualität ihrer selbst eingeschätzten Kompetenzen sowie zum vermutlichen Einfluss der unterschiedlichen Bildungsorte auf diesen Kompetenzerwerb. Auf diese Weise sollten sich zumindest Hinweise identifizieren lassen, ob und wenn ja, in welchen Bereichen diese Settings engagierten jungen Menschen exklusive oder zumindest privilegierte Bildungsmöglichkeiten eröffnen.

Auch wenn an diesem Forschungsdesign deutlich wird, dass die Ergebnisse der Studie sich nicht nur auf die Jugendarbeit eingrenzen lassen, sondern auch andere Bereiche des freiwilligen Engagements berühren, sind die Befunde dennoch in vielen Teilen weitgehend übertragbar.

Beiden Erhebungen lässt sich zunächst einmal entnehmen, dass die untersuchten Segmente des freiwilliges Engagements für junge Menschen aus deren Sicht wichtige gesellschaftliche Lernfelder darstellen, in denen Kompetenzen vor allem in den Dimensionen personaler, sozialer und praktischer Bildung erworben werden. Die Befunde unterstützen dabei die These, dass hier anders und anderes gelernt wird als in der Schule. Dies lässt sich in mehrfacher Hinsicht zeigen. Dies gilt es anhand einiger Themenblöcke zu illustrieren (vgl. ausführlich Düx u.a. 2008, S. 261 ff.).

(1) Engagementspezifische Kompetenzen: Während Schule insbesondere kulturelle – und darin überwiegend kognitive – Kompetenzen vermittelt, weisen die Befunde der qualitativen Untersuchung vor allem auf die Entwicklung sozialer und personaler Kompetenzen durch ein entsprechendes ehrenamtliches Engagement hin. Die Ergebnisse der standardisierten Untersuchung ermöglichen darüber hinaus weitere Präzisierungen: Durch ein ehrenamtliches Engagement werden ganz spezifische Bereiche der sozialen Bildung und der Persönlichkeitsbildung entwickelt und gefördert, nicht zuletzt so etwas wie Management- oder Leitungskompetenzen. Und die dort erworbenen Kompetenzen werden als „extrafunktionale Fertigkeiten" überall genutzt, sind gewissermaßen multifunktional einsetzbar: in der Schule, in der Familie und im Freundeskreis ebenso wie in der Arbeitswelt und im Beruf.

(2) Zunahme des sozialen Kapitals durch das Engagement: Neben der Erweiterung des Wissens und Könnens im Bereich der sozialen und personalen Kompetenzen spielt der Erwerb sozialen Kapitals, d.h. der Aufbau (neuer) persönlicher Kontakte und Beziehungen, in allen Settings des freiwilligen Engagements eine große Rolle. Wie zahlreiche Aussagen in den

Interviews nahelegen, lassen sich im Rahmen des freiwilligen Engagements Erfahrungen sozialer Zugehörigkeit machen, die weit über den sozialen Nahraum der Familie hinausgehen und den Handlungsspielraum sowie das Beziehungsnetz Heranwachsender zum Teil erheblich erweitern.

(3) Engagierte und Nicht-Engagierte im Vergleich: Es zeigt sich, dass die in ihrer Jugend Engagierten durchgängig über ein breiteres Spektrum an Erfahrungen und damit offenbar auch über mehr Kompetenzen verfügen als ehemals Nicht-Engagierte. Besonders groß sind die Differenzen zwischen diesen beiden Gruppen mit Blick auf bestimmte Aspekte sozialer und kultureller Kompetenzen, vor allem bei organisatorischen Aufgaben, Gremienarbeit, rhetorischen Fähigkeiten, pädagogischen Aktivitäten (Gruppenleitung und Training) sowie Teamerfahrungen, Publikation eigener Texte und Leitungskompetenzen.

Besonders schwach sind Unterschiede hingegen zwischen den früher Engagierten und Nicht-Engagierten vor allem in Bereichen, die eher alltagspraktische, soziale oder instrumentelle Kompetenzen berühren, die überall vorkommen können, sei es die Betreuung kleiner Kinder, kranker oder alter Menschen, sei es die Beratung in Beziehungskonflikten oder sei es die Reparatur eines technischen Gerätes. Aber auch bei jenen kulturellen Kompetenzen, die man insbesondere in der Schule oder in der Berufsausbildung erwirbt, z. B. musikalische Fertigkeiten, das Erlernen einer Fremdsprache oder die Erstellung einer Finanzabrechnung, sind die Differenzen zwischen den einst Engagierten und Nicht-Engagierten relativ gering.

(4) Freiwilliges Engagement – ein wichtiger Lernort für demokratische Bildung: Die von Wissenschaft, Politik und Verbänden vertretene Annahme, dass das Engagement Jugendlicher ein wichtiger gesellschaftlicher Lernort für den Erwerb und die Förderung sozialer Eigenschaften und Fähigkeiten ist, wird im quantitativen wie qualitativen Teil der Studie bestätigt. Allerdings lassen sich in der standardisierten Erhebung keine Hinweise dafür finden, dass das freiwillige Engagement in der Jugendarbeit hierfür ein exklusiver Lernort wäre.

Beide Befragungen liefern jedoch hinreichend Indizien, die die allgemeine Annahme einer verbesserten Entwicklung und Einübung demokratischer Fähigkeiten, Kenntnisse und Einstellungen durch Verantwortungsübernahme im Rahmen eines ehrenamtlichen Engagements unterstreichen. Für die Mitbestimmung und Mitgestaltung einer demokratischen Zivilgesellschaft wichtigen Kompetenzen wie Interessenvertretung und „Gremienkompetenz", also die Kenntnis und Anwendung formal-demokratischer Verfahrensweisen und Spielregeln, scheint das freiwillige Engagement für Jugendliche allerdings vorerst ein nahezu exklusiver Lernort zu sein.

(5) Reflexionsvermögen und Handlungswirksamkeit: In der Engagement-Studie bestätigen sich darüber hinaus Befunde amerikanischer Untersuchungen zum sozialen Engagement Heranwachsender, wonach Jugendliche dabei mit Inhalten, Normen und Werten konfrontiert werden, die ihre Reflexion über gesellschaftspolitische Bedingungen und ihre eigene Rolle innerhalb der Gesellschaft hin zu mehr sozialem und politischem Bewusstsein anregen können. Zugleich erhalten sie hier die Möglichkeit, durch ihr eigenes freiwilliges, aktives Engagement sich selbst als Handelnde zu erleben, die durch ihre Mitwirkung in gemeinnützigen Organisationen kleine oder größere Veränderungen herbeiführen können.

(6) Erfahrung gesellschaftlicher Nützlichkeit: Durch die lange Schulphase werden Heranwachsende in Deutschland weitgehend von sozialer und gesellschaftlicher Verantwortungsübernahme ferngehalten. Die qualitativen Interviews liefern Hinweise dafür, dass das freiwillige Engagement jungen Menschen demgegenüber bereits im Jugendalter die Möglichkeit eröffnet, in einem geschützten Rahmen nach und nach soziale und gesellschaftliche Aufgaben sowie Verantwortung für andere zu übernehmen. Auf diese Weise können sie die für Heranwachsende wichtige Erfahrung konkreter Nützlichkeit sowie gesellschaftlicher Relevanz ihres eigenen Tuns machen.

(7) Engagementspezifische Lernchancen und -formen: Die organisatorischen Formen des Engagements unterscheiden sich von vielen anderen Lernorten vor allem dadurch, dass hier bereits im Kindes- und Jugendalter durch die aktive, partielle Übernahme von Verantwortung in der konkreten Praxis in Ernst-

situationen gelernt wird. Gemäß den Befunden der qualitativen Erhebung scheinen die Lernprozesse in Settings des freiwilligen Engagements – im Unterschied zur Schule – in der Regel den eigenen Interessen der Jugendlichen weitaus mehr zu entsprechen, zumal sie in einem Umfeld in häufig selbstbestimmter Form und mit selbst gewählten Inhalten stattfinden.

Die Kombination von hoher Motivation durch frei gewählte Verantwortungsbereiche und einem gemeinsamen Handeln in der Gleichaltrigengruppe, verbunden mit den Herausforderungen durch die übernommene Verantwortung sowie der Unterstützung durch Erwachsene, bietet spezifische lern- und entwicklungsförderliche Bedingungen, die die Settings des ehrenamtlichen Engagements zu besonderen Lernfeldern und „Ermöglichungsräumen" für Heranwachsende machen. In Freiwilligkeit, Vielfalt und Selbstbestimmtheit des Lernens liegen die Chancen und Stärken dieses außerschulischen Lernfeldes.

(8) „Learning by doing": Obwohl Fortbildungsveranstaltungen wichtig und auch in der Jugendarbeit für eine Reihe von Aufgaben nahezu unerlässlich sind – insbesondere in den Hilfs- und Rettungsorganisationen sowie für die eigene Arbeit mit Kindern und Jugendlichen –, zeigt sich doch zugleich, dass für die Aneignung vieler Kompetenzen, das „learning by doing", also das lernende Handeln unter Realbedingungen, das Sammeln von eigenen Erfahrungen ohne die handlungsentlastenden Als-Ob-Situationen typischer schulischer Lernsettings in der Praxis des Engagements eine erhebliche Bedeutung hat.

Insgesamt zeigen die Befunde der Studie, dass nur wenige der Engagierten, die angeben, ihre Kompetenzen überwiegend im ehrenamtlichen Engagement erworben zu haben, hierfür ausschließlich Kurse und Schulungen der Organisationen nennen. Die Mehrheit schreibt den Erwerb der Kompetenzen sowohl den offenen Bildungsprozessen in non-formalen Kontexten als auch den informellen Lernpotenzialen in den Formen des praktischen Engagements zu. Dieser Befund lässt sich anhand der qualitativen Befragung bestätigen, bei der an vielen Beispielen deutlich wird, dass im Engagement informelle und non-formale Lernmöglichkeiten und -angebote ineinandergreifen und sich gegenseitig verstärken.

Die Studie scheint somit im Kern den Befund zu belegen, dass in den aktivierenden Formen jugendlichen Engagements innerhalb der Jugendarbeit zumindest für die ehrenamtlich aktiven Personen erhebliche Bildungspotenziale enthalten sind und nach Einschätzung der Betroffenen diese bei ihnen auch wiederholt zum Tragen kamen. Dennoch muss in den nächsten Jahren die diesbezügliche Forschung weiter intensiviert werden, um das potenzielle Leistungsvermögen und die tatsächlich abgerufenen Leistungen der Kinder- und Jugendarbeit für die Kinder und Jugendlichen ebenso wie für die ehrenamtlich aktiven Personen differenzierter zu erfassen.

12.5 Das Zukunftsprofil der Jugendarbeit

Die Kinder- und Jugendarbeit wird in Deutschland im Kontext der neuen Bildungsdebatte und dem Ausbau der Ganztagsschulen zunehmend mit den Ansprüchen eines formalisierten Bildungsverständnisses konfrontiert und stößt dabei auf unterschiedlichen Ebenen an ihre Grenzen. So ist es z.B. deutlich schwieriger, die damit verbundenen Prozesse des Kompetenzerwerbs empirisch zu erfassen und die Wirkung derartiger Bildungsgelegenheiten nachzuweisen als etwa bei den etablierten PISA-Tests. Auch ist es ohne Tests und Prüfungen wesentlich mühseliger, eine Antwort auf die Frage zu formulieren, was Jugendarbeit am Ende den Jugendlichen wirklich bringt. Während man bei den formalisierten Inhalten – Sprache, Mathematik, Fremdsprachen, Naturwissenschaft – Kompetenzen bereits recht gut direkt abfragen und überprüfen kann – und dieses in Tests auch völlig selbstverständlich gemacht wird –, ist man bei den in informellen Prozessen erworbenen Kompetenzen bislang weitestgehend auf Selbstauskünfte der Befragten angewiesen (vgl. Rauschenbach 2009 a). Zudem werden manche positiven Folgen der Jugendarbeit auch oft erst sehr viel später im Lebensverlauf in Episoden und Erinnerungen offenkundig.

Das fachliche Dilemma, dem sich Jugendarbeit in diesem Punkt gegenübergestellt sieht, besteht darin, dass es für diese ein Ziel- und ein Vermittlungsproblem gibt. Schulische und außerschulische Lernprozesse einfach miteinander zu vergleichen, entspricht bisweilen einem Vergleich zwischen Äpfeln und Birnen. Und dennoch können von solchen kompetenzbasierten Leistungsnachweisen rasch auch die offizielle und politische Wertschätzung sowie die Mittelvergabe abhängen.

In Zeiten, in denen es auch in Bildungs- und Erziehungsprozessen immer direkter um Wirkungen und Effekte, um Output geht – und damit auch um die Frage, was das Ganze für Kinder und Jugendliche oder für die Gesellschaft bringt –, kann sich die Jugendarbeit nicht teilnahmslos und folgenlos an den Rand des Geschehens stellen und weiterhin unbeirrt allein mit dem Input, dem guten Willen oder der guten Absicht argumentieren.

Die Kinder- und Jugendarbeit muss um ihrer eigenen Zukunft willen die Herausforderung ihrer eigenen Bildungsrelevanz für die Kinder und Jugendlichen ebenso selbstbewusst annehmen wie das Bemühen um eine bessere wirkungsorientierte Visibilität. Beides würde dazu beitragen, das ohne Frage vorhandene und die schulische Kompetenzentwicklung ergänzende Leistungspotenzial der Jugendarbeit besser erkennbar und vermittelbar zu machen. Aber einfacher wird ihre gesellschaftliche Rolle auch dann nicht.

13. Bildungsorte der zweiten Chance

Während Kinder und Jugendliche die bislang vorgestellten Bildungsorte im Laufe ihrer Biografie mehr oder weniger selbstverständlich durchlaufen, dabei Angebote der Jugendarbeit zumindest potentiell für alle Heranwachsenden Bedeutung erlangen können und deshalb den „durchschnittlichen Bildungsorten des Aufwachsens" zugerechnet werden können, gibt es selbstverständlich auch Bildungsorte und Lernwelten, die nur für einen kleineren Teil der Kinder und Jugendlichen Realität werden.

Dabei geht es in diesem Zusammenhang gar nicht so sehr um jene potentiellen Lernwelten, die im Prozess des Aufwachsens für einen mehr oder minder großen Teil der jungen Menschen durchaus eine Rolle spielen können, ohne dass diese in der Regel eigens unter Bildungsgesichtspunkten betrachtet werden: Man denke etwa an die vielfältigen Formen von Cliquen und Gleichaltrigengruppen – einschließlich der Geschwisterbeziehungen –, in denen das informelle Lernen, die gemeinsame Entdeckung der Welt und die wechselseitige Befruchtung („peer education") nicht selten zu wichtigen Impulsen und Auslösern von unterschiedlichsten Bildungsprozessen werden, man denke an die nicht zu unterschätzende Zahl von Nebenjobs von Schülerinnen und Schülern, in deren Rahmen die Jugendlichen oft zum ersten Mal in ihrem Leben mit einer für sie ungewohnten Arbeitswelt und mit Ernstsituationen in Berührung kommen, oder man denke schließlich an die vielfältigen Gelegenheiten, bei denen Kinder von klein auf mit und durch die neuen Medien mit Lernanregungen unterschiedlichster Art konfrontiert werden.

Unerwähnt bleiben dürfen in diesem Zusammenhang auch nicht die kommerziellen Lernwelten, die unter Umständen ebenfalls bildungsmäßig eine Wirkung auf Kinder und Jugendliche entfalten können, seien es der bezahlte Nachhilfeunterricht, die privat organisierten Sprachferien oder auch die mannigfach angebotenen Kurse für Musik, Tanzen, Kochen, Computerkenntnisse und dergleichen. Alle Lernwelten dieser Art finden keinen gesonderten Eingang in dieses Buch (vgl. dazu auch BMFSFJ 2005).

In diesem Zusammenhang geht es vielmehr um eine andere Sorte von „öffentlichen" Bildungsorten und Lernwelten. Sieht man einmal von der Familie ab, der als „Bildungswelt" ohnehin eine Sonderrolle zukommt (vgl. BMFSFJ 2005, S. 92), so handelt es sich bei allen anderen thematisierten Bildungssettings durchweg um Orte, die in ihrer Gestaltung öffentlich verantwortet werden, also in staatlicher Regie oder staatlich anerkannt organisiert werden.

Das gilt insbesondere auch für jene Orte, in denen Heranwachsende eine „zweite oder dritte Chance" erhalten, weil entweder die vorgelagerten Bildungssettings nicht jene Wirkungen erzielt haben, die ihnen gemeinhin unterstellt und zugemutet werden, oder weil es die Kinder und Jugendlichen, aus welchen Gründen auch immer, nicht geschafft haben, sich jene Fähigkeiten und Fertigkeiten anzueignen, die normalerweise mit diesen Settings in Verbindung gebracht werden. Um diese geht es.

Um wenigstens ansatzweise die Konturen derartiger Lernsettings zu umreißen, die im Bereich der öffentlich verantworteten Kinder- und Jugendhilfe angesiedelt sind und meist nur für einen kleinen Teil junger Menschen von Bedeutung für ihre weitere Entwicklung sind – dann vielfach aber von erheblicher –, sollen im Folgenden mit der Jugendberufshilfe bzw. der Jugendsozialarbeit einerseits sowie den „Hilfen zur Erziehung" bzw. der „stationären Jugendhilfe" andererseits, also dem, was bisweilen immer noch als „Heimerziehung" bezeichnet wird, zwei weitere wichtige Bildungssettings ins Blickfeld gerückt werden.

13.1 Jugendsozialarbeit

Dürften mit dem Begriff der „Jugendarbeit" auch außerhalb der Fachwelt noch einigermaßen klare Vorstellungen verbunden werden, so gilt das sicher nicht in gleicher Weise für die „Jugendsozialarbeit".

Unter dem Oberbegriff Jugendsozialarbeit werden im Rahmen des Kinder- und Jugendhilfegesetzes (SGB VIII) Angebote und Leistungen zusammengefasst, die insbesondere für die Unterstützung benachteiligter Jugendlicher und besonderer Zielgruppen konzipiert sind. Klassischerweise fällt hierunter die „Jugendberufshilfe", also die sozialpädagogische Unterstützung im Rahmen der beruflichen Ausbildung junger Menschen, die „Schulsozialarbeit" sowie bestimmte Formen „aufsuchender, mobiler Sozialer Arbeit", also etwa die Straßensozialarbeit oder die mobile Drogenhilfe.

Damit gehört die Jugendsozialarbeit ganz unübersehbar zu jenen Arbeitsfeldern der Kinder- und Jugendhilfe, die sich ganz dezidiert mit spezifischen Lebenslagen und prekären Situationen von benachteiligten, marginalisierten und hilfebedürftigen Kindern und Jugendlichen befassen, also dem, was man früher klassischerweise unter „Jugendfürsorge" subsumiert hat und heute mit Sozialarbeit bzw. „social work" in Verbindung bringt.

In dieser Tradition wird die Bildungsfrage bei weitem nicht so selbstverständlich diskutiert wie in den bereits skizzierten Feldern der Kinder- und Jugendhilfe, also den Kindertageseinrichtungen oder der Jugendarbeit (vgl. Raab 2003). Mehr noch: Hier trifft der Bildungsdiskurs vielfach auf eine (noch) stärkere Skepsis als anderswo, da er suggeriert, genau mit jenen Mitteln einen Ausweg aus der Misere der jungen Menschen zu finden, die gemeinhin zu ihrem „Versagen" beitragen.

Hinzu kommt aber noch ein Weiteres: Während sich Arbeitsfelder wie die Kindertageseinrichtungen oder auch die Jugendarbeit als Orte des „normalen" Aufwachsens von Kindern und Jugendlichen etabliert haben, gilt dies nicht in gleicher Weise für die Jugendsozialarbeit. Teile der Jugendsozialarbeit sind vielfach gebrandmarkt als Angebote und Settings für Minderheiten, für marginalisierte junge Menschen. Welche Bedeutung kommt in Anbetracht dessen nun der Bildung im Kontext der Jugendsozialarbeit zu?

Jugendsozialarbeit scheint man im Blick von Außen zunächst einmal nicht sofort mit dem Begriff der Bildung in Verbindung zu bringen – und wenn, dann eher im Sinne eines Reparaturbetriebes, als Ort zur Wiederherstellung der Teilnahme an formalen Bildungsprozessen, sprich: als Wiederherstellung der Anschlüsse an Schule, Ausbildung und Arbeitsmarkt. Dass die Jugendsozialarbeit aber auch eigene Potenziale hat und einiges im Sinne eines umfassenden Bildungsverständnisses beitragen kann, wird oft übersehen.

Was also, so ist zu fragen, hat die Jugendsozialarbeit, genauer: was haben die vielfältigen, unter dem Dach „Jugendsozialarbeit" zusammengefassten Leistungen und Angebote mit Bildung zu tun? Um dieses Potenzial besser einschätzen zu können, will ich mich von der anderen Seite, von den Einwänden her, der Thematik nähern. Hierzu drei Anmerkungen.

(a) Geht es bei der Jugendsozialarbeit wirklich um Bildung im engeren Sinne? Wird sie letzten Endes nicht doch immer erst dann tätig, wenn die durchschnittlichen, formalen Bildungsprozesse gescheitert sind, zumindest zu scheitern drohen? Ist sie nicht eher eine Maßnahme für die hartnäckigen Problemfälle des Bildungssystems, deren Hilfe immer erst dann in Anspruch genommen wird, wenn es im schulischen oder beruflichen Ausbildungssystem Probleme gibt? Können Jugendberufshilfe, Schulsozialarbeit oder auch Hilfen für junge Aussiedlerinnen und Aussiedler bzw. junge Migrantinnen und Migranten nicht auch so wahrgenommen werden, dass sie primär dafür da sind, Betroffene möglichst reibungslos und geräuschlos wieder in formale Bildungssettings zu integrieren, sich um die Schwierigen, die Problemfälle zu kümmern?

Somit wäre deren Aufgabe nicht Bildung, sondern zuallererst die (Wieder-)Herstellung der Teilnahme an Bildung. Dies ist beileibe nicht unwichtig, aber eben doch etwas anderes als Bildung selbst. Es entsteht so der Eindruck, demzufolge der Jugendsozialarbeit als inhaltliche Bestimmungsaufgabe vor allem die Bearbeitung der „Störfälle" formalisierter Bildung zugeschrieben wird, also jene Fälle, die die Schule schwänzen oder ohne Abschluss verlassen, die keine berufliche Ausbildung anstreben oder aber keinen Abschluss schaffen.

Folgt man dem hier zugrunde gelegten, erweiterten Bildungsverständnis, dann erweist sich diese Trennung in ermöglichende und in herstellende Bildungsprozesse als wenig hilfreich, da auch die Ermöglichung selber nur über erfolgreiche Bildungsprozesse gelingen kann, auch wenn der damit verbundene Akzent vor allem im Bereich der personalen und sozialen Kompetenzen liegt.

(b) Aber dennoch bleibt zu fragen: Besteht für die Jugendsozialarbeit überhaupt ein gesetzlicher Auftrag zur Bildung? Mit Blick auf die entsprechenden gesetzlichen Regelungen bilden Jugendsozialarbeit und Bildung nicht unbedingt eine traditionell gefestigte Partnerschaft. So ist in § 13 des Kinder- und Jugendhilfegesetzes von Bildung in einem unmittelbaren Sinne nicht die Rede, vielmehr von „Hilfen zur Förderung schulischer und beruflicher Ausbildung", von „Eingliederung in die Arbeitswelt" und von „sozialer Integration".

Und auch in den entsprechenden Paragrafen des Arbeitsförderungsgesetzes (SGB III) für berufsvorbereitende Fördermaßnahmen finden sich entsprechende Formulierungen mit Blick auf einen dezidierten „Bildungsauftrag" nur am Rande, etwa wenn in § 61 von „berufsvorbereitenden Bildungsmaßnahmen" oder in § 61 a vom Anspruch auf die Vorbereitung auf einen (nachholenden) Hauptschulabschluss die Rede ist. Stattdessen wird bei der Arbeitsförderung die Zielsetzung primär mit der Eingliederung in das Berufsleben umschrieben. Eine ähnliche „Ermöglichungsphilosophie" findet sich auch im generell nachrangig anzuwendenden Sozialhilfegesetz (SGB XII).

Gleichwohl gilt auch im Hinblick auf die rechtliche Verankerung von Bildungselementen in den einschlägigen Gesetzen des SGB III, VIII und XII der Hinweis, dass es sich dabei, wenn es um Befähigung, um Fähigkeiten und Fertigkeiten geht, ebenfalls um Leistungen eines umfassenden Bildungsverständnisses, selbst um Bestandteile eines kompetenzbasierten Bildungsbegriffs handelt.

(c) Kommt Bildung wenigstens im Selbstverständnis der Akteure und in den wissenschaftlichen Vermessungen des Feldes vor? Bis zum Jahre 2001 ist der Begriff Bildung auch in den einschlägigen Selbstbeschreibungen der Jugendsozialarbeit, also etwa in Handbüchern, Wörterbuchartikeln oder in Veröffentlichungen zur Jugendsozialarbeit kaum zu finden (vgl. etwa Fülbier/Münchmeier 2001; Gögercin 1999; BBJ-Consult

1995). Vielmehr ist dort von „Förderung der Persönlichkeits-entwicklung", „Entwicklung von Leistungskompetenz" und vor allem von „Förderung und Unterstützung der sozialen Integration" die Rede.

Insofern war somit auch in dieser Hinsicht dem Bildungsbegriff keine prominente Rolle innerhalb der Jugendsozialarbeit beschieden, war Bildung kein zentraler Eckpfeiler im konzeptionellen Koordinatensystem der Jugendsozialarbeit.

Insgesamt, so lässt sich bilanzieren, kam der Bildung innerhalb der Jugendsozialarbeit bislang kein sonderlich beachteter, schon gar nicht ein prominenter Stellenwert zu.

Gegenüber dieser eher bildungsfernen oder bildungsindifferenten Tradition wird seit einigen Jahren auf nationaler Ebene – etwa in der Streitschrift des Bundesjugendkuratoriums (vgl. Bundesjugendkuratorium 2001), im 12. Kinder- und Jugendbericht (vgl. BMFSFJ 2005) oder in den Nationalen Bildungsberichten (vgl. Konsortium Bildungsberichterstattung 2006; Autorengruppe Bildungsberichterstattung 2008) –, aber auch auf internationaler Ebene von der Europäischen Kommission im Rahmen der Diskussion über einen Europäischen Qualifikationsrahmen (vgl. z. B. Frank/Gutschow/Münchhausen 2005) ein erweitertes Verständnis von Bildung propagiert. Bildung ist in diesem Kontext mehr als Schule, mehr als Unterricht, mehr als Zertifikate und formale Abschlüsse. Nur, wenn mithin der Horizont auf Bildung systematisch erweitert wird, kommt jene Vielschichtigkeit in den Blick, die einem erweiterten Bildungsbegriff zugrunde liegen muss – und die dann auch Anschlüsse für die Jugendsozialarbeit eröffnet.

Folgt man der Unterscheidung von formaler, non-formaler und informeller Bildung, wie sie im ersten Teil dieses Buches zugrunde gelegt wurde, dann befindet sich die Jugendsozialarbeit, zugespitzt formuliert, in der eigentümlichen, ja fast exklusiven Lage, dass sie mit ihrem Aufgabenspektrum – von der Schulsozialarbeit und der Arbeit mit Schulverweigerern über Integrationshilfen sowie Angeboten für Jugendliche mit Migrationshintergrund bis hin zu Maßnahmen der Jugendberufshilfe – relativ deutlich in allen drei Bildungsmodalitäten verwoben ist.

Indem Jugendsozialarbeit versucht, auf verschiedenen Wegen schulische Abschlüsse nachträglich zu vermitteln oder im Rahmen der Jugendberufshilfe Wege in die berufliche Ausbildung zu eröffnen, indem sie aber auch bemüht ist, ganz generell, allgemeine Entwicklungs- und Bildungsprozesse von Jugendlichen zu unterstützen und ihnen Hilfen zur Lebensbewältigung sowie zur sozialen Integration anzubieten, indem sie mithin Bildungsbiografien junger Menschen, mehr als andere, aus deren lebensweltlicher Perspektive in mehrfacher Hinsicht begleitet, bewegt sie sich weitaus stärker an der Schnittstelle zwischen formaler, non-formaler und informeller Bildung, als dies vielfach wahrgenommen wird:

— So ist die Jugendsozialarbeit im Rahmen *formaler* Bildungsprozesse oft unmittelbar am Erwerb allgemeiner Ausbildungsabschlüsse für Haupt- und Realschulen beteiligt und bietet auf diese Weise benachteiligten Jugendlichen oft eine zweite oder dritte Chance zum Erwerb eines Schul- oder auch eines Berufsabschlusses (vgl. Konsortium Bildungsberichterstattung 2006; Autorengruppe Bildungsberichterstattung 2008). So wird beispielsweise bislang kaum öffentlich zur Kenntnis genommen, dass sich die vergleichsweise hohe und stabile Zahl von jährlich rund 8 Prozent Schulabgängerinnen und -abgängern ohne Abschluss anschließend in der Altersspanne zwischen 15 und 25 Jahren deutlich mehr als halbiert. Und auch der Umstand, dass eine nicht zu unterschätzende Zahl von jungen Menschen innerhalb des Übergangsystems einen späten Weg in die berufliche oder vollzeitschulische Ausbildung findet (vgl. Reißig/Gaupp/Lex 2008), ist ein Beleg dafür, dass – jenseits einer zweifellos zu steigernden Effizienz – der Jugendsozialarbeit auch im Rahmen der formalen Bildung eine nicht zu unterschätzende Bedeutung zukommt.

— Dies gilt in ähnlicher Weise für den Bereich der *nonformalen* Bildung. So versucht etwa die Schulsozialarbeit bereits innerhalb der Schule bei Schulverweigerern schulische Bildungsprozesse neu und anders anzustoßen, z.B. durch gezielte Hausaufgabenhilfe, um bereits auf diesem Wege – trotz aller Schwierigkeiten im persönlichen Umfeld – den Erwerb schulischer Qualifikationen zu ermöglichen. Dadurch sollen, noch im Kontext schulischen Lernens, zudem neue Perspektiven und Anknüpfungsmöglichkeiten an das System Schule geschaffen, schulische Bildungsprozesse unterstützt und/oder das Herausfallen aus diesen verhindert werden. Auch wenn es zu den damit verbundenen Wirkungen keine vergleichbar belastbaren Befunde gibt, so ist doch der Umstand, dass auf Seiten der Schulen und Lehrkräfte der Ruf nach einer flächendeckenden Verankerung der Schulsozialarbeit eher zu- als abnimmt, ein Hinweis auf die wachsende Relevanz dieser Prozesse non-formaler Bildung. Ähnliche Versuche lassen sich zudem für den beruflichen Bereich und die dort neuerdings verstärkten Bemühungen um benachteiligte junge Menschen im Umfeld der Jugendfreiwilligendienste beobachten (vgl. Liebig 2008; Förster u.a. 2002).

Darüber hinaus verfolgt die Jugendsozialarbeit dem eigenen Anspruch nach auch eine umfassende Förderung und Unterstützung benachteiligter junger Menschen auch jenseits von Schule mit Blick auf die eigene Lebensführungskompetenz. Diese besteht z.B. aus der sozialpädagogischen Begleitung des Wohnens und der eigenständigen Haushaltsführung, aus der gezielten Stärkung und Erprobung von Alltagskompetenzen bis hin zur Unterstützung des Spracherwerbs und der Integration junger Menschen mit Migrationshintergrund. Jugendsozialarbeit beruht in dieser Hinsicht auf organisierten Unterstützungssystemen, die benachteiligten Jugendlichen Bildungs- und Erprobungsmöglichkeiten für ihre Lebensbewältigung und eigenständige Lebensführung bieten.

– Schließlich finden sich in den diversifizierten Angeboten der Jugendsozialarbeit auch vielfältige Gelegenheiten zu *informeller* Bildung, also zu nicht-intendierten Bildungsprozessen, die im gemeinsam geteilten Alltag, im Miteinander von Gleichaltrigen, aber auch als Nebenprodukte der organisierten Angebote entstehen. Vor allem die Jugendberufshilfe mit ihren vielfältigen Verknüpfungen von beruflichem und persönlichem Lernen, von Leben lernen und Lernen lernen ist hierfür ein typisches Beispiel (vgl. Cloos 2007).

Unter dem Strich geht es damit in der Jugendsozialarbeit um eine weite Spanne von Bildungsprozessen benachteiligter Jugendlicher zwischen schulischem und beruflichem Lernen bzw. zwischen beruflicher Qualifikation und alltagspraktischem

Lernen, zwischen dem Erwerb basaler Kompetenzen zur selbstständigen Lebensführung und zur tagtäglichen Lebensbewältigung in einer Gesellschaft, in der diese Jugendlichen vielfach, diesseits und jenseits von Schule, diesseits und jenseits der beruflichen Bildung zu den Verlierern gehören.

13.2 Stationäre Hilfen zur Erziehung

Zu der Gruppe benachteiligter Kinder und Jugendlicher müssen auch jene knapp 150.000 junge Menschen gerechnet werden, die gegenwärtig an einem „anderen Ort", also zumindest zeitweilig nicht in der eigenen Herkunftsfamilie aufwachsen; nicht hinzugerechnet sind hierbei jene Heranwachsenden, die in Internaten oder in stationären Einrichtungen des Gesundheitswesens oder der Behindertenhilfe leben. Auch wenn es dabei um weniger als ein Prozent der altersentsprechenden Bevölkerung geht, sind die Folgen dieser Art der Bildung, Betreuung und Erziehung im Prozess des Aufwachsens aber für diese kleine Gruppe ganz erheblich.

Diese Gruppe junger Menschen, die im Gesamtangebot der sogenannten „Hilfen zur Erziehung", wie das Kinder- und Jugendhilfegesetz (SGB VIII) einen Teil der Unterstützungsangebote für die Erziehungsberechtigten nennt, mit der folgenreichsten Form der Intervention in die Familiensituation konfrontiert werden, wachsen entweder in „Vollzeitpflege" (§ 33), also bei einer Pflegefamilie, oder aber in „Heimerziehung bzw. in sonstigen betreuten Wohnformen" (§ 34) auf. Nach übereinstimmender Einschätzung eines Expertenteams, das in einer relativ aufwendigen, prozeduralen Klärung, dem sogenannten „Hilfeplanverfahren", die Erziehungssituation diagnostiziert und sich über geeignete Hilfen verständigt, ist ein Verbleib im Elternhaus – aus welchen Gründen auch immer, insbesondere aber aufgrund der mangelnden Erziehungskompetenz der Eltern – zumindest für längere Zeit nicht möglich.

In vielen dieser Fälle geht dabei die „Hilfe zur Erziehung" von einer zunächst familien*unterstützenden* oder familien*ergänzenden* Form, z. B. einer „Erziehungsberatung" oder einer „sozialpädagogischen Familienhilfe", in eine familien*ersetzende* Erziehungskonstellation über. Diese unterscheidet sich von allen anderen öffentlichen Settings dadurch, dass sie kein *zusätzliches* Bildungs-, Betreuungs- oder Erziehungsangebot neben der eigenen Familie wie etwa Kindergarten, Schule oder Jugendarbeit darstellt, sondern dass es selbst für eine längere Zeit, meist für mehrere Jahre – in Heimen durchschnittlich mit einer Dauer von 29 Monaten, in Pflegefamilien sogar von 59 Monaten(vgl. Statistisches Bundesamt 2007 a; Statistisches Bundesamt 2000 b) – zum Mittelpunkt des alltäglichen Lebens für die Kinder wird, kurz: dass es für diese die „Bildungswelt Familie" ersetzt.

Diese Formen der „Fremdunterbringung", wie diese bisweilen auch bezeichnet werden, kosten viel Geld, jedenfalls so viel Geld – zusammen zuletzt immerhin 3,2 Milliarden Euro im Jahr 2007 (vgl. Schilling 2007) –, dass immer wieder Stimmen laut werden, die darüber nachdenken, ob diese relativ teure Form der Erziehungshilfe denn wirklich sein muss, ob die Leistungen tatsächlich so umfangreich sein müssen, wie sie sind, ob der Ertrag den damit verbundenen Aufwand am Ende ernsthaft rechtfertige.

Diese kritischen Fragen haben Anfang dieses Jahrhunderts unübersehbar zugenommen, nachdem die Kosten in den 90er-Jahren tatsächlich aufgrund steigender Fallzahlen kontinuierlich angewachsen sind (vgl. Schilling 2005). Diese Entwicklung hat letztlich dazu geführt, dass kommunale Entlastungsgesetze als Kostendämpfungsinstrumente eingefordert wurden, um die damit verbundenen öffentlichen Aufwendungen in den Griff zu bekommen. Dieses Begehren hat in den darauf folgenden Jahren dann auch seine Spuren in der Ausgabenpolitik im Bereich der Hilfen zur Erziehung hinterlassen.

Die Lage hat sich inzwischen jedoch wieder verändert. 2006 wurde der Fall „Kevin" in Bremen zu einem traurigberühmten Sinnbild für ein unzureichendes „staatliches Wächteramt" in Sachen Frühe Hilfen, Kinderschutz und mangelnder Elternkompetenz (vgl. KOM[DAT] 2006). Ab dem Augenblick, als eine breite öffentliche Debatte über die notwendigen öffentlichen Hilfen insbesondere für kleinere Kinder einsetzte, deren Leib und Leben in der eigenen Familie bedroht oder aber deren Wohl zumindest massiv gefährdet war, verstummte die Kritik an den teuren Hilfen zur Erziehung schlagartig.

Niemand wollte die unübersehbaren Folgen eines unzureichenden Kinderschutzes verantworten.

Vielmehr hat das Erziehungsversagen eines sehr kleinen Teils an Eltern unter dem Strich eher wieder zu Forderungen einer verstärkten Intervention in die Autonomie der Familie geführt. Das „staatliche Wächteramt", das bereits 2005 im Rahmen einer Gesetzesänderung des § 8a des SGB VIII präzisiert worden war, ist daher zwischenzeitlich wieder vermehrt reklamiert worden und soll zugleich nochmals in einem eigenen Kinderschutzgesetz verstärkt werden.

Unter dem Strich ist die stationäre Erziehungshilfe heutzutage in einer nicht ganz einfachen Lage. Bis in die 60er-Jahre des letzten Jahrhunderts hinein war sie geprägt von einem traditionellen Fürsorgeverständnis, das überwiegend in kirchlich-traditioneller Heimerziehung ihren Ausdruck fand und in vielerlei Hinsicht, räumlich, personell und in den dominierenden Erziehungspraktiken eher einer Kasernenmentalität als einem modernen Erziehungssetting entsprach.

Erst im Zuge der Heimkampagne Ende der 1960er-, Anfang der 1970er-Jahre wurden die damit verbundenen Missstände massiv und öffentlich kritisiert, in deren Folge die Zahl der Heimeinweisungen stark zurückgefahren und ein grundlegender Umbau der klassischen Fürsorgeerziehung eingeleitet wurde: der Aufbau ambulanter, beratender und präventiver Hilfen, der radikale Abbau der geschlossenen Unterbringung, der Umbau vieler großen Fürsorgeeinrichtungen in zum Teil dezentrale Angebote des betreuten Wohnens in kleineren Wohngruppen, die Intensivierung einer wissenschaftlichen Debatte über die stationäre Erziehungshilfe und ihre Alternativen sowie vor allem eine nachhaltig anwachsende Verfachlichung und Professionalisierung des Personals. Diese gesamte Entwicklungen – sowie der anhaltend hohe Anteil an den Gesamtkosten der Kinder- und Jugendhilfe – hatten dazu beigetragen, dass die Hilfen zur Erziehung bis weit in die 1990er-Jahre hinein eine starke Stellung innerhalb der Kinder- und Jugendhilfe besaßen.

Dies ist heute nicht mehr in vergleichbarer Weise der Fall. So sind die Hilfen zur Erziehung inzwischen im Vergleich zur

Kindertagesbetreuung in den Hintergrund geraten, werden immer wieder unter Kostengesichtspunkten kontrovers diskutiert und lediglich mit Blick auf die ersten Lebensjahre als ein wichtiger sozialstaatlicher Beitrag zum Kindeswohl angesehen. Ansonsten tun sie sich in ihrer Akzeptanz und öffentlichen Unterstützung schwer. Denn: Stationäre Hilfen zur Erziehung können zumeist keine strahlenden Sieger präsentieren, können keine einfachen und raschen Lösungen anpreisen, keine Heilsversprechen auf nachhaltige Verbesserungen unzulänglicher Lebensbedingungen von Kindern bieten. Sie haben es häufig mit Kindern zu tun, die zuvor mit den schwierigsten familialen Bedingungen konfrontiert waren und deshalb in ein anderes Setting integriert worden sind. Das macht die Lage für die stationären Erziehungshilfen nicht einfacher.

Hilfen zur Erziehung sind heutzutage eher ein Spiegel für das erodierende pauschale Vertrauen in die naturwüchsigen Kräfte privater Erziehung, deuten die Grenzen eines allein auf persönlicher Verantwortung basierenden Aufwachsens von Kindern und Jugendlichen an. Neuerdings zeigen sich bei den Hilfen zur Erziehung, insbesondere bei den stationären Hilfen, aber auch deutlicher als bisher die fatalen Zusammenhänge zu den sozialen Lebenslagen der betroffenen Familien, seien es die überdurchschnittlich hohen Zahlen an Transfergeldbeziehern, also der latente Zusammenhang zwischen Erziehungsdefiziten und Armutsproblemen, sei es der auffällig hohe Anteil von Alleinerziehenden, deren Kinder bei den stationären Hilfen zur Erziehung weitaus häufiger vertreten sind als jene aus zusammenlebenden Familien (vgl. Rauschenbach/Pothmann/Wilk 2009).

Was hat nun dieses alles, was haben unterdessen die Formen der Fremdunterbringung mit den Fragen der Bildung zu tun? Die Antwort ist im Grunde genommen einfach. Vor allem bei den stationären Hilfen zur Erziehung geht es, ganz analog zur „Bildungswelt Familie", nicht nur um die bloße Alltagsgestaltung und Alltagsbewältigung, sondern um, wie Hans Thiersch dies immer wieder formuliert hat, einen „gelingenderen Alltag" (vgl. Thiersch 2008), also um eine Art „Doing Family" in familienähnlichen Settings.

In struktureller Analogie zu den Familien sind die stationären Formen der Hilfen zur Erziehung, also die Pflegefamilie, die Wohngruppe oder das Heim, somit weitaus stärker, als dies bislang wahrgenommen worden ist, ebenfalls spezifisch gestaltete und wirkende Lernorte, gleichsam „sekundäre Bildungswelten", in denen sich, ob geplant oder zufällig, vielfältige Bildungsprozesse vollziehen. Oder anders formuliert: Stationäre Hilfen zur Erziehung sind neben den Familien gewissermaßen Bildungs-, Betreuungs- und Erziehungsorte par excellence. Sie sind für die betroffenen Kinder und Jugendlichen – mehr als die Schule, mehr als der Kindergarten – die zentralen öffentlichen, zum Teil verberuflichten, lebensweltersetzenden Settings des Aufwachsens.

Infolgedessen sind etwa auch die Entwicklung personaler und sozialer Kompetenzen explizite Ziele der Erziehungshilfen, bei denen die Zielerreichung eine Form der Selbsttätigkeit und Eigenbeteiligung der Kinder und Jugendlichen voraussetzt, die mit dem Erziehungsbegriff nur unzureichend umschrieben werden kann und eher dem Humboldtschen Bildungsverständnis des sich „zur Welt ins Verhältnis Setzens" nahe kommen.

Wenn davon auszugehen ist, dass Bildung mehr als Schule ist, dass Bildung an vielen verschiedenen Orten stattfindet und dass, wie dies der Wissenschaftliche Beirat für Familienfragen eindrucksvoll betont hat (vgl. Wissenschaftlicher Beirat für Familienfragen 2002), die Familie ein wichtiger, wenn nicht gar *der* zentrale Ort im Bildungsprozess von Kindern und Jugendlichen ist, dann haben gerade die stationären Hilfen zur Erziehung, diese Bildungsleistungen ersatzweise, also stellvertretend zu erbringen.

Der umfassende Erwerb von Kompetenzen, also die Herausbildung instrumenteller, kultureller, sozialer und personaler Kompetenzen beginnt in der Familie und wird bis zur Volljährigkeit – oft aber auch darüber hinaus – zumeist in zentraler Weise von ihr verantwortet. Ein zeitweiliger Ausfall des Familiensystems bzw. ein Scheitern ihrer Kommunikation hat notgedrungen auch Folgen mit Blick auf die zu erbringenden Bildungsprozesse. Diese müssen zeitweilig oder dauerhaft an anderen Orten, in anderen Settings und mit anderen Mitteln als sie der Familie üblicherweise zur Verfügung stehen, erbracht und kompensiert werden. Und insofern ergibt sich daraus für das Setting der stationären Jugendhilfe eine genuine Bildungsaufgabe.

Stationäre Hilfen übernehmen somit in spezieller Weise die Funktion eines familienähnlichen Bildungssettings mit der damit korrespondierenden, eigentümlichen Vermengung von Bildung, Betreuung und Erziehung. Sie sind insoweit als ein lebensweltnah gestalteter Lernort zu verstehen (vgl. Sauer 1979).

Infolgedessen müssen erzieherische Hilfen so konzipiert werden, dass sie diese familialen Bildungs-, Betreuungs- und Erziehungsleistungen erbringen können, dass sie vor allem zu einer Förderung der Alltagsbildung der Kinder beitragen, auch wenn die Situation paradox erscheint: einerseits möglichst familienähnlich zu sein, andererseits jedoch dies zugleich notgedrungen weitaus stärker von Berufs wegen simulieren und inszenieren, also sekundär „gestalten" zu müssen, als dies für die Bildungswelt Familie gilt. Dies ist die besondere Hypothek und spezifische Herausforderung eines sekundär inszenierten Bildungs-, Betreuungs- und Erziehungssettings, wie dies für die stationären Hilfen zur Erziehung so typisch ist.

Nichtsdestotrotz sind Hilfen zur Erziehung keineswegs nur Interventionen zum Zwecke des Ausgleichs der unter ihren Möglichkeiten gebliebenen familiären Bildung und Personenänderung. Familiäre Problemkonstellationen, die zu Fremdunterbringung führen, weisen in aller Regel deutlich darüber hinaus, werden von Schicksalsschlägen, strukturellen Ursachen, fehlenden Ressourcen und menschlichen Tragödien beeinflusst und verursacht, mit deren Auswirkungen die Hilfen zur Erziehung neben der Bildungsfrage ebenfalls konfrontiert sind.

Aber dennoch steht bei den stationären Erziehungshilfen – bei allen strukturellen Unterstützungsbedarfen – am Ende immer auch das Anliegen, die persönliche Handlungskompetenz der Kinder und Jugendlichen spürbar zu verbessern. Damit zielen sie auch auf die Herausbildung von individuellen Fähigkeiten und Fertigkeiten sowie auf die Förderung einer eigenverantwortlichen Persönlichkeit, eben: auf Bildung in einem wohl verstandenen Sinne.

14. Orte des Aufwachsens – eine Bilanz

Bildungsprozesse sind weder zeitlich noch örtlich eingrenzbar. Sie finden – wenn auch mit ungleich verteilter Wahrscheinlichkeit – zu allen Zeiten, bei jeder Gelegenheit, an allen möglichen Orten statt. Diese Einsicht in die latente Omnipräsenz von Bildungsprozessen, ihre entgrenzte Allgegenwart, kann sich ein Konzept zunutze machen, das sich nicht mit der formalen Seite der Bildung und dem dafür primär zuständigen Bildungsort Schule zufrieden gibt, das nicht allein auf die zertifikatsorientierte Seite schulischer Bildung ausgerichtet ist, sondern die Gesamtheit der Orte, Inhalte und Modalitäten ins Blickfeld zu rücken und die darin liegenden Möglichkeiten auszuloten versucht. Nur so kann das in den Aufmerksamkeitshorizont gelangen, was seit einigen Jahren als formale, non-formale und informelle Bildung bezeichnet wird.

Dieses Anliegen wurde hier in Ansätzen verfolgt. Allerdings kann die Ausweitung des Blicks auf unterschiedliche Orte kein Selbstzweck sein. Diese hat nur dann ihre Berechtigung, wenn damit neue Horizonte eröffnet werden, die auf Seiten der Heranwachsenden die Potenziale und Wahrscheinlichkeiten einer bildungsbezogenen Förderung erhöhen. Mit anderen Worten: Ziel der diversen Bildungsanstrengungen und einer Neubewertung der potentiellen Bildungsorte und Lernwelten muss es sein und bleiben, Kindern und Jugendlichen dadurch umfassendere Bildungschancen zu eröffnen, vor allem dann, wenn die Schule allein insbesondere bei jenen nicht weiterhilft, die von zu Hause aus nicht selbstverständlich mit allen nur erdenklichen Bildungspotenzialen gefördert und unterstützt werden.

Im Mittelpunkt dieses Teils stand daher eine Topografie ausgewählter zentraler Bildungsorte und Lernwelten für das Aufwachsen von Kindern und Jugendlichen, die dazu am ehesten einen Beitrag leisten können. Neben der „Bildungswelt Familie", dem, wenn man so will, noch einzigen lebensweltlichen

Bildungssetting, mit dem Heranwachsende normalerweise und regelmäßig in Berührung kommen und dem aufgrund seiner intersubjektiven Dichte sowie seiner zeitlichen und thematischen Uneingeschränktheit ohnehin eine Sonderrolle zukommt, zeichnen sich alle anderen Bildungsorte und Lernwelten dadurch aus, dass sie mehr oder weniger eigens dafür geschaffene, sekundäre Bildungssettings und Bildungsgelegenheiten, gewissermaßen „inszenierte Gemeinschaften" sind, mit denen junge Menschen im Zuge das Aufwachsens in Berührung kommen oder zumindest kommen können.

Damit verbunden ist die Annahme, dass diesen Bildungsorten mit Blick auf die je individuelle Bildung im Lebenslauf eine mehr oder minder wichtige Rolle zukommen kann, auch wenn, oder besser: gerade, weil die mit den einzelnen Settings verbundenen Funktionen, Inhalte und Formen der Aneignung, weil die damit verbundenen Bildungspotenziale unterschiedlich sind. Das aber bedeutet, dass die Art und Formen der Bildungsprozesse bei diesen Settings genauso wenig auf einen gemeinsamen Nenner zu bringen sind wie deren Engführung auf einige, wenige Schlüsselkompetenzen. Stattdessen können die jeweiligen Besonderheiten und der Eigensinn der einzelnen Bildungsorte und Lernwelten durchaus einen eigenen bildungsstimulierenden Charakter besitzen, deren Bedeutung man mit Blick auf die unterschiedlichen Zielgruppen nicht unterschätzen sollte.

Dieses Plädoyer für die Beachtung des Eigensinns und der Funktionslogik unterschiedlicher Settings und ihrer Potenziale ist aber nur die eine Seite der Medaille. Auf der anderen Seite steht der Blick auf das Zusammenspiel der unterschiedlichen Akteure und Settings. Sie können sich, vereinfacht formuliert, wechselseitig ergänzen, überschneiden, aber auch neutralisieren. Das bedeutet: Eine institutionell getrennte Sichtweise, wie sie aus Gründen der besseren Übersichtlichkeit auch in diesem Buch gewählt wurde, führt zwangsläufig nicht nur zu einer gewissen Selbstbezüglichkeit und Verengung der jeweiligen Horizonte, sondern es wird zugleich auch eine Trennung zwischen diesen Orten konstruiert, die nicht den tatsächlichen Erfahrungen und Entwicklungsverläufen von Kindern und Jugendlichen, nicht deren tatsächlicher Bildungsbiografie entspricht.

In Anbetracht dessen bedarf es der Verstärkung eines integrativen Blicks in zweifacher Richtung: Zum einen muss in Deutschland das Augenmerk stärker auf die Frage des Zusammenspiels und des Zusammenwirkens der unterschiedlichen Bildungsakteure – allen voran die Schule, die Familie sowie die Kinder- und Jugendhilfe – im Prozess des Aufwachsens gerichtet werden. Zum anderen muss aber zugleich auch die innere Verwobenheit der drei Eckpfeiler des Aufwachsens Bildung, Betreuung und Erziehung im Blick behalten werden.

Noch immer ist es ungewohnt, die gegenwärtige Praxis des separierten und voneinander abgeschotteten Nebeneinanders pädagogischer Instanzen und Institutionen konsequent auf den Prüfstand und zur Disposition zu stellen. So ist das wechselseitige Wissen zwischen den diversen Akteuren meist nur rudimentär, ganz zu schweigen von dem Nicht-Wissen über die Auswirkungen auf die zwischen diesen Welten hin und her pendelnden Heranwachsenden. Hinzu kommt, dass zwischen den privaten Bildungs-, Betreuungs- und Erziehungswelten des Elternhauses auf der einen sowie den öffentlichen Instanzen wie Kindergarten, Schule oder Jugendarbeit auf der anderen Seite sich immer noch eine unsichtbare Trennwand befindet. Wechselseitige Abschottungen haben das Verhältnis zwischen den Akteuren vielfach geprägt.

Beide Dimensionen verhindern einen konstruktiven Dialog über die Notwendigkeiten, Möglichkeiten und Chancen eines neuen Zusammenspiels zwischen unterschiedlichen Akteuren und Institutionen einerseits sowie zwischen privaten und öffentlichen Akteuren und Orten andererseits. Die Herausforderung liegt demnach in einer neuen Vernetzung, einer neuen Erziehungs- und Bildungspartnerschaft zwischen den unterschiedlichen Akteuren. Von lokalen, kommunalen oder regionalen Bildungslandschaften ist in diesem Zusammenhang neuerdings viel die Rede. Dabei geht es um die Verbindung einer subjektiv-biografisch ausgerichteten Bildungsidee mit einem sozialräumlichen Konzept. Die Gestaltungschancen liegen hierbei im Übergang vom Kindergarten zur Grundschule, in der Kooperation in neuen Formen der Ganztagsschule, in einer intensivierten Kooperation zwischen Schule und Jugendarbeit oder aber auch in einer stärkeren Zusammenarbeit zwischen den pädagogischen Institutionen in öffentlicher Verantwortung und der privaten Lebenswelt der Kinder, also dem Elternhaus, aber auch dem Gemeinwesen, der Gemeinde, dem zugrunde liegenden Milieu. Hier scheint das Tableau an Möglichkeiten und Notwendigkeiten noch lange nicht ausgereizt.

Aber auch der andere genannte Punkt, ein zu geringes gezieltes Ineinander von Bildung, Betreuung und Erziehung als den zentralen Koordinaten des Aufwachsens von Kindern und Jugendlichen muss künftig mehr Beachtung finden. Wenn es gelänge, diese Trias, das konstruktive Zusammenwirken dieser drei Dimensionen bewusster wahrzunehmen, besser aufeinander abzustimmen und das pädagogische Handeln, den Umgang mit den Heranwachsenden gezielt auf der Basis dieser Trias aufzubauen, könnte das Ziel des Abbaus von herkunftsbedingter Ungleichheit durch in diesem Sinne erweiterte Bildungsprozesse besser und mit höherer Wahrscheinlichkeit erreicht werden – auch wenn die zugrunde liegenden starken sozialen und sozioökonomischen Unterschiede dadurch weder aufgehoben noch überwunden werden können.

15. Die Zukunftschance Bildung

„Bildung ist nicht alles, aber ohne Bildung ist alles nichts". So in etwa könnte die neu entfachte Aufmerksamkeit für Fragen der Bildung in unserer Gesellschaft auf den Punkt gebracht werden. Von allen Seiten wird Bildung als eine, wenn nicht gar als *die* zentrale Antwort auf die Herausforderungen einer globalisierten Gesellschaft des 21. Jahrhunderts angesehen. Sie ist, so die Argumentation, der wichtigste „Rohstoff", die wichtigste Zukunftsressource, die eine Gesellschaft zur Verfügung hat.

Nach diesem Verständnis wird *Bildung* auf der einen Seite als die zentrale *Lösung einer wichtigen Zukunftsfrage* betrachtet. Zugleich aber, und das macht die Sachlage nicht gerade einfacher, wird der zentralen Bildungsinstanz, der Schule, oder wird, ganz allgemein, der gegenwärtigen Bildungspolitik auf der anderen Seite immer wieder bescheinigt, dass sie die herkunftsbedingten Unterschiede nicht reduziere, sondern verschärfe. In diesem Sinne käme der *Bildung* dann aber zugleich die Rolle des *(Mit-)Verursachers eines ungelösten Schlüsselproblems* zu.

Zwischen diesen beiden Polen, zwischen diesen beiden Rollen des Erzeugers und Stabilisators einerseits und des Retters und Befreiers von sozialer Ungleichheit andererseits spannt sich der gegenwärtige Bogen in Sachen Bildung. Schon dies deutet darauf hin, dass die Lösung des Rätsels nicht Bildung an sich, sondern nur Bildung in einer besonderen Spielart und Dosierung heißen kann: als ein alternatives „Zukunftsprojekt Bildung".

Mit anderen Worten: Die Chancen des Zukunftsprojektes Bildung können nicht allein in einer Ausweitung der gegenwärtigen schulischen Bildung, also einem „Mehr-Desselben" jener Form der formalen Bildung liegen, die momentan jedenfalls keine ermutigenden Hinweise liefert, dass sie, ganz alleine, aus sich heraus imstande wäre, die Widersprüchlichkeiten der

Bildungsfrage aufzulösen, sich gewissermaßen in Baron-Münchhausen-Manier selbst aus dem Sumpf zu ziehen. Wenn Bildung zu einem erfolgreichen Zukunftsprojekt werden soll, muss sie demnach – in ihrem Selbstverständnis wie in ihrer realen Umsetzung – neu formatiert, in ihren Koordinaten erweitert, muss mithin eine Lösung „zweiter Ordnung" angestrebt werden.

Vor diesem Hintergrund sollen abschließend, in einer Mischung aus Bilanz und Ausblick, einige Herausforderungen mit Blick auf das Zukunftsprojekt Bildung ausbuchstabiert werden. Ich beschränke mich auf acht Aspekte und beginne mit den kritischen Einwänden.

(1) Die Omnipräsenz von Bildung: Zunächst muss sich das Zukunftsprojekt Bildung, wenn es seinem Anspruch gerecht werden will, mit dem kritischen Einwand auseinandersetzen, dass bei einem systematisch erweiterten Bildungsbegriff, wie er hier zugrunde liegt, sich in letzter Konsequenz alles und jedes unter Bildung subsumieren lässt, dass Bildung als eine Art „Catch-All-Begriff" in der Gefahr steht, seine Konturen einzubüßen.

Anders herum formuliert stellt sich damit fast notgedrungen die Frage, was denn dann das Gegenteil von Bildung, was noch unter Nicht-Bildung zu verstehen ist. Alles, so der nicht ganz unberechtigte Einwand, gerinne unter der Hand zu einem zumindest latenten Bildungsprozess, alles und jeder kann für sich erst einmal in Anspruch nehmen, ebenfalls am Zukunftsprojekt Bildung beteiligt zu sein, und daher auch öffentliche Wertschätzung oder dafür gar staatliche Unterstützung zu erhalten.

In der Tat ist dies ein ernst zu nehmender Einwand. So lange wir hypothetisch davon ausgehen, dass Bildungsprozesse zu jeder Zeit und an jedem Ort stattfinden können, gibt es logisch zunächst kein Ausschlusskriterium: Bildung ist immer und überall, jedenfalls potentiell, Bildung erscheint omnipräsent. Diese Offenheit macht gerade den Reiz dieses erweiterten Horizontes aus – und wäre in einem konsequent lebensweltlich konturierten Konzept der Bildung auch nicht unbedingt ein Thema. Denn: Etwas, was in der Lebenswelt verankert ist, was im Alltag vorkommen kann, hat keine raum-zeitlichen Grenzen. Allein der Umstand, dass sich für viele Aufgaben und Funktionen im Laufe der Geschichte gesellschaftliche Sonderwelten, institutionelle Settings und Systeme herausgebildet haben – in diesem Fall etwa die Sonderwelt Schule –, lässt diese latente Allgegenwart von Bildung zu einem Problem werden. Wenn es jedoch einen Sinn macht, von Alltagsbildung zu reden, also davon auszugehen, dass Bildung auch in lebensweltlichen Konstellationen vorkommt, lässt sich ist eine gedankliche Vorab-Limitierung von Bildung nicht vernünftig begründen.

Die Grenze wäre demnach allenfalls dann und dort zu ziehen, wo – trotz vorhandener Gelegenheitsstrukturen – Bildungsprozesse nicht zustande gekommen sind, wo trotz offenkundiger Möglichkeiten keine Fortschritte an Wissen und Können, an Kompetenzen, Fähigkeiten und Fertigkeiten erkennbar werden.

Oder etwas systematischer formuliert: Wenn man die Unterscheidung von formalen, non-formalen und informellen Bildungsprozessen heranzieht, dann müsste die Beweispflicht, dass Bildungsleistungen tatsächlich erbracht werden, in gleichsam umgekehrter Reihenfolge abnehmen: Formale Bildung hätte demnach die stärkste Beweispflicht einer erfolgreichen Wirkung, gefolgt von den non-formalen Settings, während dem Potenzial informeller Gelegenheiten der Charakter des Zufälligen, des Ungeplanten anhaftet und insofern in Sachen Bildung mit einem erwartungsarmen Horizont konfrontiert wäre, allerdings auch weit weniger Bedeutung beigemessen würde.

Mit anderen Worten: Orte und Settings, die ernsthaft beanspruchen, dass sie mit dazu beitragen, dass erfolgreiche Bildungsprozesse mit einer gewissen Wahrscheinlichkeit zustande kommen, müssen diese Wirkungen nachweisen, zumindest plausibilisieren können, um als potentielle Bildungsorte oder Lernwelten wahrgenommen und anerkannt zu werden. Nichtsdestotrotz sollte ein erweitertes Bildungskonzept erst einmal generell die bislang zu wenig beachteten Gefilde potentieller Bildungsprozesse erkunden und entdecken, bevor es sich allzu schnell auf die Frage derartiger Grenzziehungen konzentriert.

(2) Bildung als Hegemonialbegriff: Dem Bildungsdiskurs haftet, so ein weiterer Einwand, gegenwärtig etwas Hegemoniales, etwas Kolonialisierendes an, alles andere zu überlagern: Alles, was Menschen tun, wird diesem Verständnis zufolge unter der Hand zur Bildung. Diese Sichtweise reduziere jede Form des gelingenden sozialen Handelns, des sozialen Bedarfsausgleichs, insbesondere im Umgang mit Kindern und Jugendlichen, auf Bildung bzw. auf die Verbesserung deren individueller Handlungskompetenz.

Von daher ist die gleichermaßen berechtigte Frage zu klären, was denn im Lichte von Bildung mit all den anderen Formen der Unterstützung, der Sorge, der Hilfe und des sozialen Bedarfsausgleichs ist. Spielen diese keine Rolle mehr? Geht der Eigensinn der Unterstützung beispielsweise durch Recht, durch Geld und Infrastruktur, wie sie zu Beginn des Buches formuliert worden sind (vgl. Kap. 2), verloren, löst sich alles in Bildung auf? Ist die praktische Hilfe von Mensch zu Mensch, sind Zuwendung, Solidarität und Wertschätzung keine legitimen Formen des Umgangs mehr, die auch der Entwicklung von Kindern und Jugendlichen dienlich sein können? Sind Erziehung und Betreuung nur noch Randvariablen im Lichte der dominierenden Rolle der Bildung? Und noch anders gefragt: Gehört das zweckfreie Handeln der Vergangenheit an, sind Spiel, Muße, Entspannung als absichtlose Zustände menschlichen Handelns nunmehr begründungspflichtig?

Auch wenn derzeit bisweilen zu Recht der Eindruck entstehen mag, dass sich alles auf die Frage einer zweckrationalen Bildung zu reduzieren scheint, so hat dies vor allem damit zu tun, dass diesem Thema momentan insgesamt eine so hohe Aufmerksamkeit zukommt. Etwas überspitzt formuliert wird gegenwärtig alles auf die Karte Bildung gesetzt, vielleicht auch, um auf diese Weise deutlicher die Grenzen dieses Weges in die Zukunft auszuloten.

Zugleich sind aber in dieser Hinsicht auch Unterscheidungen notwendig und hilfreich. In einer Typologie des sozialen Bedarfsausgleichs sind zumindest drei Varianten erkennbar:

- Zum einen lässt sich alles das, was mit Bildung umschrieben wird, vor allem dadurch kennzeichnen, dass es hierbei um eine Art *direkte Personenänderung* und um Einflussnahme auf der Ebene der individuellen Handlungskompetenz geht. Hierbei steht die Erweiterung der vorhandenen Handlungskompetenz im Vordergrund.

– Zum anderen beziehen sich eine Reihe anderer Formen des sozialen Bedarfsausgleichs eher auf die Bemühung einer *Situationsänderung*, also etwa auf den Versuch, die Lebensbedingungen von Menschen durch Geld, durch rechtliche Ansprüche oder durch ein verbessertes infrastrukturelles Angebot *indirekt* zu verbessern. „Wir verändern Situationen, nicht Personen", ist der dementsprechende Leitsatz einer gemeinwesenorientierten, heute würde man wohl eher sagen: einer sozialraumorientierten Unterstützungsstrategie. Hier stünde die Ermöglichung kompetenten Handelns im Mittelpunkt.

– Eine dritte Gruppe des sozialen Bedarfsausgleichs, die sich nicht zuletzt auch auf Heranwachsende bezieht, sind schließlich jene Formen der Intersubjektivität, die man am ehesten mit *Sorge, Hilfe und Schutz* sowie dem Anspruch der Unversehrtheit und des Wohlbefindens der jeweils anderen Person umschreiben kann. Hier geht es zuallererst um die Erhaltung und Bewahrung der vorhandenen Handlungskompetenz.

Bildung wäre demnach jene Dimension, die sich am deutlichsten auf die unmittelbare Einflussnahme einer Person bezieht, bei der, wenn man so will, nicht deren aktuelles Wohlergehen, ihr Schutz oder die kurzfristige Linderung einer Not im Vordergrund steht, sondern der Erwerb einer eigenen erweiterten, individuellen Handlungskompetenz. „Gib einem Menschen einen Fisch – er hat einen Tag zu essen. Gib einem Menschen viele Fische – er hat viele Tage zu essen. Lehre ihn fischen – und er wird nie hungern" lautet ein uraltes chinesisches Sprichwort, das den damit zusammenhängenden Sachverhalt auf den Punkt bringt.

(3) Die Grenzen der formalen Bildung: Die Betonung der integrativen, ausgleichenden und herkunftsunabhängigen Kraft von Bildung gerät vor allem dann rasch unter erheblichen Ideologieverdacht, wenn man diesen Anspruch an den bestehenden Bildungsrealitäten bemisst. So lässt sich für das „Bildungsprojekt Schule", lässt sich für die *formale Bildung* generell – egal, ob Schule, berufliche Bildung oder Hochschule –

kaum ignorieren, dass diese mit einer ganzen Reihe von immanenten Problemen zu kämpfen hat, dass man ihr mit Blick auf die Überwindung herkunftsbedingter Disparitäten nicht gerade berauschende Erfolge bescheinigen kann, dass sie es vor allen Dingen nicht schafft, den fatalen Zusammenhang von sozialer Herkunft und individueller Zukunft aufzubrechen. Im Gegenteil: Letzten Endes perpetuieren und verstärken sich diese Zusammenhänge durch Schule bzw. durch die Systeme der formalen Bildung noch.

Nichtsdestotrotz ist Schule der vermutlich wichtigste gesellschaftliche Bildungsort, der je erfunden wurde. Allerdings steht sie inzwischen vor der immensen Herausforderung, unabhängig von der Herkunft der Kinder und deren Vorkenntnisse, alle zu einem guten und einigermaßen vergleichbaren Erfolg zu führen, jedenfalls die Kluft nicht zu groß werden zu lassen und dabei allen die kulturell notwendigen Kompetenzen zu vermitteln. Dies gelingt ihr in Deutschland, wie sich wiederholt gezeigt hat, nur suboptimal.

Oft wurde die Schule dafür kritisiert, dass sie diese Herausforderungen nicht alle auf einmal löst, nicht alle Unzulänglichkeiten der Gesellschaft und des familialen Umfeldes leichtfüßig auffängt und darüber hinaus zugleich auch noch rasche und umfassende Leistungserfolge in der Breite und in der Spitze erzielt. Aber: Die Erfüllung dieser Gesamtaufgabe ist ein Wunschdenken, eine ihr zugemutete Rolle, die sie alleine überfordert, überfordern muss – und genau das wird gerne übersehen, negiert oder ausgeblendet.

Gegründet als eine Sonderwelt zur Vermittlung basaler Kulturtechniken findet sie sich nunmehr in einem sozialen Kontext wieder, der ihr diese Sonderrolle nur noch bedingt zugesteht, der ihr universalistische statt partikularistische Leistungen abverlangt. Deshalb ist es notwendig, die Möglichkeiten der herkömmlichen Unterrichtsschule, die zugleich ihre Grenzen sind, im Blick zu behalten.

Unter diesen Gesichtspunkten ist Schule zweifelsohne eine Errungenschaft der Moderne, die es gleichermaßen zu schützen wie weiterzuentwickeln gilt. Dies kann nur gelingen, wenn sie in ihren Kernfunktionen nicht infrage gestellt wird, ihren Eigensinn also behält, während sie zugleich durch andere Elemente, durch andere Formen, Inhalte und Akteure ergänzt wird. Nichts anderes ist unter pädagogischen Gesichtspunkten der tiefere Sinn von schulischen Ganztagskonzepten.

Ansonsten steht Schule in der Gefahr, mit ihren erfolgreichen Antworten des 19. und 20. Jahrhunderts auf Herausforderungen des 21. Jahrhunderts reagieren zu sollen – und damit sich selbst und alle anderen zu überfordern. Der Ruf nach einer verbesserten Schulvorbereitung durch den Kindergarten und durch gezielte Sprachförderung, der Ruf nach mehr Schulsozialarbeit, der Ruf nach einer Ausweitung der Ganztagsschulen: Dies alles sind Indikatoren, die in diese Richtung weisen. Es geht mithin, um es nochmals zu wiederholen, unter dem Strich nicht um ein Mehr an Schule, sondern um ein Mehr an Bildung.

(4) Die Ambivalenzen der Alltagsbildung: Alltagsbildung, so eine zentrale These dieses Bandes, ist nicht nur eine erheblich unterschätzte Bildungsdimension mit Blick auf eine allgemeine Lebensführungskompetenz, sondern sie ist zugleich auch eine viel größere Quelle der sozialen Spaltung bzw. der Reproduktion sozialer Ungleichheit, als dies bislang öffentlich und politisch wahrgenommen wird. Mehr noch: Sie ist dabei, in beiden Richtungen zu einer Schlüsselfrage der sozialen Integration, der der Überwindung herkunftsbedingter Disparitäten und der Neuformatierung der Bildung, kurz: eine Schlüsselfrage innerhalb des Zukunftsprojektes Bildung zu werden.

Der Frage der Alltagsbildung wird im Rahmen der Bildungsdebatten bislang viel zu wenig Aufmerksamkeit geschenkt. Man könnte in dieser Frage fast den Eindruck gewinnen, als ob sich die Gesellschaft in diesem Punkt in genau umgekehrter Richtung in etwa so verhält, wie wenn sie zu Beginn des Industriezeitalters einfach weiterhin stur auf die lebensweltliche Vermittlung der allgemeinen Kulturtechniken Lesen, Schreiben und Rechnen vertraut hätte, ohne die allgemeine Volksschule einzuführen und sie für alle verbindlich zu machen – nur, dass sie heutzutage unbeirrt auf die schulische Bildung für alle setzt, dabei aber übersieht, dass zugleich die Alltagsbildung immer zufälliger, immer flüchtiger, immer ungewisser wird.

Alltagsbildung als Inbegriff sämtlicher Bildungsleistungen jenseits dessen, was einigermaßen verbindlich in den formalen Bildungssystemen vermittelt wird, ist eine so vielschichtige Angelegenheit geworden, dass deren Vermittlung nicht mehr einfach auf dem zufälligen Zustandekommen auf den lebensweltlichen Pfaden und Wegen des Aufwachsens und Erwachsenwerdens beruhen kann. Es ist zumindest nicht von der Hand zu weisen, dass die Rede vom Analphabetismus in vielen Lebensbereichen zunehmend Sinn zu machen scheint, sei es mit Blick auf den Umgang mit Geld, Recht, Gesundheit oder Erziehung, sei es mit Blick auf die alltagspraktischen Elemente der Lebensführung.

Um zu verhindern, dass vor allem die Frage des mangelnden Bewusstseins dieses drohenden Defizits, dass die Frage des Zugangs und der Nutzung entsprechender Gelegenheiten zur entscheidenden Weiche mit Blick auf die Teilhabe- und Verwirklichungsgerechtigkeit wird, muss das Thema der Alltagsbildung anders, reflexiver und herkunftsunabhängig erörtert werden.

Deshalb braucht es für die Organisation und Aufrechterhaltung der mit den Dimensionen der Alltagsbildung verbundenen Formen und Themen weitere Akteure, weitere gezielte Anlässe und Gelegenheiten; deshalb braucht es zusätzliche Orte und Lernwelten, in denen jene Themen und jene Kompetenzdimensionen ihren Platz finden, die im unterrichtlichen Bereich der Schule nicht vorkommen, aber dennoch als Elemente einer Lebensführungskompetenz des 21. Jahrhunderts unabdingbar sind.

(5) Die Potenziale der anderen Seite der Bildung: Vor diesem Hintergrund erlangen die Bildungsorte und Bildungssettings jenseits der Schule heutzutage eine wachsende Bedeutung, deshalb gilt es, diese verstärkt auf ihre potentiellen Beiträge für das Zukunftsprojekt Bildung hin zu analysieren, und aus diesem Grunde muss ein besseres Zusammenspiel der verschiedenen Akteure zu einem Element bei der Gestaltung erfolgreicher Bildungsprozesse werden.

Ein wesentliches, diesem Band zugrunde liegendes Anliegen ist in Anbetracht dessen die Inblicknahme der „durchschnittlichen Bildungsorte des Aufwachsens", also jener Bildungsorte und Lernwelten, denen im Kindes- und Jugendalter eine Schlüsselrolle zukommt: Familie, Kindertageseinrichtungen, Schule und in gewisser Weise auch Jugendarbeit.

Während die Bildungsfrage dabei mit Schule relativ zwanglos verknüpft wird, gilt dies nicht in gleichem Maße für die anderen Settings, für die „anderen Seiten der Bildung". Bei der Familie hängt dies vor allem damit zusammen, dass dort zum einen die Fragen der Bildung untrennbar verwoben sind mit Fragen der Erziehung und der Betreuung (vgl. Kap. 7 und 9), dass zum anderen die Familie aber zugleich auch am weitesten entfernt ist von wesentlichen Bestandteilen formalisierter Bildung, etwa von einer curricularen Gestaltung der Beziehung zu den Kindern, von einer beruflichen und durch Ausbildung unterlegten Organisation der Bildung sowie von einer thematisch und zeitlich selektiven Zuständigkeit für Bildungsprozesse.

Gleichwohl muss in Zukunft insbesondere die essentielle Rolle der Bildung in der Familie stärkere Beachtung finden, sei es mit Blick auf die dort geschaffenen elementaren Voraussetzungen für jegliche Form der Bildung oder sei es mit Blick auf die ungewisser und unübersichtlicher werdenden Anforderungen im Hinblick auf die Alltagsbildung in der Familie. Insoweit werden die privaten Bildungspotenziale der Familie, wird die Familie auch in Zukunft das A und O der Bildung von Kindern und Jugendlichen bleiben. Wer diesen grundlegenden, wenngleich hoch ambivalenten Einfluss der Familie nicht anerkennt und beachtet, wird der Bildungsfrage in ihrem ganzen Ausmaß nicht gerecht werden können.

Etwas anders gelagert ist die Sachlage im Fall der Kinder- und Jugendhilfe. Sie selbst hat in der Frage der Bildung lange Zeit vergleichsweise wenig Akzente gesetzt, hat sich vielfach allenfalls indirekt mit Bildungsthemen auseinander gesetzt. Unstrittig gilt jedoch für die Kindertageseinrichtungen (vgl. Kap. 10) ebenso wie für die Jugendarbeit (vgl. Kap. 12), für die unterschiedlichen Angebote der Jugendsozialarbeit (vgl. Kap. 13.1) genauso wie für die (stationären) Hilfen zur Erziehung (vgl. Kap. 13.2), dass diese Settings allesamt mehr oder minder starke Elemente der Bildung enthalten.

Mehr noch: In dem Maße, wie die generelle Bedeutung des Aufwachsens in öffentlicher Verantwortung zunimmt, wie das Vorhandensein einer ausreichenden Zahl an Angeboten ebenso wichtig wird wie eine Optimierung der damit verbundenen Leistungspotenziale, wird auch die Kinder- und Jugendhilfe nicht daran vorbei kommen, ihre Rolle im Bildungsgeschehen neu und deutlicher zu formulieren, ihre Beiträge zu operationalisieren und die damit verbundenen Effekte und Wirkungen zu klären.

Denn, ob sie es wahrhaben will oder nicht: Die Kinder- und Jugendhilfe ist längst zu einem weiteren durchschnittlichen Akteur im Aufwachsen von Kindern und Jugendlichen geworden, ist als regelhafter Begleiter im Prozess des Aufwachsens neu hinzugekommen. Dies hat zur Folge, dass ihre Handlungs- und Arbeitsfelder künftig – nicht nur, aber auch – verstärkt unter dem Gesichtspunkt ihrer Bildungspotenziale und Bildungswirkungen betrachtet werden.

Versucht man infolgedessen die erzielten Bildungsleistungen in den Arbeitsfeldern der Kinder- und Jugendhilfe konkret zu erfassen und zu bilanzieren, dann werden die damit verbundenen Grenzen rasch deutlich, da die Kinder- und Jugendhilfe ihr Handeln vielfach immer noch stärker am Input, an der Bereitstellung und Nutzung sowie an richtig formulierten Ansprüchen und angenommenen Wirkungen ausrichtet als an empirisch überprüften Outputs und Outcomes.

Um Bildungsleistungen der Kinder- und Jugendhilfe tatsächlich an belastbaren Befunden festmachen zu können, müsste diese ihre Ziele weitaus stärker und deutlicher operationalisieren, als dies in der Vergangenheit der Fall war. Nur so können wirkungsorientierte Evaluationskonzepte aufgebaut werden, kann geklärt werden, ob eine Diskrepanz zwischen beabsichtigter und realisierter Wirkung, zwischen gut gemeint und gut gemacht besteht, oder ob diese Diskrepanz vielleicht sogar weitaus geringer ist, als dies mit Blick auf die Kinder- und Jugendhilfe von außen oft unterstellt wird.

(6) Bildung als Kooperationsprojekt: Soll Bildung tatsächlich seine Zukunftschancen entfalten, soll Bildung tatsächlich die Ansprüche umsetzen, die ihr landläufig und oft vorschnell zu-

gemutet werden, so muss alles dafür getan werden, vom Lebensanfang bis zum Lebensende die Potenziale jedes einzelnen jungen Menschen in den Blick zu nehmen, diese zu fördern und anzuerkennen. Bildung kann dann aber einem solchen Verständnis zufolge künftig nicht mehr auf formelle Prozesse und formale Orte reduziert werden.

Es gilt für die Zukunft vielmehr, nicht allein auf die etablierten, aber einseitigen Formen einer „Zertifikatskultur" zu vertrauen, sondern verstärkt eine „Kompetenzkultur" als die Seite der realisierten Handlungskompetenz, des tatsächlichen Outputs, des aktivierbaren Wissens und Könnens in seinen verschiedenen Dimensionen in den Mittelpunkt zu rücken. Dabei müssen, folgt man den hier gemachten Ausführungen, die personalen, sozialen und instrumentellen Kompetenzen genauso anerkannt und einbezogen werden wie die kulturellen.

Vieles spricht gegenwärtig dafür, dass es hierbei von Vorteil ist, die bislang getrennten Zuständigkeiten und Verantwortlichkeiten zusammenzuführen und die Gemeinsamkeiten und Verschränkungen hervorzuheben. Von daher würde es Sinn machen, eine neue Allianz des Aufwachsens zu schmieden und diese auszubuchstabieren. Ein solches Bündnis kann dann aber folgerichtig nicht nur aus verschiedenen Orten und Akteuren bestehen, die sich zwar organisatorisch einander annähern, aber ansonsten unverändert in ihren alten Mustern verharren. Vielmehr gilt es eine wirkliche Allianz zu schaffen, die sich auf das Wagnis einlässt, verschiedene Bildungsmodalitäten und Bildungsformen ineinander zu integrieren, ohne dabei die eigene Identität und den Eigensinn zur Disposition zu stellen.

Vermutlich könnte man in diesem Zusammenhang trefflich darüber streiten, welche Kompetenzen in welchen Settings mehr oder weniger wahrscheinlich, mehr oder weniger erfolgreich gelernt werden, welche Akteure man also dafür benötigt und wie sich die verschiedenen Facetten von Bildung in Familie, Schule und Jugendhilfe vor diesem Hintergrund zueinander verhalten. Mit Blick auf eine hinreichende Beantwortung dieser Frage gibt es aber sicherlich noch einigen empirischen Vergewisserungsbedarf.

Bei aller Annäherung der beschriebenen Bildungsakteure Familie, Schule und Jugendhilfe untereinander, gilt es aber auch die Unterschiede zu beachten. Zum einen muss man sich bei der Diskussion vergegenwärtigen, dass es sich bei der Familie um einen privaten, bei der Jugendhilfe und der Schule hingegen jeweils um öffentliche Bildungsakteure handelt. Die Zusammenarbeit der beiden letzten Akteure lässt sich vielleicht noch per Gesetz regeln – wenngleich es vielfach auch der Bereitschaft der beteiligten Personen bedarf. Eltern werden sich unterdessen nur dann in eine Allianz einbinden lassen, wenn es sich um eine gleichberechtigte Zusammenarbeit handelt, wenn ihre Freiwilligkeit gewahrt bleibt und wenn sie darin zugleich einen Gewinn für sich bzw. ihre Kinder erkennen können, damit sie die Privatsache Erziehung in den Sozialraum hinein öffnen.

Zum anderen muss man sich darüber bewusst sein, dass mit den verschiedenen Bildungsorten auch unterschiedliche Lernarten und Erwartungen verbunden sind. Schule zeichnet sich durch ein strukturiertes curriculares Lernen aus, wohingegen in der Familie selten absichtsvolle Lernsituationen geschaffen werden, sondern der Kompetenzerwerb meist eher nebenbei abläuft; in der Kinder- und Jugendhilfe wiederum ist das eher gemischt. Bei aller Annäherung der unterschiedlichen Bildungsorte muss deshalb beachtet werden, dass die jeweiligen Stärken nicht in der wechselseitigen Angleichung untergehen, sondern erhalten bleiben.

Und schließlich darf nicht vergessen werden, dass es im Prozess des Aufwachsens von Kindern und Jugendlichen noch eine ganze Reihe weiterer Bildungsorte und Lernwelten gibt, die ebenfalls zu beachten sind, seien es die Peers und die Medien oder seien es – mit zunehmendem Alter – Nachhilfe und Nebenjobs. Die Bedeutung dieser eher informellen Orte des Lernens sollte in einer neuen Allianz nicht aus dem Blick geraten.

Ein neues, verbessertes Zusammenspiel zwischen Familie, Schule und Jugendhilfe scheint überfällig. Nur, wenn es gelingt, das Zusammenspiel dieser verschiedenen Akteure zu verbessern, besteht eine ernsthafte Chance, die Zukunftsressource Bildung so zur Geltung zu bringen, wie dies für jeden Einzelnen, für die Gesellschaft und für den sozialen Zusammenhalt notwendig ist. Nur so wird es gelingen, junge Menschen dauerhaft und nachhaltig zu bilden und zu fördern.

(7) Bildung von Anfang an: Dass diese Hoffnung auf eine nachhaltig verbesserte Förderung und Entwicklung durchaus begründet ist, deutet sich zunehmend auch empirisch an. So verweist etwa der Ökonom und Nobelpreisträger James J. Heckman auf die Notwendigkeit einer frühen und umfassenden Förderung, die bewusst die Grenzen der bestehenden, ansonsten isolierten Bildungsorte überwindet. Seine Forschergruppe in Chicago befasste sich wiederholt mit dem so genannten „Perry Preschool Project", einem Vorschul-Experiment, das Ende der 60er-Jahre in den USA begann.

120 Kinder aus afro-amerikanischen Elternhäusern mit einem niedrigen Intelligenzquotienten und aus sozial benachteiligten Familien wurden dazu in zwei Gruppen geteilt. Die eine Gruppe besuchte eine gute Vorschule, die andere nicht. Die Entwicklung der Kinder aus diesen beiden Gruppen wird bis heute verfolgt, und es zeigt sich, dass diejenigen, die früh gefördert wurden später höhere Schulabschlüsse hatten, seltener kriminell wurden und ein höheres Einkommen aufwiesen, d. h. unter dem Strich erfolgreicher und sozial integrierter waren.

Das „Geheimnis" der sich positiv entwickelnden Gruppe war nach den Analysen der Gruppe um Heckman die spezielle Kombination der Förderung. Die Fachkräfte waren akademisch ausgebildet, es gab eine Art Bildungsplan und der Betreuungsschlüssel war so gering, dass eine individuelle Förderung möglich war.

Heckman verweist jedoch noch auf einen anderen Grund: Die Eltern wurden in die Arbeit intensiv miteinbezogen. Ihnen wurde vermittelt, wie wichtig es ist, das Kind zum Lernen zu motivieren. Kurzfristig – während der Grundschulzeit – war der Effekt zu beobachten, dass der Intelligenzquotient der geförderten Kinder stärker stieg, als der der Vergleichsgruppe. Das war aber nicht entscheidend, denn der Quotient glich sich nach dem zehnten Lebensjahr wieder an.

Entscheidender war die Tatsache, dass die geförderten Kinder mehr Selbstdisziplin erlernt hatten, motivierter waren und über mehr Selbstvertrauen verfügten. Diese sozio-emotionalen

Kompetenzen machten den wesentlichen Unterschied aus und sind offenkundig zugleich wichtige Grundlage für die Erlangung kognitiver Kompetenzen (vgl. Heckman/Krueger 2005).

Maßgeblich ist somit auch hier das Zusammenspiel verschiedener Bildungsorte, Bildungsmodalitäten und auch Bildungsthemen über institutionelle Grenzen hinweg. Dies scheint ein wesentlicher Faktor zu sein, der eine umfassende und vom Kind ausgehende Förderung ermöglicht. Und genau das könnte der Weg sein, der die latenten Potenziale von sozial benachteiligten Kindern zum Vorschein bringt, der Bildung tatsächlich in ein erfolgreiches Zukunftsprojekt verwandeln könnte. Dass es dabei allerdings keine Erfolgsgarantie geben kann, ist das generelle Schicksal pädagogischer Interventionen.

Aber dennoch kann man mit Heckman bilanzieren: „Der Erwerb von Fähigkeiten im Verlauf des gesamten Lebenszyklus ist per se ein dynamischer Prozess. Durch erworbene Fähigkeiten treten neue zutage, Motivation fördert Motivation. Je später ein Kind motiviert wird zu lernen und sich einzubringen, desto wahrscheinlicher wird ihm als Erwachsener gesellschaftlicher und wirtschaftlicher Erfolg versagt bleiben. Je später die Förderung sozial benachteiligter Kinder durch die Gesellschaft einsetzt, desto teurer wird es, diese Benachteiligung zu kompensieren" (Heckman 2008, S. 7).

(8) Das Nicht-Wissen über Bildung: Bei aller Diskussion über Bildung, bei allem inzwischen erreichtem Wissen über Aspekte und Facetten des Themas Bildung bleiben doch auch viele Fragen offen, bleibt vieles gut gemeinte Hoffnung, basiert so manche Position – auch dieses Buches – mehr auf Plausibilitäten und möglicherweise konsensuell geteilten Positionen innerhalb der Wissenschaft als auf robusten Befunden der empirischen Bildungsforschung. Damit muss man in Teilen vorerst leben, damit hat man im Grunde genommen auch in der Vergangenheit jahrelang und jahrzehntelang gelebt.

Umso erfreulicher ist es, dass inzwischen eine ganze Reihe von Aktivitäten in Gang gesetzt worden sind, die an der einen oder anderen Stelle etwas Licht in das Dunkel bringen können, seien es die weiter entwickelten, international vergleichenden Kompetenzstudien wie PISA und IGLU, sei es die inzwischen etablierte nationale und die damit verbundenen Ausläufer einer regionalen und lokalen Bildungsberichterstattung, seien es große und regelmäßige Surveys sowie eine ganze Reihe inzwischen angestoßener Projekte zu den hier anstehenden Themenbereichen.

Die größten Hoffnungen verbinden sich in diesem Zusammenhang zweifellos mit dem inzwischen auf den Weg gebrachten *Nationalen Bildungspanel*, abgekürzt NEPS („National Educational Panel Study"), einem längsschnittlichen Großprojekt, das in dieser Dimension – mit Blick auf das Design, die Erwartungen, die beteiligten Wissenschaftlerinnen und Wissenschaftler, die Laufzeit und die Kosten – in Deutschland ohne Vorbild ist. Verbunden wird damit die Hoffnung, eine ganze Reihe von Punkten klären zu können, die in diesem Band entweder als Fragen aufgeworfen oder aber als Antwort lediglich postuliert worden sind.

Dieses Ziel lässt sich jedoch nur erreichen, wenn eine Reihe von Punkten einbezogen wird und somit die entsprechenden Fragen überhaupt geprüft werden können:

– Erstens müsste als eine der zentralen Zukunftsherausforderungen in Sachen Bildung die Frage geklärt werden, *wie, wann* und *wo*, also auf welche Weise, in welchen Altersphasen und bei welchen Gelegenheiten erfolgreiche Bildungsprozesse mehr oder weniger wahrscheinlich werden, wie diese sich besser stimulieren und anregen lassen. Zur Klärung dieses Themenbündels sind die bisherigen Antworten zu schwach, zu vorläufig und zu unterkomplex. Vieles spricht dafür, dass diesbezüglich ein filigraner Zusammenhang zwischen mehreren Faktoren besteht, der sich gegenwärtig noch nicht überzeugend entziffern lässt, der sich nicht mit einer einfachen Zuordnung zu Orten wie „Familie", „Kindergarten", „Schule" oder dergleichen beantworten lässt. Es könnte durchaus sein, dass die Frage des Zusammenspiels von privater und öffentlicher Bildung, von Alltagsbildung und öffentlicher Bildung anschließend neu formuliert und beantwortet werden muss.

– Zweitens müsste geklärt werden, auf welche Weise, an welchen Bildungsorten und Lernwelten es am ehesten gelingen könnte, Kinder und Jugendliche im Prozess des Erwachsen-

werdens mit jenen Dimensionen der Weltaneignung zu kon-
frontieren, die als gesellschaftlich notwendig erachtet werden, um die entsprechenden sozialen und personalen Kompetenzen für ein einigermaßen selbstbestimmtes Leben in sozialer Verantwortung erlangen zu können. Zumindest ist diese
kognitionsabgewandte Seite eines Kompetenzprofils bislang
noch nicht ausreichend im Blickwinkel der empirischen Bildungsforschung. In dieser Hinsicht könnte der Alltagsbildung sowie den anderen Seiten der Bildung künftig eine
weitaus stärkere Schlüsselrolle zukommen.

– Und drittens wäre es notwendig, zu klären, unter welchen
Bedingungen das Zusammenspiel unterschiedlicher Akteure
seine Produktivkraft in Sachen Bildung am ehesten entfalten
kann. Erst dann macht es wirklich Sinn, die beteiligten Akteure auf verbindliche Regeln des Zusammenspiels festzulegen, erst dann wäre es sinnvoll, über das Zusammenspiel von
privater und öffentlicher Erziehung, von Kindergarten und
Grundschule, von Familienzentren und von Ganztagsschulen, von Familie, Schule und Jugendhilfe im Detail und re-
gelhaft nachzudenken.

Da aber bis zu einer empirisch abgesicherten Beantwortung
derartiger Fragen unvermeidlich noch einige Zeit vergehen
wird, müssen – in aller Vorläufigkeit – auch Antworten zuge-
lassen werden, die auf der Basis ungesicherten Wissens versuchen, einen Weg aus den unübersehbaren Verstrickungen von
sozialer Herkunft, aktueller Lebenslage und unterschiedlichsten Bildungsanstrengungen herauszufinden. So lange bleibt
aber das Zukunftsprojekt Bildung ein Zukunftsprojekt.

Abbildungsverzeichnis

Literatur

Ahnert, L.: Frühe Tagesbetreuung und Eltern-Kind-Beziehung, in: Frühe Kindheit, 5. Jg., 2002, Heft 2, S. 4-8.

Ahnert, L.: Entwicklungspsychologische Aspekte der Erziehung, Bildung und Betreuung von Kleinkindern. Expertise im Auftrag der Enquetekommission „Chancen für Kinder – Rahmenbedingungen und Steuerungsmöglichkeiten für ein optimales Betreuungs- und Bildungsangebot in Nordrhein-Westfalen", Düsseldorf 2007.

Autorengruppe Bildungsberichterstattung (Hrsg.): Bildung in Deutschland 2008. Ein indikatorengestützter Bericht zu Übergängen im Anschluss an den Sekundarbereich I, Bielefeld 2008.

Bäumer, G.: Wesen und Aufgabe der öffentlichen Erziehungsfürsorge, in: Nohl, H./Pallat, L. (Hrsg.): Handbuch der Pädagogik, Band 5, Sozialpädagogik, Langensalza 1929, S. 3-26.

Baumert, J.: Transparenz und Verantwortung, in: Killius, N./Kluge, J./Reisch, L. (Hrsg.): Die Bildung der Zukunft. Frankfurt/M. 2003, S. 213-228.

Baumert, J./Schümer, G.: Familiäre Lebensverhältnisse, Bildungsbeteiligung und Kompetenzerwerb, in: Deutsches PISA-Konsortium (Hrsg.): PISA 2000. Basiskompetenzen von Schülerinnen und Schülern im internationalen Vergleich, Opladen 2001, S. 323-407.

BBJ-Consult (Hrsg.): Handbuch für Träger der Jugendsozialarbeit, Berlin 1995.

Beck, U.: Risikogesellschaft. Auf dem Weg in eine andere Moderne, Frankfurt a. M. 1986.

Beck, U./Giddens, A./Lash, S.: Reflexive Modernisierung. Eine Kontroverse, Frankfurt a. M. 1996.

Becker, I.: Aktuelle Problemstellungen zur Kinderarmut. Unveröffentlichtes Manuskript, Bonn 2009.

Becker, I./Hauser, R.: Vom Kinderzuschlag zum Kindergeldzuschlag: ein Reformvorschlag zur Bekämpfung von Kinderarmut, SOEPpapers 87, Berlin 2008.

Becker, R./Lauterbach, W. (Hrsg.): Bildung als Privileg. Erklärungen und Befunde zu den Ursachen der Bildungsungleichheit, Wiesbaden 2007.

Bertelsmann Stiftung (Hrsg.): Null Bock auf Familie? Der schwierige Weg junger Männer in die Vaterschaft, Gütersloh 2008.

Bien, W./Weidacher, A. (Hrsg.): Leben neben der Wohlstandsgesellschaft. Familien in prekären Lebenslagen, Familiensurvey, Band 12, Wiesbaden 2004.

Bien, W./Rauschenbach, Th./Riedel, B. (Hrsg.): Wer betreut Deutschlands Kinder? DJI-Kinderbetreuungsstudie, 2. Auflage, Berlin/Düsseldorf/Mannheim 2007.

Böhnisch, L./Gängler, H./Rauschenbach, Th. (Hrsg.): Handbuch Jugendverbände. Eine Ortsbestimmung der Jugendverbandsarbeit in Analysen und Selbstdarstellungen, Weinheim/München 1991.

Bos, W. u. a. (Hrsg.): Erste Ergebnisse aus IGLU. Schülerleistungen am Ende der vierten Jahrgangsstufe im internationalen Vergleich, Münster u. a. 2003.

Bos, W. u. a. (Hrsg.): IGLU. Einige Länder der Bundesrepublik Deutschland im nationalen und internationalen Vergleich, Münster u. a. 2004.

Bos, W. u. a. (Hrsg.): IGLU 2006. Lesekompetenzen von Grundschulkindern in Deutschland im internationalen Vergleich, Münster u.a. 2007.

Bourdieu, P.: Der Sozialraum und seine Transformationen, in: Bourdieu, P.: Die feinen Unterschiede. Frankfurt a. M. 2008, S. 171-210.

Büchner, P./Brake, A. (Hrsg.): Bildungsort Familie, Wiesbaden 2006.

Büchner, P./Krah, K.: Der Lernort Familie und die Bildungsbedeutsamkeit der Familie im Kindes- und Jugendalter, in: Rauschenbach, Th./Düx, W./Sass, E. (Hrsg.): Informelles Lernen im Jugendalter. Vernachlässigte Dimensionen der Bildungsdebatte, Weinheim/ München 2005, S. 127-158.

Bundesjugendkuratorium – BJK (Hrsg.): Zukunftsfähigkeit sichern! Für ein neues Verhältnis von Bildung und Jugendhilfe. Eine Streitschrift des Bundsjugendkuratoriums, Berlin 2001.

Bundesjugendkuratorium – BJK (Hrsg.): Bildung ist mehr als Schule. Leipziger Thesen zur aktuellen bildungspolitischen Debatte. (www.bundesjugendkuratorium.de/pdf/1999-2002/bjk_2002_ bildung_ist_mehr_als_schule_2002.pdf, Stand: 25.11.08), 2002.

Bundesministerium für Arbeit und Soziales: Lebenslagen in Deutschland. Der 3. Armuts- und Reichtumsbericht der Bundesregierung, Berlin 2008.

Bundesministerium für Familie, Senioren, Frauen und Jugend (BMFSFJ): Elfter Kinder- und Jugendbericht. Bericht über die Lebenssituation junger Menschen und die Leistungen der Kinder- und Jugendhilfe in Deutschland, Berlin 2002.

Bundesministerium für Familie, Senioren, Frauen und Jugend (BMFSFJ): Auf den Anfang kommt es an. Perspektiven zur Weiterentwicklung des Systems der Tageseinrichtungen für Kinder in Deutschland, Weinheim 2003.

Bundesministerium für Familie, Senioren, Frauen und Jugend (BMFSFJ): Zwölfter Kinder- und Jugendbericht. Bericht über die Lebenssituation junger Menschen und die Leistungen der Kinder- und Jugendhilfe in Deutschland, Berlin 2005.

Bundesministerium für Familie, Senioren, Frauen und Jugend (BMFSFJ): Siebter Familienbericht, Berlin 2006.

Bundesministerium für Familie, Senioren, Frauen und Jugend (BMFSFJ): Dossier. Armutsrisiken von Kindern und Jugendlichen in Deutschland, Berlin 2008.

Cloos, P.: Die Inszenierung von Gemeinsamkeit. Eine vergleichende Studie zu Biografie, Organisationskultur und beruflichem Habitus von Teams in der Kinder- und Jugendhilfe, Weinheim/München 2007.

Cloos, P. u. a.: Die Pädagogik der Kinder- und Jugendarbeit, Wiesbaden 2007.

Coelen, Th./Otto, H.-U. (Hrsg.): Grundbegriffe Ganztagsbildung. Das Handbuch, Wiesbaden 2008.

Cornelißen, W. (Hrsg.): Gender-Datenreport. 1. Datenreport zur Gleichstellung von Frauen und Männern in der Bundesrepublik Deutschland, München 2005.

Cortina, K. u. a.: Das Bildungswesen in der Bundesrepublik Deutschland. Strukturen und Entwicklungen im Überblick, Reinbek bei Hamburg 2008.

Deinet, U. (Hrsg.): Kooperation von Jugendhilfe und Schule, Opladen 2001.

Deutsches Pisakonsortium (Hrsg.): PISA 2000. Basiskompetenzen von Schülerinnen und Schülern im internationalen Vergleich, Leverkusen 2001.

Diller, A./Heitkötter, M./Rauschenbach, Th. (Hrsg.): Familie im Zentrum. Kinderfördernde und elternunterstützende Einrichtungen. Aktuelle Entwicklungslinien und Herausforderungen, München 2008.

Düx, W. u. a.: Kompetenzerwerb im freiwilligen Engagement. Eine empirische Studie zum informellen Lernen im Jugendalter, Wiesbaden 2008.

Ehmke, T. u. a.: Familiäre Lebensverhältnisse, Bildungsbeteiligung und Kompetenzerwerb, in: Prenzel, M. u. a. (Hrsg.): PISA 2003. Der Bildungsstand der Jugendlichen in Deutschland – Ergebnisse des zweiten internationalen Vergleichs, Münster u. a. 2004, S. 225-282.

Engstler, H./Menning, S.: Die Familie im Spiegel der amtlichen Statistik, erweiterte Neuauflage, Berlin 2003.

Fauser, K./Fischer, A./Münchmeier, R.: Jugendliche als Akteure im Verband. Ergebnisse einer empirischen Untersuchung der Evangelischen Jugend, Band 1, Opladen 2006.

Förster, H. u. a.: Das Freiwillige Soziale Trainingsjahr – Bilanz des ersten Jahres, München 2002.

Frank, I./Gutschow, K./Münchhausen, G.: Informelles Lernen. Verfahren zur Dokumentation und Anerkennung im Spannungsfeld von individuellen, betrieblichen und gesellschaftlichen Anforderungen; Fachtagung 30./31. März 2004 in Bonn, Bielefeld 2005.

Fülbier, P./Münchmeier, R. (Hrsg.): Handbuch Jugendsozialarbeit. Band 1, Münster 2001.

Gaiser, W./de Rijke, J.: Partizipation im Wandel? Veränderungen seit Beginn der 1990er Jahre, in: Gille, M. (Hrsg.): Jugend in Ost und West seit der Wiedervereinigung. Ergebnisse aus dem replikativen Längsschnitt des DJI.-Jugendsurvey, Wiesbaden 2008, S. 237-268.

Gedrath, V.: Vergessene Traditionen der Sozialpädagogik, Weinheim 2003.

Gensicke, T./Picot, S./Geiss, S.: Freiwilliges Engagement in Deutschland 1999-2004. Empirische Studien zum Bürgerschaftlichen Engagement, Wiesbaden 2006.

Gögercin, S.: Jugendsozialarbeit. Eine Einführung, Freiburg i. Br. 1999.

Gross, P.: Die Multioptionsgesellschaft, Frankfurt a. M. 1994.

Grunert, C.: Kompetenzerwerb von Kindern und Jugendlichen in außerunterrichtlichen Sozialisationsfeldern, in: Sachverständigenkommission Zwölfter Kinder- und Jugendbericht (Hrsg.): Materialien zum Zwölften Kinder- und Jugendbericht. Band III. Bildung, Betreuung und Erziehung von Kindern unter sechs Jahren, München 2005, S. 9-94.

Gude, J.: Ehescheidungen 2006, in: Statistisches Bundesamt (Hrsg.): Wirtschaft und Statistik, 2008, Nr. 4, Wiesbaden, S. 287-297.

Habermas, J.: Theorie des kommunikativen Handelns. Band 1: Handlungsrationalität und gesellschaftliche Rationalisierung, Frankfurt a. M. 1981 a.

Habermas, J.: Theorie des kommunikativen Handelns. Band 2: Zur Kritik der funktionalistischen Vernunft, Frankfurt a. M. 1981 b.

Heckman, J.-J.: Die Dynamik von Bildungsinvestitionen im Lebenslauf – Warum Sparen in der Bildung teuer ist. Vortrag auf dem Kongress „Kinder früher fördern – Wirksamere Bildungsinvestitionen" der Bertelsmann Stiftung am 13.03.2008 in Dresden.

Heckman, J.-J./Krueger, A.-B.: Inequality in America: What Role for Human Capital Policies? Alvin Hansen Symposium on Public Policy at Harvard University, Cambridge 2005.

Hentig, H. von: Die Schule neu denken. Eine Übung in praktischer Vernunft, München 1993.

Hentig, H. von: Bewährung: Von der nützlichen Erfahrung, nützlich zu sein. Weinheim 2007.

Holtappels, H.-G.: Entwicklung von Primarschulen zu Verlässlichen Halbtagsgrundschulen in Hamburg. Ergebnisse der wissenschaftlichen Begleituntersuchungen, Vechta 2000.

Holtappels, H.-G. u. a. (Hrsg.): Ganztagsschule in Deutschland: Ergebnisse der Ausgangserhebung der „Studie zur Entwicklung von Ganztagsschulen (StEG), Weinheim/München 2007.

Honneth, A.: Kampf um Anerkennung. Zur moralischen Grammatik sozialer Konflikte, Frankfurt a. M. [2]2008.

Huster, E.-U.: Bildung verhindert Armut – Armut verhindert Bildung, in: AWO Bundesverband e.V. (Hrsg.): Chancengerechtigkeit durch Bildung – Chancengerechtigkeit in der Bildung. Bausteine einer sozialen Bildungspolitik, Essen 2006, S. 264-273.

Jurczyk, K./Oechsle, M. (Hrsg.): Das Private neu denken. Erosionen, Ambivalenzen, Leistungen, Münster 2007.

Jurczyk, K. u. a.: Von der Tagespflege zur Familientagesbetreuung. Zur Zukunft öffentlich regulierter Kinderbetreuung in Privathaushalten. Weinheim/Basel 2004.

Kaufmann, F.-X. (Hrsg.): Staatliche Sozialpolitik und Familien, München/Wien 1982.

Klein, A.: Zivilgesellschaft, Demokratie und Sozialkapital. Herausforderungen politischer und sozialer Integration, Opladen 2004.

Kohlberg, L.: Die Psychologie der Moralentwicklung, Frankfurt a. M. 2006.

KOM^{DAT} Jugendhilfe: Kevin – Bremen – Und die Folgen. Daten zu Kindesvernachlässigung und staatlichen Hilfen, 9. Jg. 2006, Sonderausgabe, Dortmund.

Konsortium Bildungsberichterstattung (Hrsg.): Bildung in Deutschland. Ein indikatorengestützter Bericht mit einer Analyse zu Bildung und Migration, Bielefeld 2006.

Krieger, S./Weinmann, J.: Familie, Lebensformen und Kinder, in: Statistisches Bundesamt (Hrsg.): Datenreport 2008. Ein Sozialbericht für die Bundesrepublik Deutschland, Bonn 2008, S. 27-49.

Laewen, H.-J.: Bildung und Erziehung in Kindertageseinrichtungen, in: Laewen, H.-J./Andres, B.: Bildung und Erziehung in der frühen Kindheit, Weinheim 2002, S. 16-102.

Leu, H. R. u. a.: Bildungs- und Lerngeschichten. Bildungsprozesse in früher Kindheit beobachten, dokumentieren und unterstützen, Weimar/ Berlin 2007.

Liebig, R.: Freiwilligendienste als außerschulische Bildungsinstitution für benachteiligte junge Menschen, Wiesbaden 2008.

Liegle, L.: Über die besonderen Strukturmerkmale frühkindlicher Bildungsprozesse, in: Liegle, L./Treptow, R. (Hrsg.): Welten der Bildung in der Pädagogik der frühen Kindheit und in der Sozialpädagogik, Freiburg i. Br. 2002, S. 51-64.

Luhmann, N.: Formen des Helfens im Wandel gesellschaftlicher Bedingungen, in: Otto, H.-U./Schneider, S. (Hrsg.): Gesellschaftliche Perspektiven der Sozialarbeit, Neuwied 1973, S. 21-43.

Maier, K.: „Armut" in der Wohlfahrtsgesellschaft, in: Sozialmagazin, 33. Jg., 2008, Heft 7-8, S. 15-22.

Mead, G.-H.: Geist, Identität und Gesellschaft: Aus der Sicht des Sozialbehaviorismus, 14. Auflage, Frankfurt a. M. 2005.

Münchmeier, R./Otto, H.-U./Rabe-Kleberg, U. (Hrsg.): Bildung und Lebenskompetenz, Opladen 2002.

Otto, H.-U./Rauschenbach, Th. (Hrsg.): Die andere Seite der Bildung. Zum Verhältnis von formellen und informellen Bildungsprozessen, 2. Auflage, Wiesbaden 2008.

Otto, H.-U./Ziegler, H. (Hrsg.): Capability – Handlungsbefähigung und Verwirklichungschancen in der Erziehungswissenschaft, Wiesbaden 2008.

Pestalozzi, J. H.: Pestalozzi über seine Anstalt in Stans. Mit einer Interpretation und neuer Einleitung von Wolfgang Klafki, Weinheim 1997.

Picot, S./Geiss, S.: Freiwilliges Engagement Jugendlicher. Daten und Fakten. Expertise zum Carl Bertelsmann-Preis 2007, Gütersloh 2007.

PISA-Konsortium Deutschland (Hrsg.): PISA 2003 – Der Bildungsstand der Jugendlichen in Deutschland – Ergebnisse des zweiten internationalen Vergleichs, Münster 2004.

PISA-Konsortium Deutschland (Hrsg.): PISA 2006 – Die Ergebnisse der dritten internationalen Vergleichsstudie, Münster u. a. 2007.

Pothmann, J.: Vergessen in der Bildungsdebatte. Dimensionen des Personalabbaus in der Kinder- und Jugendarbeit, in: KOM[DAT] Jugendhilfe, 11. Jg., 2008, Heft 1/2, S. 5-6.

Raab, E.: Bildungspolitik und Jugendsozialarbeit, in: Fülbier, P./ Münchmeier, R. (Hrsg.): Handbuch Jugendsozialarbeit, Münster 2001, S. 384-393.

Rauschenbach, Th.: Jugendverbände im Spiegel der Statistik, in: Böhnisch, L./Gängler, H./Rauschenbach, Th. (Hrsg.): Handbuch Jugendverbände. Eine Ortsbestimmung der Jugendverbandsarbeit in Analysen und Selbstdarstellungen, Weinheim/München 1991, S. 115-131.

Rauschenbach, Th.: Das sozialpädagogische Jahrhundert. Analysen zur Entwicklung der Sozialen Arbeit in der Moderne, Weinheim/München 1999.

Rauschenbach, Th.: Informelles Lernen. Möglichkeiten und Grenzen der Indikatorisierung, in: Tippelt, R. (Hrsg.): Steuerung durch Indikatoren. Methodologische und theoretische Reflektionen zur deutschen und internationalen Bildungsberichterstattung. Opladen 2009 a, S. 35-53.

Rauschenbach, Th.: Die betreute Kindheit. Erscheint in: Deutsches Jugendinstitut (Hrsg.): Kinder in Deutschland. München 2009 b.

Rauschenbach, Th./Otto, H.-U.: Die neue Bildungsdebatte. Chance oder Risiko für die Kinder- und Jugendhilfe, in: Otto, H.-U./Rauschenbach, Th. (Hrsg.): Die andere Seite der Bildung. Zum Verhältnis von formellen und informellen Bildungsprozessen, Wiesbaden 2008, S. 9-29.

Rauschenbach, Th./Prein, G.: Kindertagesbetreuung als frühkindliche Bildung?, in: Politik und Kultur, 16. Jg., 2008, Heft Mai-Juni, S. 2 f.

Rauschenbach, Th./Schilling, M.: 750.000 Plätze = 35 % = Rechtsanspruch? Ergänzungen zu einer unübersichtlichen Diskussionslage. In: KOM[DAT] Jugendhilfe, 10. Jg., 2007, Heft 1, S. 13-15.

Rauschenbach, Th./Schilling, M.: Demografie und frühe Kindheit. Prognosen zum Platz- und Personalbedarf in der Kindertagesbetreuung, in: Zeitschrift für Pädagogik, 55. Jg., 2009, Heft 1, S. 17-36.

Rauschenbach, Th./Züchner, I.: Ungleichheit im Elementarbereich, in: Fischer, D./Elsenbast, V. (Hrsg.), Zur Gerechtigkeit im Bildungssystem, Münster u. a. 2007, S. 123-129.

Rauschenbach, Th./Beher, K./Knauer, D.: Die Erzieherin. Ausbildung und Arbeitsmarkt, Weinheim/München ²1996.

Rauschenbach, Th./Düx, W./Sass, E. (Hrsg.): Informelles Lernen im Jugendalter. Vernachlässigte Dimensionen der Bildungsdebatte, Weinheim/München 2006.

Rauschenbach, Th./Pothmann, J./Wilk, A.: Armut, Migration, Alleinerziehend – HzE in prekären Lebenslagen. Neue Einsichten in die sozialen Zusammenhänge der Adressaten der Kinder- und Jugendhilfe, in: KOM[DAT] Jugendhilfe, 12. Jg. 2009, Heft 1, S. 9-11.

Rauschenbach, Th. u. a.: Non-formale und informelle Bildung im Kindes- und Jugendalter, Reihe Bildungsreform des BMBF, Bd. 6, Bonn 2004.

Reißig, B./Gaupp, N./Lex, T. (Hrsg.): Hauptschüler auf dem Weg von der Schule in die Arbeitswelt. München 2008.

Richter, I.: Die sieben Todsünden der Bildungspolitik, München/Wien 1999.

Roßbach, H.-G.: Effekte qualitativ guter Betreuung, Bildung und Erziehung im frühen Kindesalter auf Kinder und ihre Familien, in: Sachverständigenkommission Zwölfter Kinder- und Jugendbericht (Hrsg.): Materialien zum Zwölften Kinder- und Jugendbericht. Band I. Bildung, Betreuung und Erziehung von Kindern unter sechs Jahren, München 2005, S. 55-176.

Sauer, M.: Heimerziehung und Familienprinzip, Neuwied 1979.

Schilling, M.: Mehr Leistungen kosten auch mehr. Die Ausgabenentwicklung in der Kinder- und Jugendhilfe von 1992 bis 2003, in: Th. Rauschenbach, M. Schilling (Hrsg.), Kinder- und Jugendhilfereport 2, Analysen, Befunde und Perspektiven, Weinheim und München 2005, S. 29-38.

Schilling, M.: Weiterhin konstante Ausgaben für die Kinder- und Jugendhilfe. Ausgaben für die Kindertagesbetreuung sind nicht gestiegen, in: KOM[DAT] Jugendhilfe, 10. Jg., 2007, Heft 3, S. 1-4.

Schmitz, K.: Geschichte der Schule, Stuttgart u. a. 1980.

Schnur, P./Zika, G.: Arbeitskräftebedarf bis 2025. Die Grenzen der Expansion. IAB-Kurzbericht Nr. 26/21.11.2007, Nürnberg 2007.

Schütz, G./Wößmann, L.: Wie lässt sich die Ungleichheit der Bildungschancen verringern?, in: ifo Schnelldienst 58. Jg., 2005, Heft 21, S. 15-25.

Sen, A.: Ökonomie für den Menschen. Wege zu Solidarität und Gerechtigkeit in der Marktwirtschaft, München 2000.

Sennett, R.: Der flexible Mensch. Die Kultur des neuen Kapitalismus. Berlin 1998.

Singer, W.: Was kann ein Mensch wann lernen? Ein Beitrag aus Sicht der Hirnforschung, in: Fthenakis, W. (Hrsg.): Elementarpädagogik nach PISA, Freiburg i. Br. 2003, S. 67-75.

Sliwka, A./Frank, S.: Service Learning – Verantwortung Lernen in Schule und Gemeinde, Weinheim 2004.

Statistisches Bundesamt (Hrsg.): 11. koordinierte Bevölkerungsvorausberechnung. Annahmen und Ergebnisse. Entwicklung der Bevölkerung Deutschlands bis 2050, Wiesbaden 2006 a.

Statistisches Bundesamt (Hrsg.): Geburten in Deutschland, Wiesbaden 2007.

Statistisches Bundesamt (Hrsg.): Statistiken der Kinder- und Jugendhilfe. Hilfe zur Erziehung außerhalb des Elternhauses. Vollzeitpflege in einer anderen Familie. Beendete Hilfen 2006, Wiesbaden 2007 a.

Statistisches Bundesamt (Hrsg.): Statistiken der Kinder- und Jugendhilfe. Hilfe zur Erziehung außerhalb des Elternhauses. Heimerziehung. Sonstige betreute Wohnformen. Beendete Hilfen 2006, Wiesbaden 2007 b.

Sting, S./Sturzenhecker, B.: Bildung und Offene Kinder- und Jugendarbeit, in: Deinert, U./Sturzenhecker, B. (Hrsg.): Handbuch Offene Kinder- und Jugendarbeit, Wiesbaden 2005, S. 230-247.

Struck, J./Wiesner, R.: Der Rechtsanspruch auf einen Kindergartenplatz. Wirkungen und Nebenwirkungen einer Entscheidung des Gesetzgebers, in: Zeitschrift für Rechtspolitik, 25. Jg., 1992, Heft 12, S. 452-456.

Thiersch, H.: Lebensweltorientierte Soziale Arbeit. Aufgaben der Praxis im sozialen Wandel, 7. Auflage, Weinheim/München 2008.

Thole, W.: Kinder- und Jugendarbeit. Eine Einführung, Weinheim/ München 2000.

Tietze, W./Roßbach, H.-G.: Die Betreuung von Kindern im vorschulischen Alter, in: Zeitschrift für Pädagogik, 1991, 37 Jg., Heft 2, S. 555-579.

Tietze, W./Roßbach, H.-G./Granner, K.: Kinder von 4 bis 8 Jahren. Zur Qualität der Erziehung und Bildung in Kindergarten, Grundschule und Familie, Weinheim/Basel 2005.

Treiber, H./Steinert, H.: Die Fabrikation des zuverlässigen Menschen. Über die „Wahlverwandtschaft" von Kloster- und Fabrikdisziplin, München 1980.

Tully, C. J.: Informelles Lernen. Eine Folge dynamisierter sozialer Differenzierung, in: Otto, H.-U./Oelkers, J. (Hrsg.): Zeitgemäße Bildung. Herausforderung für Erziehungswissenschaft und Bildungspolitik, München 2006.

Wahl, K./Hees, K.: Helfen „Super Nanny" und Co? Ratlose Eltern: Herausforderungen für die Elternbildung, Weinheim/Basel 2006.

Wahler, P./Tully, C. J./Preiß, C.: Jugendliche in neuen Lernwelten. Selbstorganisierte Bildung jenseits institutioneller Qualifizierung, Wiesbaden 2004.

Wiesner, R. u. a.: SGB VIII, München 2000.

Wissenschaftlicher Beirat für Familienfragen: Die bildungspolitische Bedeutung der Familie – Folgerungen aus der PISA-Studie. Schriftenreihe des BMFSFJ. Band 224, Stuttgart 2002.

Wissenschaftlicher Beirat für Familienfragen: Bildung, Betreuung und Erziehung für Kinder unter drei Jahren. Elterliche und öffentliche Fürsorge in gemeinsamer Verantwortung, Berlin 2008.